Quodlibet Studio

Città e paesaggio. Album

Periferie del cambiamento

Traiettorie di rigenerazione tra marginalità e innovazione a Milano

Francesca Cognetti
Daniela Gambino
Jacopo Lareno Faccini

Con contributi di Chiara Bartolozzi, Cristina Chiavarino e Erika Lazzarino

Reportage fotografici di Alberto Dedè e Bruno Pulici

Quodlibet

Prima edizione: novembre 2020

via Giuseppe e Bartolomeo Mozzi, 23
62100 Macerata
www.quodlibet.it
Stampa: Industria Grafica Bieffe, Recanati (MC)
ISBN 978-88-229-0532-1

Quodlibet Studio. Città e paesaggio
Collana a cura di Manuel Orazi

Progetto grafico dell'interno: 46xy
Progetto grafico della copertina: Francesco Nicoletti

Volume sottoposto a peer review.

La ricerca e il presente volume si inseriscono all'interno del programma di Fondazione Cariplo *Lacittàintorno*.
www.fondazionecariplo.it

La ricerca è stata svolta all'interno del Dipartimento di Architettura e Studi Urbani – Politecnico di Milano
Responsabile scientifico: Francesca Cognetti
Gruppo di ricerca: Elena Donaggio, Daniela Gambino, Jacopo Lareno Faccini, Erika Lazzarino, Ambra Lombardi, Giada Mascherin. Hanno collaborato alla parte di formazione attiva: Giada Mascherin, Rossella Ferro, Paolo Grassi, Elena Maranghi.
Con il supporto di Maud-Lab (Mapping and Urban Data Lab – Dastu): Fabio Manfredini, Paolo Dilda, Luigi Carboni.
Comitato Scientifico: Alessandro Balducci, Patrizia Gabellini, Antonio Longo, Gabriele Pasqui.
www.dastu.polimi.it
www.maudlab.polimi.it

Fondazione CARIPLO

POLITECNICO MILANO 1863
DIPARTIMENTO DI ARCHITETTURA E STUDI URBANI

DIPARTIMENTO D'ECCELLENZA
FRAGILITA' TERRITORIALI
2018–2022

Indice

Premessa

Giovanni Fosti
Presidente di Fondazione Cariplo

Le città sono oggi al centro di una riflessione molto ampia che attraversa diversi temi fondamentali: parlare di città significa parlare delle persone che la abitano, delle loro esigenze e della relazione con la comunità, attraverso gli spazi e le opportunità a cui possono accedere. In questo contesto le aree e i quartieri periferici sono luoghi chiave all'interno dei quali si concentrano molte sfide per il futuro. L'esperienza della pandemia ha intensificato la riflessione attorno alle città e al loro sviluppo mettendo in luce l'esigenza di ricostruire un contesto che ponga al centro le persone all'interno di un sistema di relazioni, servizi e possibilità.

Fondazione Cariplo e il Dipartimento di Architettura e Studi Urbani del Politecnico di Milano (DAStU) collaborano su questi temi all'interno del programma *Lacittàintorno*, lanciato per sviluppare e migliorare il benessere e la qualità della vita per gli abitanti dei quartieri marginali delle nostre città.

La Fondazione, come soggetto filantropico, ha la possibilità e quindi il compito di sostenere l'innovazione all'interno della società, anche attraverso la sperimentazione di nuovi modelli di approccio operativo. Nella visione della Fondazione la conoscenza e l'ascolto dei territori devono alimentare la scelta di dove intervenire e su che cosa, al fine di innescare quelle dinamiche che possano amplificare l'effetto dell'azione. La capacità di lettura del reale, unita alla vicinanza al territorio, alla competenza delle proprie strutture e alla flessibilità data dall'essere un soggetto privato, permette quella sperimentazione che ambisce a diventare patrimonio per tutto il sistema.

Il percorso fatto insieme al Politecnico rappresenta l'essenza di questa valenza, in quanto si pone l'obiettivo di produrre una conoscenza che non solo risulti utile alla Fondazione per realizzare le proprie politiche, ma venga anche restituita generando valore per i soggetti coinvolti e per gli altri *stakeholder* che vorranno intraprendere un simile percorso. Davanti a problemi sociali sempre più sistemici, infatti, è necessario unire le forze e le energie, creando alleanze tra *stakeholder* attorno a visioni e progettualità solide. L'aggregazione di risorse rappresenta il punto di convergenza strategica tra diversi attori e rende più efficace l'azione di ciascuno.

Analisi dei bisogni, ruolo anticipatorio, approccio di sperimentazione, aggregazione di risorse, costituiscono elementi necessari per la Fondazione per svolgere il proprio compito di attore delle comunità e di promotori di innovazione sociale.

Il progetto *#wideopenyourself* di ArtCityLab durante l'evento *Rompiamo le righe* in largo Bigatti, per il lancio del programma *Lacittàintorno* presso il quartiere Adriano.

Introduzione

Francesca Cognetti
Daniela Gambino
Jacopo Lareno Faccini

Il libro esplora il significato e il ruolo delle periferie urbane nella città contemporanea a partire da un'esperienza di indagine e attivazione in diversi quartieri della città di Milano, maturata dal 2017 durante il corso di due anni, all'interno del programma *Lacittàintorno* di Fondazione Cariplo.

Il percorso di ricerca che ha portato alla scrittura di questo volume ha dei caratteri specifici perché nasce all'interno di un programma di intervento sulle periferie. È pensato e sviluppato dunque per assumere orientamenti e per essere di supporto alla realizzazione di azioni promosse dai diversi protagonisti di questa politica. Quindi nel volume presentiamo una ricerca (attraverso approcci e strumenti utilizzati, ma anche tramite gli esiti in termini di interpretazioni territoriali e orientamenti progettuali), che mette fortemente in tensione i temi relativi alla costruzione della conoscenza con una dimensione di implementazione delle politiche e di accompagnamento all'innovazione istituzionale e sociale. Per fare emergere questi temi, abbiamo cercato di comprendere le periferie da dentro, interrogandoci sia sulle condizioni attuali che sulle possibilità per il futuro. Una ricerca quindi orientata al progetto che sottolinea l'utilità di uno sguardo prossimo ai territori – alle dinamiche che quotidianamente lo attraversano –, ma che contemporaneamente si misura con le possibilità di variazione, di alterazione e di modificazione che questi stessi territori esprimono, spesso in forma latente e quindi da scoprire e fare emergere. Le «periferie del cambiamento» sono infatti territori in trasformazione che si muovono tra inerzia e dinamicità, mostrando un carattere fragile come d'altra parte una forza propulsiva. Questo carattere duale è un tratto comune dei quartieri che abbiamo conosciuto, eppure gli aspetti di debolezza sociale e spaziale come d'altra parte le scintille e le tracce di innovazione hanno dei tratti peculiari che richiedono di essere messi a fuoco localmente e ricombinati attraverso descrizioni articolate. Sono infatti luoghi attraversati da fenomeni complessi, sono periferie differenti perché molteplici sono gli elementi che ne fanno periferia.

Di cosa parliamo dunque quando parliamo di periferie?

Il termine rischia di risultare astratto e generico spesso associato a condizioni di degrado, unito ad assenza di opportunità ed errori di progettazione; il libro propone di indagarlo attraverso un approccio interattivo e ancorato alla situazione locale e di utilizzarlo al plurale tramite gradienti di perifericità. L'ipotesi è infatti che per conoscere le periferie dobbiamo mettere al lavoro diversi sguardi, usando lenti e strumenti multidisciplinari, ma anche indossando «gli occhiali del progettista», misurandosi quindi con le possibilità di modificazione – attraverso l'individuazione di scintille, ingaggi e sistemi di opportunità –, in contesti in bilico tra marginalità e innovazione.

Il libro a partire da una lettura ravvicinata e partecipante ai territori propone così un'idea di rigenerazione urbana che mette al centro la necessità di costruire una nuova conoscenza per le periferie, capace

di mettere a sistema, in modo inedito e originale, conoscenze locali e segni del cambiamento e di riorientarli all'interno di politiche urbane inclusive e integrate. Quello proposto è un approccio immersivo che rintraccia in profondità bisogni, progetti e vocazioni, che riconosce la natura dei luoghi e le potenzialità di trasformazione, che cambia continuamente lente di osservazione spostandosi dal micro al macro, costruendo la base per nuove sinergie tematiche e trasversali.
Un processo di ricerca che si misura con il cambiamento non può essere che volto a riconoscere, capire e ad accompagnare un processo complesso. Una visione che chiede di riarticolare il progetto urbano verso processi capaci di innescare sviluppo locale inclusivo, a partire dalle specifiche condizioni di perifericità, mettendo al centro gli abitanti come agenti del loro mondo di vita e delle occasioni di modificazione.
Si tratta di una prospettiva che si muove da due assunti che ci permettono di declinare in forma specifica una idea di rigenerazione urbana che rimanda anche a una idea ampia di sviluppo urbano.
Da un lato abbiamo bisogno di guardare in modo nuovo alla relazione tra cambiamento della società, dell'economia e dello spazio che le ospita: una idea di rigenerazione che attinge da questi diversi campi (che spesso vengono tenuti separati) combina in modo nuovo differenti ingredienti per riflettere su modelli di riuso, stili di vita, fattori di crescita e linee di azione per le periferie.
Dall'altro abbiamo bisogno di costruire nuove politiche integrate a partire dall'inclusione degli attori del territorio e delle molteplici iniziative che intraprendono: la rigenerazione è anche un fatto endogeno che si nutre delle vocazioni dei luoghi e potenzia le risorse locali in un processo progettuale dai tempi lunghi, spesso fatto di ripensamenti, inversioni di rotta ed esiti inattesi.
Dal punto di vista della ricerca questo implica mettere a fuoco «nuovi oggetti territoriali» che sono materiali e immateriali. Sul primo aspetto, infatti, le letture territoriali devono consentirci di andare oltre immagini semplificate e unificanti, di guardare alla relazione fra città e corpo sociale, tra morfologie fisiche e morfologie sociali, per riconoscere ambienti e territori con traiettorie di trasformazione e problematiche differenti. Non basta guardare alla dotazione di servizi, alle caratteristiche della popolazione, al degrado degli edifici e degli spazi pubblici per comprendere i problemi, ma è sempre più necessario capire quali effetti hanno le trasformazioni socio-economiche sul locale e come la leva dello spazio può incidere sulla mitigazione, se non sull'inversione, di alcune forme di marginalità e vulnerabilità.
Sul secondo aspetto, l'analisi della rete degli attori e delle loro iniziative è una prospettiva essenziale per avvicinarci alla differente fenomenologia dei problemi dei quartieri periferici guardando a come la società già si organizza per affrontare le proprie emergenze ed esplorare le opportunità che si presentano. Inoltre, lavorare a un processo di rigenerazione urbana inclusivo implica la possibilità di intercettare tutte le risorse, che solo in parte sono fatte di servizi e di qualità spaziali, ma che sono spesso costituite dalla vitalità della società locale.
È dentro a questa cornice che lo sguardo proposto dal libro si interroga anche sul come fare ricerca e su come il suo ruolo non sia estraneo al processo di cambiamento, ma ne sia un elemento costitutivo e di innesco. Anche questo volume, in questo senso, può essere visto come un tassello di un percorso più ampio, in cui la conoscenza prodotta ha nutrito lo sviluppo delle azioni sui territori, attraverso lo scambio, l'interazione strutturata e la formazione. Una ricerca che si è misurata, nelle premesse come nel suo svolgersi, con la possibilità di alimentare un processo progettuale orientato a meccanismi di rigenerazione urbana fortemente ancorati ai contesti.
Una prospettiva implicata che ha aperto chiavi di lettura non previste: sui processi che hanno attraversato e stanno ora interessando i quartieri, sul profilo degli abitanti, sulle loro pratiche di vita quotidiana, sui sistemi di opportunità.
Proprio perché così profondamente radicata nella peculiarità dei luoghi e nella sensibilità dello sguardo messo in campo, l'approccio proposto nel volume non costituisce una ricetta che possa essere prescritta uguale ovunque, che possa essere applicata a tutte le periferie. Ha però l'ambizione di apprendere dal percorso fatto, per offrire una pluralità di strumenti da adattare alle diverse situazioni, per sollevare una serie di interrogativi da porre anche ad altri territori, per sollecitare la ricerca di analogie e di possibilità di sinergia con ciò che è stato fatto.
In questo senso il quadro tracciato, pur ricco di questioni puntuali che scaturiscono dall'indagine in profondità di contesti specifici, rimanda anche a temi di carattere generale relativi alla possibilità di introdurre cambiamento nei contesti marginali attraverso progetti di rigenerazione urbana inclusiva.
Mettendo a fuoco linee di interpretazione relative alle condizioni di perifericità, aprendo una riflessione ampia rispetto ai campi operativi con implicazioni di rilievo per politiche e azioni, il volume offre una riflessione di quadro sulle periferie che si articola in tre parti principali.
La prima parte (*Ricercare per attivare*) propone in apertura una riflessione teorica sull'indagine territoriale collaborativa, come strumento per la costruzione di un sapere locale e partecipato. A partire dagli elementi tracciati si presenta poi un set articolato di strumenti, una cassetta degli attrezzi a disposizione dell'approccio di ricerca.
La seconda parte (*Tre territori paradigma della periferia contemporanea*) esplora in profondità tre territori della periferia urbana contemporanea a Milano: il quartiere Adriano, una periferia delle grandi espansioni urbane incompiute, il quartiere Corvetto, una storica periferia dell'edilizia pubblica posta ai bordi agricoli della città e via Padova, una periferia dal denso tessuto abitativo privato da sempre caratterizzata dal fenomeno dell'immigrazione. Tre esplorazioni che mettono al lavoro diverse prospettive di lettura – spaziale e urbanistica, delle politiche urbane e dei processi dal basso, antropologica e sociale – per interpretare la complessità della città, i diversi modi di abitarla e le possibili traiettorie di trasformazione.

Momento dell'indagine collaborativa durante l'evento *Rompiamo le righe* in largo Bigatti in occasione del lancio del programma *Lacittàintorno* presso il quartiere Adriano.

La terza parte (*Periferie in prospettiva*) riflette sull'idea di periferia al plurale, da cui emergono fragilità e risorse per individuare politiche e azioni per la rigenerazione urbana in contesti marginali. La proposta è quella di connettere il lavoro interpretativo e di indagine alla definizione di politiche e linee di azione per la rigenerazione urbana in contesti marginali.

Il volume *Periferie del cambiamento*, nato al termine della ricerca svolta tra il 2017 e il 2019, è pensato per presentare una riflessione scientifica sugli esiti a un pubblico ampio di lettori: ai *policy makers* che disegnano e implementano politiche urbane e di sviluppo delle periferie; ai ricercatori che si immergono in questi territori di confine, non solo geografico, per raccontarne le peculiarità e studiarne la società; agli abitanti e ai soggetti che vivono quotidianamente questi luoghi e ne costituiscono una risorsa importante. Mentre il volume prendeva forma, il mondo è cambiato con il diffondersi del virus Covid-19.

Un cambiamento inaspettato per tutti e anche per i territori di cui abbiamo parlato che sono stati attraversati duramente da fenomeni di impoverimento nei giorni dell'emergenza e nei mesi a seguire. Una emergenza nell'emergenza, che mette alla prova la capacità di tenuta di questi quartieri, sollevando con più evidenza divari e disuguaglianze, come d'altra parte la capacità di innovazione legata alle reti locali. Un ulteriore stimolo per lo sviluppo di strategie di rigenerazione sensibili, capaci di apprendere dalla straordinarietà delle condizioni.

In questa direzione i processi di cambiamento raccontati nel volume assumono oggi un ulteriore valore per trovare tracce e leve da cui partire per guardare al futuro delle periferie.

Il libro rende conto di un lavoro di ricerca ampio, a cui hanno preso parte molte persone.

Il gruppo di ricerca: Francesca Cognetti (responsabile scientifico), Elena Donaggio, Daniela Gambino, Jacopo Lareno Faccini, Erika Lazzarino, con il supporto di Ambra Lombardi e Giada Mascherin. Hanno collaborato alla parte di formazione attiva: Rossella Ferro, Paolo Grassi, Elena Maranghi e Giada Mascherin. Con il supporto di Maud-Lab. Mapping and Urban Data Lab: Fabio Manfredini, Luigi Carboni e Paolo Dilda, Comitato Scientifico: Alessandro Balducci, Patrizia Gabellini, Antonio Longo, Gabriele Pasqui.

Il programma *Lacittàintorno* di Fondazione Cariplo, con il gruppo di lavoro: Cristina Chiavarino (direttore), Valentina Amorese, Chiara Bartolozzi, Andrea Rebaglio, Paolo Siccardi, Katarina Wahlberg.

Un ringraziamento va a tutte le persone che hanno collaborato alla ricerca che ha nutrito le riflessioni che stanno alla base di questo volume. Si ringraziano inoltre abitanti, operatori sociali e culturali, amministratori che ci hanno ospitato, ascoltato, raccontato e reso disponibili materiali e documentazione di lavoro.

GaN
Rame
VIA SAN

Prima parte

Ricercare
per attivare

La capacità di fare ricerca si lega a quella che ho chiamato la «capacità di avere aspirazioni» [...] oltre che alle capacità sociali e culturali di pianificare, sperare, desiderare e conseguire obiettivi di valore sociale. La distribuzione non paritaria di questa capacità è sia un sintomo sia una misura della povertà, e costituisce una forma di cattiva distribuzione che può essere cambiata dalle politiche e dalla politica. [...] Senza aspirazione non c'è spinta a conoscere di più. E senza una significativa strumentazione per acquisire una rilevante nuova conoscenza, le aspirazioni degenerano in fantasticheria o disperazione. Perciò, affermare l'importanza del diritto alla ricerca quale diritto umano non è una metafora [...].
Arjun Appadurai, *Il futuro come fatto culturale*, Raffaello Cortina Editore, Milano 2014, pp. 388-389

Quale conoscenza per le periferie?
Un approccio per rigenerare luoghi inclusivi

Francesca Cognetti

Ricerca e costruzione di politiche. Ricercare per attivare

All'origine di questo lavoro vi è una ricerca dai tratti particolari, pensata innanzitutto per essere una indagine contigua alla implementazione del programma per le periferie *Lacittàintorno* di Fondazione Cariplo, nel quale la rigenerazione urbana è individuata come il campo di intervento prioritario per riorientare lo sviluppo della città e ricollocare la periferia al centro di un set di politiche inclusive, innovative e integrate.
Grazie all'attivazione di una duplice relazione – fra persone e comunità, fra comunità e spazi – attorno al progetto rigenerativo vengono orientati i percorsi di ricerca sui territori coinvolti, secondo un'idea di questi ultimi fortemente ancorata alle specificità locali.
Questa cornice ha richiesto di sviluppare un'indagine situata e responsabile (Cognetti 2016b), già in parte testata in altri contesti[1]; i

1 Da alcuni anni il gruppo di ricercatori riunito intorno a questo programma ha partecipato, con geografia variabile e con la direzione scientifica di Francesca Cognetti, ad altri progetti di ricerca-intervento in contesti marginali promossi dal Dipartimento di Architettura e Studi Urbani del Politecnico di Milano, che hanno permesso di mettere a punto un approccio interdisciplinare e di affinare attraverso sperimentazioni concrete gli strumenti di indagine sul campo. In particolare, si segnala il «Laboratorio di ricerca-azione Mapping San Siro», attivo dal 2013 attraverso un lavoro di immersione all'interno di un quartiere di edilizia pubblica milanese. L'esperienza si caratterizza per la sua natura sperimentale, posizionandosi tra didattica, ricerca e azione locale. La ricerca partecipa al progetto internazionale *SoHoLab. The Regeneration of Large Scale Social Housing Estates Through Living Labs* – coordinato da Vrije Universiteit (Brussel) finanziato dal programma *JPI (Joint Programming Initiatives Urban Europe call 2016), ERA-NET Cofund Smart Urban Futures*. Il progetto *SoHoLab* ha l'obiettivo di consolidare e valutare l'approccio legato ai Living Lab, per comprendere come i residenti dei quartieri svantaggiati, gli enti gestori e altri soggetti intermedi possano essere

cui tratti specifici riguardano tre dimensioni peculiari della ricerca: di accompagnamento alle politiche, multidimensionale e collaborativa.
Il primo punto «una ricerca di accompagnamento alle politiche» è relativo al dispiegarsi dell'indagine, che non è stata un'attività di ricognizione disposta a priori, bensì un processo *in progress* che ha scortato l'implementazione del programma e le azioni che ne sono scaturite. Il gruppo di ricerca ha lavorato in concomitanza con altre attività di interazione locale, e a sua volta si è nutrito di lenti di osservazione testate sul campo, in forma «osmotica» e partecipante. Il percorso si è svolto in parallelo allo sviluppo dei due piani progettuali avviati (quello della costruzione di nuovi legami sociali e quello dell'attivazione di nuovi spazi), costituendo un «accompagnamento» volto alla costruzione dei quadri di conoscenza utili all'azione territoriale. La stretta interazione con un più ampio gruppo di esperti al lavoro (legato allo sviluppo di azioni specifiche ad esempio di natura performativa e culturale, oppure di cura e di riappropriazione degli spazi da parte degli abitanti) ha fornito strumenti di lettura articolati, come d'altra parte ha offerto nuovi punti di vista e intuizioni interpretative.
Un processo di scambio importante tra farsi del programma e farsi della ricerca che ha implicato ampie discussioni, messa a punto di un vocabolario comune, condivisione di passaggi intermedi e riallineamenti. Una ricerca quindi fortemente orientata al cambiamento, condotta a ridosso delle politiche e delle azioni territoriali e con gli «occhiali del progettista», cioè di colui che interpreta il reale interrogandosi sulle possibilità di trasformazione, mettendo in luce i nodi di attivazione e modificazione.
Il secondo punto «una ricerca multidimensionale» è relativo allo sguardo e alla postura investigativa: la messa a punto di un set di interpretazione complesso è nato dalla necessità di rimettere a fuoco il bagaglio di conoscenze utilizzate per le politiche e per l'interpretazione delle periferie. Strumenti di ricerca qualitativa e quantitativa, sguardi contestuali e immagini di insieme, conoscenze esperte e comuni, approcci disciplinari differenti (dell'antropologia, come degli studi urbani e dell'urbanistica) hanno contribuito a costruire una conoscenza articolata e contestuale, specifica per ciascuna situazione territoriale. Quella che è stata praticata non è solo una sorta di «interdisciplinarietà induttiva, legata all'esperienza» (Cognetti, Fava 2019), ma anche una riarticolazione degli strumenti stessi del guardare, comprendere e interpretare, guidata dall'idea di adottare principalmente il punto di vista della vita quotidiana e delle persone, a partire dal loro esistere in un territorio.
Dunque la prospettiva aperta da una ricerca sulle periferie così concepita riguarda proprio la postura investigativa, non scontata in tempi nei quali complessità e tecnologie favoriscono il ricorso ad analisi multicriteri condotte con procedure formalizzate che finiscono per avvalorare il mito dell'oggettività e l'interruzione della forte correlazione tra descrizione e progetto (Gabellini 2019). Al contrario, questi diversi livelli di comprensione della situazione locale aprono a una gamma articolata di possibilità di trattamento e quindi alla capacità di disegnare inedite visioni progettuali e incidere diversamente nella sfera dell'agire.
La terza questione «una ricerca collaborativa» attiene alle forme di costruzione e di diffusione della ricerca. Un'indagine sulle periferie, che spesso sono territori ricchi di attori, saperi impliciti e progettualità, ha richiamato la necessità di costruire la conoscenza attraverso un approccio interattivo e ancorato alla situazione locale. La dimensione relazionale è quindi alla base dello studio, e questo ha permesso ai ricercatori di sviluppare nuove sensibilità situate; sviluppo favorito dalla possibilità di incontro, dalla conoscenza diretta e dall'esperienza sul campo.
La ricerca ha anche reso appropriabile la conoscenza complessa prodotta, attraverso l'elaborazione di quadri di sintesi per le politiche, di immagini-testi di facile accesso per un pubblico ampio, di costruzione di momenti presentazione e discussione coi diversi attori della trasformazione.
I vari momenti di interazione hanno consolidato un percorso che ha lavorato alla loro collaborazione riflessiva e al trasferimento della conoscenza prodotta alle comunità locali. L'ambizione è stata quella di poter alimentare, attraverso lo scambio e il mutuo-apprendimento, un bagaglio ampio di «competenze territoriali» e quindi la possibilità di rafforzare le capacità di protagonismo locale all'interno di ambiti di rigenerazione urbana.
Il patrimonio reso disponibile dalla ricerca, grazie al percorso collaborativo, a momenti di costruzione di immagini condivise legate alle pratiche e agli immaginari e a una attenzione specifica a momenti di formazione attiva, è divenuto così un capitale che alimenta la conoscenza diffusa, uno strumento di crescita e di capacitazione per la comunità allargata.
Pertanto, il percorso messo a punto è, insieme, di ricerca e di attivazione territoriale, caratterizzato dall'utilizzo di strumenti emersivi, collaborativi e utili alla costruzione di linee progettuali.

---

coinvolti in maniera efficace nella rigenerazione dei grandi quartieri di edilizia residenziale pubblica in Europa. Esso mira a sviluppare approcci e *best practices* per affrontare l'esclusione sociale-spaziale degli abitanti attraverso approcci interdisciplinari e abilitanti. Alcune riflessioni sull'approccio si ritrovano in: Aernouts, Maranghi, Ryckewaert (2020) e Cognetti, Maranghi (2019). Un secondo progetto di ricerca che ha contribuito alla messa a punto dell'approccio è *Vivere e Abitare Lorenteggio ERP. Per mappare insieme il quartiere di edilizia pubblica Lorenteggio-Giambellino*, svolto in partnership con Coop. A77, ass. Dynamoscopio, Comunità del Giambellino. Lo studio è stato orientato alla stesura del masterplan Giambellino Lorenteggio, all'interno dei progetti di sviluppo urbano sostenibile, in attuazione del Por Fesr e Fse, in coordinamento con il Pon Metro (programma di responsabilità di Regione Lombardia, Aler Milano, Comune di Milano).

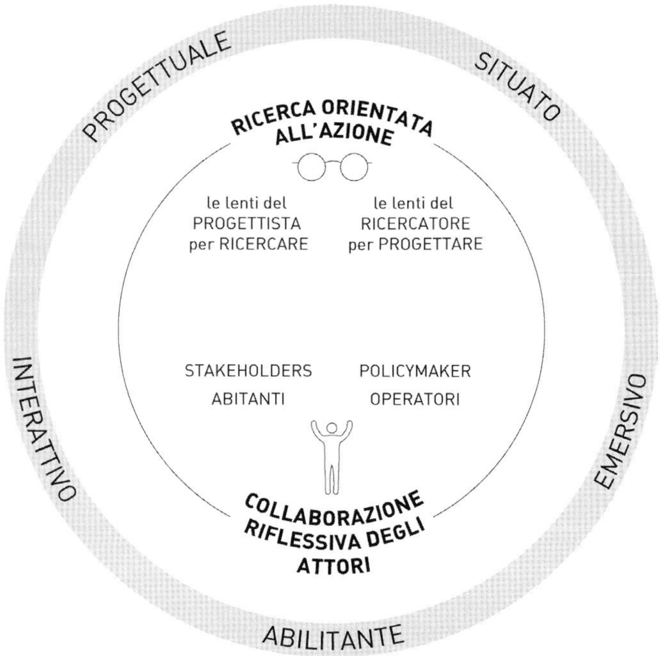

I.1
La metodologia di ricerca. Schema di sintesi.

L'approccio è coerente con le nuove direttive europee relative alla *Responsible Research and Innovation* (RRI)[2], e può essere sintetizzato nei cinque aspetti che seguono:

- *progettuale*, quindi orientato alla produzione di conoscenza organizzata per la programmazione e la pianificazione dell'intervento;
- *situato*, quindi ancorato alla dimensione locale e aderente all'interpretazione di dinamiche sociali e territoriali di contesto;
- *emersivo*, quindi in grado di far affiorare lo sguardo e i saperi impliciti dei soggetti locali e degli abitanti come chiave di attivazione del cambiamento;
- *interattivo*, quindi capace di costruire un terreno di confronto, scambio e condivisione con il territorio e i suoi attori;
- *abilitante*, quindi indirizzato alla crescita delle comunità, allo sviluppo delle competenze individuali e di gruppo, al rafforzamento di uno spirito critico nei confronti della complessità della città (fig. I.1).

Mappare le periferie, rappresentarle «da dentro»

L'attività di ricerca ha preso avvio con la problematizzazione dei territori target dell'intervento. Il campo di osservazione, infatti, non era stabilito nel dettaglio a priori, ma è stato posto come uno degli elementi da definire attraverso l'indagine. Di quali periferie stiamo parlando quando nominiamo via Padova, quartiere Adriano, ambiti di Corvetto e Chiaravalle? Quali sono i caratteri, gli abitanti, i confini e le traiettorie di sviluppo di queste diverse periferie?
Domande solo apparentemente banali, che invece hanno sollecitato la ricerca dal punto di vista dell'estensione della possibilità di osservare e interpretare, e quindi dei metodi e degli approcci.
In un periodo in cui si riflette molto su strumenti e sistemi di mappatura che danno origine a sofisticate – e certamente necessarie – rappresentazioni di natura oggettiva[3], questa ricerca ha scelto di

2 Il *Framework Programme for Research and Innovation 2014-2020 – Horizon 2020* – sottolinea alcune caratteristiche della ricerca responsabile: è un concetto di scienza e di innovazione «for and with society»; orienta lo sviluppo con i cittadini e le organizzazioni della società civile, mettendo in relazione una varietà di attori che normalmente non interagiscono né reciprocamente, né con l'ambito accademico; favorisce la comprensione reciproca e la co-produzione della ricerca, verso agende politiche efficaci per affrontare le sfide sociali. Questo implica una dimensione importante di interazione e collaborazione in modo che gli attori (ricercatori, cittadini, *policy makers*, imprese, organizzazioni del terzo settore) collaborino insieme durante l'intero processo di ricerca, al fine di allineare meglio sia il processo che i suoi risultati con i valori, i bisogni e le aspettative della società.

3 Negli ultimi anni diverse ricerche di respiro nazionale si sono poste l'obiettivo di mappare le periferie, anche attraverso l'introduzione di indicatori di natura sociale e spaziale legati alle forme di vulnerabilità, degrado fisico e povertà materiale. Il fuoco che è maggiormente emerso è quello sulle città metropolitane, attraverso le seguenti indagini: Commissione Parlamentare di inchiesta sulle condizioni di sicurezza e

affiancare all'indagine quantitativa anche altri tipi di osservazione ed esplorazione, volti a cogliere un valore non esclusivamente geografico e oggettivo dei territori.
La ricerca ha indagato, oltre alla consistenza degli spazi e dei dati statistici di dettaglio, il senso di appartenenza che nomina luoghi e legami, le pratiche d'uso che tracciano significati e interdipendenze territoriali, le percezioni che attribuiscono significati e raccontano proiezioni, le progettualità che propongono vocazioni, ristabiliscono centralità e orientano flussi.
Il territorio, composto da fatti sociali e da spazi, tradizionalmente si esprime infatti in una sua materialità, ma è anche il deposito di dinamiche e pratiche «immateriali». Le due dimensioni – materiale (lo spazio domestico, le case e i luoghi del welfare, gli spazi pubblici, le infrastrutture) e immateriale (gli usi, gli immaginari, le politiche e le norme) – non solo coesistono, ma le loro forme e significati sono fortemente correlati. La prospettiva è quella di una definizione relazionale della spazialità, che esprime l'idea che la natura dello spazio è legata alle configurazioni sociali e a come esse mutano nel tempo. Un' idea di spazio che connette la fisicità dell'urbano con dimensioni di natura sociale, politica, economica e culturale coesistenti su un

sullo stato di degrado delle città e delle loro periferie (2017); Lelo, Monni, Tomassi (2019). In queste indagini si utilizza un indice di vulnerabilità messo a punto dall'Istat, costruito sulla base di indicatori che prendono in considerazione le condizioni individuali delle persone, indicatori spaziali di disagio e disponibilità di servizi. L'indice di vulnerabilità sociale e materiale è un indicatore codificato dall'Istat con l'obiettivo di fornire una misura sintetica del livello di fragilità dei comuni italiani. L'indice è calcolato attraverso la combinazione di sette indicatori elementari che descrivono le principali dimensioni «materiali» e «sociali» della vulnerabilità (incidenza della popolazione di età compresa fra i 25 e i 64 anni analfabeta e alfabeta senza titolo di studio; incidenza delle famiglie con 6 e più componenti; incidenza delle famiglie monogenitoriali giovani o adulte; incidenza delle famiglie con potenziale disagio assistenziale, a indicare la quota di famiglie composte solo da anziani con almeno un componente ultraottantenne; incidenza della popolazione in condizione di affollamento grave; incidenza di giovani fuori dal mercato del lavoro e dalla formazione scolastica; incidenza percentuale delle famiglie con potenziale disagio economico). Un'altra operazione di mappatura, con un diverso fuoco relativo alle funzione, è stata messa in campo dalla ricerca Demix-Direzione Generale Arte e Architettura Contemporanee e Periferie Urbane (2017) relativa all'individuazione dei caratteri della «periferia funzionale» metropolitana. L'indagine ha assunto come campo di analisi il territorio urbanizzato delle nove città metropolitane (a eccezione di Roma); attraverso un set complesso di indicatori ha esplorato la presenza di mix funzionale sui territori, assunto come elemento di qualità per valutare e orientare le iniziative di sviluppo e rigenerazione urbana. Queste ricerche costituiscono un corpo interessante di nuova conoscenza scientifica sul tema delle periferie che vanno ad alimentare una serie di *poverty maps* per orientare le politiche. Sul nesso tra queste forme di mappatura e il disegno di politiche hanno sviluppato un'articolata riflessione: Bifulco, Fedeli, Perrone, Vicari, Haddock 2020.

I.2
Allestimento *Nuova Milano Social Club* presso la Cascina Nosedo nel parco della Vettabbia.

territorio attraverso differenti traiettorie, spesso eterogenee e agenti a diverse scale (Massey 2005; 2010)[4].
Se intendiamo il territorio come esito di questa complessità, possiamo comprenderlo solo pazientemente abitandolo, raccogliendo tracce e producendo letture e rappresentazioni «da dentro», utili a narrare la specificità dei singoli contesti e di conseguenza i peculiari elementi di progettazione di politiche.
Questo modo di indagare la città allude alla possibilità di mettersi nelle condizioni di conoscere dandosi il tempo di comprendere ciò che si sta attraversando e incontrando, mediante strumenti di natura esperienziale e immersiva (quali il camminare e il dialogare)[5]; mettere quindi in campo uno sguardo «ad altezza d'uomo», una osservazione partecipante che è processo di apprendimento e impegno ontologico (Ingold 2013)[6] che permette di comprendere spazi e pratiche della vita quotidiana, narrazioni e memorie stratificati nel tempo, dinamiche relazionali e progettualità implicite, quindi cercando di dare voce «a chi, dal passato, porta ancora il suo contributo silenzioso alla vita della città, e di immaginare anche chi, dal futuro, chiede silenziosamente diritto di parola» (Ferraro 1998, p. 93).
Per andare oltre a una astratta e oggettiva definizione di periferia, spesso associata a condizioni di marginalità e degrado, unita ad assenza di opportunità ed errori di progettazione, la ricerca ha messo alla prova specifiche e intime descrizioni delle condizioni di perifericità, da cui sono emersi i tratti caratteristici, gli elementi di trattabilità, le chiavi per l'attivazione e l'inclusività di un intervento.
Attraverso queste esplorazioni, lo stesso termine «periferie» è apparso vuoto e inadeguato per raccontare luoghi densi e complessi, e «troppo spesso marginalizzati dalle stesse rappresentazioni e definizioni che li raccontano» (Cancellieri, Peterle 2019, p. 12)[7]. Quella che è emersa grazie a questa lettura da dentro e multidimensionale è una immagine complessa, fatta di inerzie ma anche di importanti segnali di cambiamento, legata a luoghi che ridefiniscono negli spazi quotidiani la propria identità, sospesi tra un bisogno di radicamento e la necessità del cambiamento. Quartieri in cui si prova continuamente a farsi spazio, creando così nuovi campi di azione.

La costruzione di immagini per il cambiamento. Fotografie del futuro

Dal punto di vista degli strumenti di indagine applicata e di modellizzazione scientifica, ci si è avvalsi di un set di dispositivi in grado di osservare in forma articolata fenomeni diversi legati a spazio, pratiche, progettualità e attori e alla relazione tra loro, come descritto in dettaglio nel testo di Jacopo Lareno che segue.
L'ambizione è stata quella di poter interpretare la complessità delle periferie osservando: condizioni materiali degli spazi e dei *pattern* territoriali; pratiche sociali legate all'uso dei quartieri, degli spazi aperti e pubblici, della centralità; immaginari emersi attraverso l'indagine sulle narrazioni, le memorie e le retoriche locali; attori che puntualmente hanno sede e operano sul territorio, facendo emergere reti territoriali, campi di azione e temi di interesse; campo delle progettualità che

4 Lo spazio descritto da Massey non è una entità statica, ma è dinamico, aperto a fenomeni di diversa natura, *under construction* e in equilibrio provvisorio. Nello spazio, infatti, vengono rappresentati tutti gli elementi della molteplicità che si depositano sul territorio.

5 Questa attitudine di ricerca legata all'attraversamento e alla deriva è tipica della postura antropologica, ed è stata ampiamente praticata ad esempio da De Certeau. L'antropologo avviò pratiche di studio tramite la deriva in alcuni quartieri di Parigi tra gli anni 1965 e 1968. Egli stesso avvia le ricerche con queste riflessioni: «Le successioni di passi sono una forma di organizzazione dello spazio, costituiscono la trama dei luoghi [...], non si localizzano sono esse stesse a costituire uno spazio. I percorsi pedonali possono essere riportati su planimetrie così da descriverne le tracce (qui molto intense, là molto leggere) e le traiettorie (passanti di qua e non di là). Ma queste curve marcate o sottili rimandano soltanto, come parole, all'assenza di ciò che è passato. Nel tracciato dei percorsi si perde ciò che è stato: l'atto stesso di passare» (De Certeau 2001, p. 150). L'approccio non è estraneo anche ad alcuni urbanisti che puntualmente in passato l'hanno indagata. Ad esempio Ferraro ricorda le lunghe passeggiate fatte da Geddes come l'applicazione dell'arte di guardare: «di volta in volta osservazione minuziosa dei luoghi, ma anche preoccupazione per le condizioni di vita concrete, che solo l'esperienza diretta può cogliere; ascolto paziente delle persone presenti, ma anche sforzo di dare voce a chi, dal passato, porta ancora il suo contributo silenzioso alla vita della città» (Ferraro 1998, p. 84). Anche l'urbanista Giancarlo Paba ha dedicato un capitolo di uno dei suoi più noti libri al «leggere la città», esaminando le forme del camminare, come modo per indagare l'urbano. Egli ripropone di intendere il territorio come testo che va esplorato col corpo e con uno sguardo attivo (Paba 1998). Il tema del camminare come pratica trasformativa, caro a questi urbanisti, è stato ripreso da Francesco Careri (2006), che lo racconta, attraversando diverse esperienze artistiche del Novecento, come modalità per comprendere e cambiare l'ambiente urbano.

6 L'osservazione partecipante non è, per Ingold, una tecnica di raccolta dati su qualcosa, ma un «impegno ontologico» con qualcosa. Come l'apprendista artigiano si reca a bottega dal maestro per imparare da lui e non su di lui, l'antropologo apprende dalle situazioni in cui si trova, invece di guardare retrospettivamente a una conoscenza su qualcosa. L'antropologia è vista come un processo vitale orientato verso un desiderio trasformativo, un movimento dinamico di apprendimento dai contesti attraverso un impegno pratico con il mondo per condurre a un cambiamento. Il suo fine non è quello di proporre generalizzazioni teoriche, ma di «aprire spazi per un'indagine generosa, aperta, comparativa eppure critica sulle condizioni e sulle possibilità della vita» finalizzata a «costruirci il nostro futuro» (Ingold 2013, p. 5).

7 Negli ultimi anni alcuni lavori di ricerca hanno utilizzato differenti linguaggi, ad esempio il fumetto, per raccontare le periferie. Ne è un esempio la graphic novel *Quartieri. Viaggio al centro delle periferie italiane*, un'antologia composta da cinque racconti che narrano altrettanti quartieri di importanti città disseminate lungo la penisola, da Nord a Sud, per cercare di leggerle «da dentro e dal basso».

attraverso azioni sociali, programmi promossi da una varietà di soggetti e politiche pubbliche introducono temi di trattamento e cambiamento. Ci si è basati su rilevazioni urbanistiche e socio-antropologiche, attraverso l'integrazione di dati qualitativi e quantitativi. Come primo esito, questo approccio ha dato delle immagini interpretative in cui si intersecano gli elementi materiali e immateriali che strutturano i territori. Tali immagini sono divenute le «basi di informazioni complesse» per il progetto, delle «fotografie sensibili» (Paba 1998) per individuare chiavi per il cambiamento attraverso la possibilità di rintracciare situazioni potenziali da sostenere, sistemi di opportunità da rafforzare, risorse disponibili da fare emergere.
Queste operazioni hanno disegnato quello che possiamo definire «un campo di lavoro locale», quindi non solo una fotografia sensibile dell'esistente ma piuttosto una «fotografia del futuro» che mette in luce le possibilità per il progetto, i confini e gli ingredienti per la rigenerazione dei luoghi, gli elementi di attivazione delle comunità.
In dettaglio, è stato utile riconoscere diverse potenzialità per il progetto di rigenerazione urbana, fra loro interconnesse, le quali si prestano a costituire quattro potenziali *layer* di avvio della progettazione dell'intervento a differenti scale (da quella del cortile e del condominio, all'isolato, al quartiere, alla città).
Abbiamo riconosciuto diversi «materiali» fisici e intangibili che rappresentano dei possibili ingredienti da scoprire, valorizzare e combinare nel progetto di rigenerazione urbana:

- le «scintille», ossia attori, reti, intuizioni, aspirazioni, esperienze e competenze presenti nei territori, che compongono il «capitale» sociale e umano di accensione dell'intervento;
- gli «ingaggi», ossia chiavi e leve di arruolamento, intese come attivazione delle abilità e del potenziale che gli attori manifestano intorno all'intervento;
- i «supporti», ossia opportunità territoriali e relativi sistemi spaziali, intorno ai quali è possibile valutare la collocazione e la realizzazione fisica dell'intervento;
- gli «inneschi», ossia vocazioni dei territori e rispettivi assi di sviluppo locale, ai quali l'intervento può agganciarsi come motore di traino e di rivitalizzazione dell'area.

Oltre alla costruzione di immagini strategiche per orientare l'azione, che in forma integrata costruiscono connessioni tra dimensioni diverse del territorio, la ricerca si è orientata a riconoscere attori mobilitabili e azioni attivabili per il Punto di Comunità previsto dal programma *Lacittàintorno*. Un atterraggio puntuale, che la ricerca considera un tassello fondamentale, ma non unico, del disegno per il futuro sviluppo di questi territori (fig. I.3).

Forme e produzione della conoscenza per le periferie

L'approccio descritto e restituito in questo libro contribuisce a problematizzare alcuni aspetti del fare ricerca all'interno dell'ampio campo degli studi urbani.

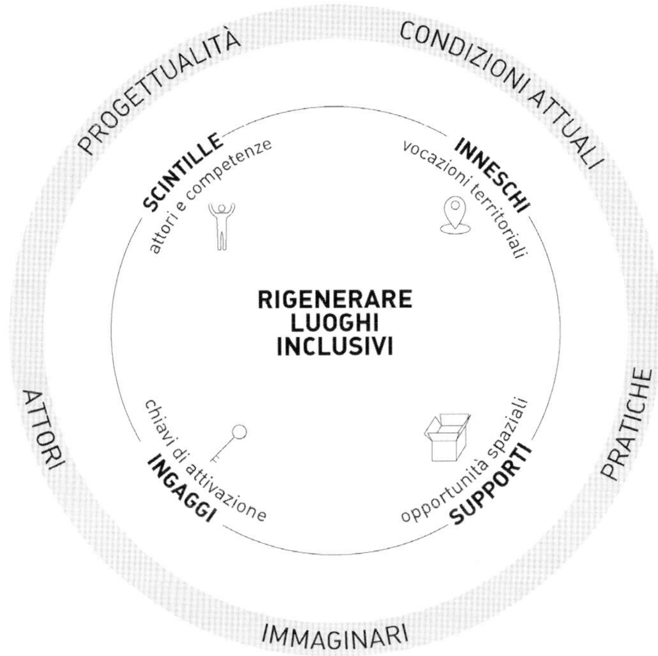

I.3
Le potenzialità per il progetto. Schema di sintesi.

1.4-5
Racconti fotografici del progetto *Insider Milano* nell'ambito della rassegna *Super, il «festival delle periferie»*.

Una prima questione attiene alla costruzione della conoscenza: quali sono le forme della conoscenza utili e utilizzabili per interpretare le periferie? E come si producono? La questione rimanda a:
• il ruolo delle discipline e delle conoscenze esperte all'interno delle interpretazioni territoriali;
• il valore di altre forme di conoscenza che si dispiegano sui territori e che riteniamo utili nella comprensione di una situazione;
• le possibilità di apprendimento che prendono corpo in un territorio, legate non solo alla lettura razionale ma anche a una dimensione esperienziale e di scambio.

Se intendiamo la città come ambiente complesso, ambiguo e incerto (Sennet 2018), ciò pone nuove sfide alle modalità del produrre conoscenza. Dobbiamo mettere a punto forme di comprensione in cui il territorio stesso diviene il luogo dello scambio, potremmo dire il luogo del co-apprendimento (Crosta 1998a; McFarlane 2011; Allen, Lambert, Yap 2018), il luogo della costruzione di un discorso plurale sulla città.

Questa interrelazione avviene innanzitutto tra discipline e approcci: un'interpretazione articolata e densa della città richiede infatti una moltiplicazione delle modalità di raccolta di dati e informazioni, indizi e «tracce» – come d'altra parte la messa alla prova delle varie forme di conoscenza disciplinare che possano estendere la possibilità di analizzarli, interpretarli e comprenderli. Interdisciplinarità in questa prospettiva si delinea come via imperfetta rispetto alla seduzione di ricostituire un'unità di saperi, ma è piuttosto lo sforzo umile e paziente di costruire un quadro di riferimento plurale e inclusivo, più ricco in termini di complessità perché in grado di raccogliere elementi diversi disparati[8].

Indagare il territorio implica una particolare sensibilità ai singoli contesti, agli specifici vincoli e risorse di un luogo e delle relazioni locali tra attori e spazi, al punto di vista dei suoi abitanti. Le nuove comprensioni, sembrano quindi essere richiamate, non solo da un approccio interdisciplinare, ma anche dalla possibilità di mettere al

---

8 Ho sviluppato anche in altre sedi questa riflessione sul tema della interdisciplinarità grazie al gruppo di ricerca Tracce Urbane, restituendo alcuni esiti all'interno del numero 6 del 2019 di «Tracce Urbane. Rivista Italiana Transdisciplinare di Studi Urbani», *La città interdisciplinare. Per itinerari non tracciati tra saperi urbani / The Interdisciplinary City. Untracked Itineraries of/ for Urban Knowledges*, a cura di Francesca Cognetti, Ferdinando Fava, Paolo Grassi, Barbara Pizzo. Nel numero si propongono alcune linee di riflessione per esplorare e riprendere criticamente la questione della interdisciplinarità relativa agli *Urban Studies*. L'intento è mettere a fuoco la relazione tra campi disciplinari compositi articolati sulla loro relazione con i fenomeni contemporanei urbani. Al centro del numero sono i gesti, i linguaggi, i punti di vista e gli strumenti relativi ai diversi modi di intendere la ricerca urbana, proiettati su quello scenario multiforme e complesso che caratterizza l'urbano e che sempre, seppure con esiti eterogenei, li porta ad avvicinarsi e dialogare. Il numero ha un duplice fuoco, il primo è incentrato sull'oggetto «urbano», il secondo su linguaggi e metodi di indagine di questo oggetto.

lavoro i più diversi apparati interpretativi, che hanno origine da vari codici e saperi – formalizzati e non formalizzati. Abbiamo infatti bisogno di categorie più adeguate per interpretare la complessità uscendo da una autoreferenzialità che è spesso anche assenza di scambio e contaminazione e ha poco a che vedere con la vita ordinaria degli abitanti (Cellamare 2016b; Cognetti, Padovani 2017).

Inoltre, le periferie sono arene di attori sempre più articolate, in cui sono molti i soggetti portatori di un sapere urbano, dobbiamo metterci nelle condizioni di individuare delle «competenze dalla parte della gente» (Crosta 2013), non tanto per opporsi al sapere scientifico – di cui siamo per altro in parte portatori – ma per allentare i rigidi confini, in una prospettiva di politiche, tra conoscenze pratiche e prassi istituzionali (Scott 2019)[9].

Decisori pubblici, imprenditori, commercianti, associazioni di quartiere o di strada, agenzie del terzo settore, operatori culturali, partecipano differentemente allo stesso spazio urbano da essi modellato, e che a sua volta, di ritorno, li condiziona.

Le periferie, in questa prospettiva, chiamano in causa modi di pensare, coscienza collettiva e singoli punti di vista, in un processo di scambio e di influenza reciproca in cui emerge il sapere comune legato alla vita quotidiana, di cui è spesso portatore l'*everyday maker*[10].

A partire dalla limitatezza delle informazioni normalmente disponibili in alcuni contesti periferici e ai dubbi relativi a cause e conseguenze dei processi in atto, questo sottolinea la necessità di avere un approccio interattivo ed emersivo, che insiste sulle potenzialità che possono essere offerte da forme di indagine condotte congiuntamente dai ricercatori e da quanti, a vario titolo, vivono o operano in un'area: in questo senso la ricerca si fa collaborativa (i protagonisti e i produttori di conoscenza non sono solo i ricercatori in senso stretto, ma tutti i soggetti coinvolti).

Se il quadro è quello della costruzione di un sapere interdisciplinare e multiplo, in questo processo chi impara da chi, e in quale forma? Come avvengono le forme di circolarità e di influenza reciproca? Stiamo mettendo in campo la possibilità che si generi un nuovo sapere originato dallo scambio e dal mutuo apprendimento, un sapere che non apparterrà più ai soggetti che lo hanno sviluppato a partire da singole esperienze. In situazioni fluide come questa i procedimenti scientifici attingono anche da interpretazioni di «altri esperti territoriali» orientati a usi e fruizioni pratiche, e agiscono in modo da raffinare, ampliare e rendere più accessibili contenuti e possibilità di azione di cui possono ridisporre tutti. Quello a cui alludiamo è una sorta di processo circolare di raffinamento della conoscenza, un processo di elaborazione di una «conoscenza riflessiva costruita con le pratiche» (Balducci, Bertolini 2007), in cui tra conoscenza scientifica e altri saperi non c'è alterità, ma una relazione di scambio, in una prospettiva in cui i ruoli di chi riceve e di chi offre non sono precostituiti. Questo tipo di indagine è quindi un processo che mette in campo una complessa interazione tra persone; presuppone luoghi di discussione e di scambio che ospitino la possibilità del confronto, attraverso il quale cambiare posizioni e punti di vista dei singoli, in un percorso di mutuo apprendimento che si genera attraverso il riconoscimento di un campo comune (Padovani 2016) dove anche posizioni conflittuali possono essere comprese all'interno di un «processo aperto». In questa misura la conoscenza non viene quindi solo detenuta e prodotta in forma individuale, ma è anche circoscrivibile a un sistema di relazioni e di pratiche socialmente e culturalmente riconosciute. Un sistema di pratiche legato certamente a momenti strutturati di scambio, come workshop, focus group, camminate di quartiere, ma ascrivibile anche all'abitare in sé, inteso in senso ampio come pratica non di «occupazione» o «consumo» della casa, direbbe Ingold (2000), ma come dimensione di coinvolgimento situato che coinvolge la vita intera di colui che abita.

La ricerca nella prospettiva del progetto. Spazi abilitanti e quadri strategici

Per concludere, vorrei proporre una riflessione attorno a due nodi relativi a come la ricerca può contribuire al cambiamento, e inserirsi nelle spinte progettuali che si dispiegano nella città.

Una prima questione rimanda alla *costruzione della conoscenza nella prospettiva del progetto*. La ricerca territoriale svolta costituisce il supporto per la comprensione delle specificità dei caratteri periferici di ciascun contesto, e per l'individuazione di orientamenti strategici basati sull'attivazione dei territori. È quindi una ricerca «orientata alla azione»; utilizza le lenti del progettista per mettere a fuoco i caratteri rilevanti di una situazione, come, d'altra parte, «indossa» gli occhiali del ricercatore, quando esplora le possibilità di trasformazione e cambiamento locale. Non si tratta quindi di svolgere un'attività analitica, collocata prima e al di fuori dell'azione progettuale e volta a colmare il vuoto di conoscenza relativo a un dato contesto; bensì di indagare il territorio, attribuendo interpretazioni e significati agli aspetti che riguardano la formulazione dei problemi e dei sistemi di opportunità per trattarli.

---

9 Non si tratta per Scott (2019) di opporsi al sapere scientifico formalizzato, ma di chiedersi che margini esistano affinché conoscenze pratiche, contingenti e non epistemiche possano emergere e/o essere preservate di fronte agli ordini istituzionali espressi attraverso una idea di crescita lineare, la cui implementazione passa per un restringimento dell'attenzione verso un unico esito e un'unica soluzione e la sua applicazione a tutti piani dell'esistenza umana. Scott, in un libro tradotto in Italia di recente ma scritto negli anni Novanta, si concentra sui motivi e i metodi con cui lo Stato ha operato al fine di semplificare la propria conoscenza del territorio, delle lingue, dei comportamenti sociali e comunitari e delle differenti culture, uniformandole e semplificandone la complessità implicita.

10 Bang ci propone in questo quadro la figura che chiama *everyday maker*, che è una persona «tipo», in qualche misura complementare al *decision maker*, che avanza valutazioni e prende decisioni senza formalmente deciderlo. Bang sottolinea il suo carattere pragmatico, immediato, e di senso comune (Bang, Sørensen 1999).

I.6
Evento *Rompiamo le righe* in largo Bigatti
in occasione del lancio del programma
Lacittàintorno presso il quartiere Adriano.

Non tanto, quindi, una conoscenza costruita preliminarmente allo sviluppo del progetto, quanto piuttosto un «know-how legato all'esperienza locale» e al continuo confronto delle interpretazioni maturate all'interno di più tavoli di interazione (con abitanti e soggetti locali, con diversi *stakeholder*, coi responsabili del programma e gli operatori progettuali).
Il tema del progetto è interpretato all'interno della ricerca in forma ampia: riguarda la costruzione di quadri strategici di riferimento, l'emersione di nuove chiavi interpretative, il riconoscimento di network e vocazioni territoriali. Il progetto allude quindi a dinamiche di cambiamento, non solo di natura fisica; riguarda spesso il campo delle politiche, ma anche delle prassi istituzionali e delle capacità sociali. La ricerca intende avere un ruolo in questi diversi ambiti che alludono a una idea di trasformazione territoriale legata a una progettualità diffusa promossa da differenti spinte locali e urbane.
Il filone di sperimentazioni e riflessioni sui temi della ricerca-azione mette fortemente in tensione questi aspetti relativi al cambiamento[11]. Gli impatti considerati, infatti, non riguardano solo un'azione trasformativa diretta, quanto piuttosto la sfera del coinvolgimento critico e dell'attivazione di una molteplicità di attori. L'«azione» promossa dalla ricerca, si concretizza, in questa prospettiva, anche in processi di capacitazione di abitanti, società civile e istituzioni, nella costituzione di ambiti per coltivare coscienza critica (Reardon 2006; Saija 2016); si tratta quindi di delineare una tensione processuale e creativa rispetto all'esperienza dello scambio, alla costruzione di località e all'attivazione di *agency* (Lazzarino 2014).
Una seconda e ultima questione rimanda alle *forme di restituzione e condivisione della conoscenza*. Sono molti i modi con cui vengono diffusi gli esiti della ricerca, e in una ricerca collaborativa per l'azione questo aspetto è particolarmente importante. La ricerca, infatti, è attenta non solo a come si producono informazioni e descrizioni (attraverso piattaforme di scambio) e in quale prospettiva (del progetto), ma anche a come si rielabora e si diffonde la conoscenza, in modo che divenga elemento di crescita della consapevolezza di molti. Metodologia e contenuti di ricerca si ritengono infatti utili per l'azione pubblica e privata di abitanti e soggetti sui territori, oltre che per chi si occupa più in generale di ricerca urbana e di politiche. Inoltre, le immagini strategiche disegnate dall'indagine e le mappe delle comunità emerse dalla co-progettazione diventano nutrimento non solo per l'implementazione dell'azione promossa da Fondazione Cariplo, ma anche per rafforzare la consapevolezza di diversi soggetti e la possibilità di avviare azioni situate e specifiche. Con questo obiettivo abbiamo lavorato in particolare durante la fase di *enabling* attraverso diversi momenti di natura formativa. In questa prospettiva, in qualche misura, i committenti della ricerca non sono solo i soggetti che l'hanno richiesta, ma potenzialmente tutti gli attori coinvolti dalle prime fasi di *inquiry* e *mapping* fino alla conclusione del percorso.
L'ambizione di una ricerca di questo tipo è quella di contribuire a costruire *spazi abilitanti*, arene in cui sperimentare e formare la capacità progettuale di tutti (Cognetti 2018a). Questa attenzione alla trasmissione di conoscenza ambisce a incidere sulla capacità dei soggetti, a far evolvere quella stessa conoscenza all'interno dei propri contesti, coniugando in modo attivo «saperi già posseduti» e «saperi di altra provenienza». Oltre ad attuare un processo di capacitazione, la metodologia ha natura fortemente inclusiva: articola in un unico spazio di apprendimento interattivo profili, storie professionali, visioni e gradi di competenza fra loro anche molto diversi; inoltre lavora al rafforzamento delle reti e alla costruzione di visioni e sensibilità comuni attraverso la dimensione culturale[12]. Si apre così alla possibilità che attraverso una nuova forma di produzione del sapere si incida sui fattori di cambiamento relativi alla coscienza di abitanti e attori locali, alla libertà di esprimere valori e interessi, alla capacità di intravedere e disegnare nuove strategie progettuali e rinnovate creatività sociali.

11 La ricerca-azione è impiegata in diverse ricerche finalizzate al cambiamento, in particolare in campo educativo e di sviluppo di comunità. È un metodo che combina, in forma interdipendente e sinergica, formazione, ricerca e cambiamento. Nella ricerca-azione infatti l'azione non segue alla ricerca, in quanto la conoscenza è esito stesso di una azione e di una interazione, quindi tra i due campi c'è una dimensione di reciprocità. La ricerca infatti è volta a costruire le capacità delle persone, e contemporaneamente attinge da esse; intende gli abitanti come attori creativi del loro mondo e li sostiene nel partecipare al processo di creazione di conoscenza. Per una rassegna dei diversi contributi teorici sul tema ci si può riferire a: Hult, Sven-Ake (1980). La Ricerca Azione Partecipata (in inglese *PAR Partecipatory Action Research*), è un'indagine svolta in collaborazione con i soggetti coinvolti in un problema a scopi educativi o per un'azione volta al cambiamento e privilegia aree di intervento locali considerate marginali o svantaggiate. La Ricerca Azione Partecipata può essere considerata come un momento fondamentale di un processo di cambiamento. Coincide con il processo di «presa di coscienza» da parte dei soggetti, protagonisti della comunità, delle loro condizioni, delle loro necessità, delle loro potenzialità, delle loro risorse, dei loro limiti, dei loro valori e dei loro desideri (Buckles, Chevalier 2013).

12 Alcuni approcci antropologici contemporanei alludono alla possibilità che all'interno della dimensione culturale (che quindi riguarda i discorsi, gli immaginari, le strutture mentali, le percezioni delle persone) risieda un potenziale portato di cambiamento e di *agency*, che apre alla possibilità di produrre azioni che rispondono a esigenze, desideri e interessi perché collocate in un orizzonte culturale di significati locali (Ortner 2006).

L'indagine collaborativa territoriale: un *toolkit* per una ricerca trasformativa

Jacopo Lareno Faccini

Trovare parole per ciò che si ha dinanzi agli occhi: quanto può essere difficile. Ma quando esse arrivano, allora è come se battessero con dei piccoli colpi di martello contro la superficie del reale, sino a sbalzarne, come da una lastra di rame, la forma.
Walter Benjamin, *Immagini di città*, a cura di E. Ganni, Einaudi, Torino 2007, p. 79

Una cassetta degli attrezzi da rinnovare

La periferia urbana è un oggetto di indagine «in movimento», che non può essere ridotto alle espressioni spaziali dei fenomeni e alla materialità dei luoghi, ma mette in gioco relazioni, immaginari e percezioni in un tessuto immateriale complesso da interrogare e rappresentare. L'indagine che questa periferia chiama in causa non può pertanto configurarsi come una verifica della presenza o dell'assenza di determinate questioni in un contesto limitato, ma diviene necessariamente una pratica esplorativa e interattiva tesa a ridefinire i caratteri e le categorie interpretative più pertinenti a partire dal dialogo con attori e abitanti. Questo capitolo delinea i tratti salienti del percorso di ricerca che chiamiamo *indagine collaborativa territoriale*: un'ipotesi di lavoro per costruire un approccio operativo allo studio delle periferie urbane, sperimentabile e replicabile perché capace di adattarsi alle specificità dei territori. Il percorso si sostanzia in una sequenza di operazioni di ricerca e alcuni strumenti e vuole essere innanzitutto una proposta aperta per ripensare le modalità del fare ricerca nella città.
La ricerca che fa da sfondo a questo libro si è connotata come un processo di rimandi continui tra il nostro sguardo di ricercatori e ricercatrici e l'immagine emersa attraverso l'agire degli attori, le narrazioni – istituzionali e non – e la fisicità degli spazi. In questo senso si è trattato di una indagine situata e plurale, in grado di saper cogliere i differenti portati esperienziali dei soggetti territoriali, riducendo in diversi momenti la distanza di chi fa ricerca e chi pratica il territorio. Questo percorso ha richiesto di mettere mano alla nostra cassetta degli attrezzi per disegnare un processo di ricerca, dei temi e degli strumenti che favorissero dunque un confronto interattivo con un «locale» complesso e articolato. In questo senso il processo di indagine proposto si è posto il problema, in primo luogo, di costruire una piattaforma di dialogo tra saperi differenti che permettesse di superare la divisione tra soggetti e oggetti dell'indagine. Alla base vi è infatti la consapevolezza dell'esistenza di una pluralità di espressioni di sapere territoriale, che il progetto di territorio può accogliere e fare incontrare attivando strumenti in grado di farsi sensibili a diverse modalità e capacità espressive. Questa consapevolezza sostiene un approccio che si fonda innanzitutto su due elementi che ne qualificano e informano gli strumenti e le fasi: l'interdisciplinarietà, sviluppando un registro di forte complementarietà tra diverse discipline dell'analisi territoriale e diverse competenze; la circolarità tra sapere teorico e sapere pratico, costruendo uno spazio di attivazione

comune tra ricercatori e interlocutori locali che scardina ruoli e ordini di grandezza tradizionali tra le forme della conoscenza.
Le fasi di ricerca e gli strumenti descritti in questo capitolo rappresentano quindi il tentativo di mettere a fuoco, in una prospettiva pratica e non solo teorica, una modalità di ricerca che mette al centro una concezione del territorio interattiva, socialmente definita e non determinata a priori, che intende l'indagine come un percorso di mutuo apprendimento in cui differenti forme di sapere convergono entro un percorso di reciproco riconoscimento e supporto. Tra queste forme di sapere, si fa spazio dunque anche il sapere non tecnico e disciplinare, quello dell'esperienza e prodotto dell'azione (Crosta 1998b). In questa prospettiva il territorio assume al contempo il ruolo di destinatario e coagente del processo di costruzione della conoscenza territoriale, dando corpo a un'indagine che sollecita le proiezioni al futuro (Cottino 2009b) degli attori locali accompagnandone la traduzione in forma di politiche per la costruzione di un futuro *possibile*.
Per questo l'indagine collaborativa individua e attiva strumenti a supporto di un processo fortemente intenzionale, volto a sostenere l'emersione delle prospettive di cambiamento più che individuare le problematicità del territorio. Infatti, come delineato nel capitolo precedente, gli oggetti di questa indagine – le scintille, gli ingaggi, i supporti e gli inneschi – si contraddistinguono per la loro natura situata, delineando la *collaborazione* come processo di costruzione collettiva di nuova conoscenza per l'azione.
A partire da questi assunti le domande che guidano il percorso di indagine proposto sono sia di natura descrittiva – *questo territorio che periferia è?* – sia di natura progettuale – *quali prospettive di azione per l'intervento territoriale?*. La duplice natura del processo mette al centro due questioni che, come vedremo, sono rilevanti in questo tentativo di riordinare la cassetta degli attrezzi per l'indagine territoriale.
La prima concerne il tema dell'intenzionalità che richiede di creare forme di interazione *forti* che superino le interpretazioni riduttive e strumentali della partecipazione, problematizzando gli strumenti consolidati della ricerca urbana. Per questo l'indagine territoriale collaborativa si dota di modalità capaci di interrogare una platea ampia di attori e profili, non solo quelli tipicamente convocati nei processi di *policy* istituzionali. Una condizione che incide fortemente sulla dimensione degli strumenti e delle tecniche messe in campo che si contraddistinguono per una forte interdisciplinarietà che combina urbanistica, architettura, scienze sociali e antropologia.
La seconda chiama in causa la dimensione processuale dell'indagine. Si tratta infatti di un modo di procedere che combina diversi strumenti di lettura, azione e riflessione, provando a delineare delle fasi della ricerca circolari e non lineari. In questo senso gli oggetti della ricerca rimangono al centro di questo processo, ma sono sottoposti a un processo continuo di revisione, di ipotesi e di verifica, che a seconda delle fasi sollecita sguardi e letture differenti. Questo atteggiamento determina un approccio processuale per fasi «sovrapposte» che disegnano un rimando continuo tra lo sguardo di chi fa ricerca e il sapere che emerge attraverso l'agire degli attori, fino a definire una diversa contestualizzazione dell'azione per i soggetti coinvolti (fig. I.7).

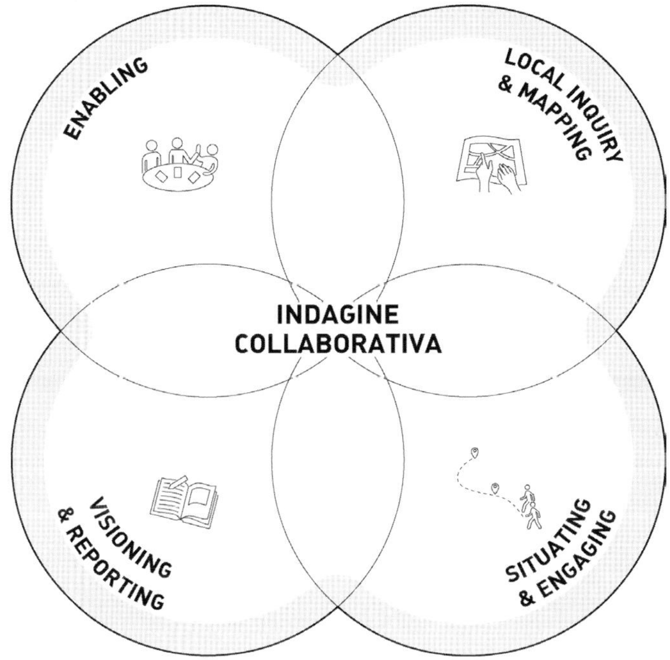

I.7
Le fasi dell'indagine collaborativa. Schema di sintesi.

I.8
Costruzione della mappa di quartiere durante il workshop *Pensieribambini* a cura di Obelo e Spaziopensiero Onlus.

La processualità e la messa in contatto di strumenti di ricerca e restituzione multidimensionali rappresentano l'ossatura entro cui si sostanzia ciò che abbiamo chiamato «indagine collaborativa territoriale». Rileggendo riflessivamente la pratica di ricerca sperimentata, in questo capitolo proveremo a ripercorrerla schematizzandone la circolarità in quattro differenti fasi.

Local Inquiry & _Mapping_: prime immagini dal territorio
La fase di *Local Inquiry and Mapping* ha lo scopo di fornire dei quadri conoscitivi preliminari che mettano in luce alcune peculiarità del campo di ricerca attraverso la costruzione di mappe interpretative di natura quali-quantitativa. Gli strumenti di indagine che vengono attivati attingono alle discipline urbanistiche, sociali, antropologiche e dell'analisi delle politiche pubbliche e permettono uno sguardo multidisciplinare e multiscalare sul territorio. Questa fase si attiva internamente al gruppo di ricerca e imposta il quadro conoscitivo preliminare che sarà poi sottoposto a verifica e ridefinizione nelle fasi successive.
In questa fase la ricerca territoriale si struttura attraverso analisi a differenti livelli di prossimità con il contesto che variano a seconda degli strumenti messi in campo – dall'analisi spaziale di matrice zenitale, all'intervista in profondità – poi depositati all'interno di rappresentazioni spazializzate, di mappature puntuali del territorio. Costitutiva di questa fase è infatti l'attività di «layering»: la costruzione di immagini di territorio sviluppata «per livelli», facendo poi convergere le informazioni più rilevanti in mappe di sintesi. L'attività di *layering* non va confusa con una lettura settoriale del territorio, ma è piuttosto una pratica selettiva di rappresentazione che costruisce discorsi specifici attraverso la selezione e le combinazioni di informazioni e temi rilevanti per la descrizione di un contesto e ne deposita i contenuti in mappe complesse di sintesi. Una modalità di ricerca che ragiona specificamente sulla capacità comunicativa della rappresentazione del territorio e della spazializzazione dei fenomeni e che per questo può essere sviluppata a supporto dell'intero processo, in modo flessibile e incrementale.
Quattro sono i livelli di lettura attivati in questo processo ai quali si associano specifici strumenti.

Inquadramento e analisi territoriale. Questo livello di lettura consiste nella definizione preliminare degli elementi territoriali caratteristici che definiscono il campo di ricerca, mettendo a sintesi diverse e differenti operazioni: il sopralluogo e l'osservazione; l'analisi di database cartografici e immagini zenitali; l'analisi morfologica e tipologica dei tessuti e dello spazio aperto; lo studio della distribuzione delle funzioni urbane e dei sistemi di mobilità. Si tratta di un primo livello di esplorazione della *città di pietra* che ne descrive la materialità e le peculiarità che si rintracciano nei suoi spazi. In questo senso rappresenta un primo tentativo di rispondere alla domanda: di quali territori è composta *questa* periferia? Cosa li caratterizza, li connette e li separa? L'obiettivo è dunque quello di delineare alcune prime ipotesi

rispetto alla suddivisione del territorio in parti e sistemi coerenti che possano delimitare il campo di ricerca e delinearne un'articolazione interna. È dunque un'operazione che sovrappone entro una stessa rappresentazione dati spaziali – come ad esempio quelli contenuti nei database pubblici e nelle carte tecniche comunali – e selezioni interpretative nate dall'osservazione sia «zenitale» – di immagini satellitari – sia «ad altezza uomo» realizzata attraverso itinerari territoriali[1].
L'inquadramento è sia una pratica analitica, perché esprime livelli di analisi puramente tecnici, sia una pratica interpretativa, perché prova a metterli a sintesi in una rappresentazione selettiva che ne fa emergere in maniera sintetica alcuni, individuando per le diverse parti del territorio ciò che più ne evidenzia i caratteri. È questo un livello di lettura che serve all'équipe di ricerca per formulare le prime ipotesi interpretative rinominando i luoghi e definendo così una diversa e specifica «figurabilità» del contesto (Lynch 1960).

Analisi spaziale di dati demografici e sociali. Il secondo livello di lettura è rappresentato dall'analisi di dati sociodemografici sul territorio di riferimento. Non si tratta in questo caso di un approfondimento statistico completo ma di un'analisi esplorativa che permette di cogliere elementi significativi del profilo di chi vive il territorio, senza ridurre a esso una comprensione completa dell'articolato mondo sociale che abita le periferie contemporanee. A questo scopo è stato delineato un panel di dimensioni che possono essere interrogate a diverse unità di aggregazione – da quella statistica comunale, a quella sub-comunale dell'ACE (Aree di Censimento)[2], all'unità minima della sezione di censimento – e sulle quali è possibile costruire serie storiche per rilevare l'evoluzione temporale del fenomeno. Anche in questo caso l'analisi opera dunque a più livelli: un livello di quadro confronta i dati in modo aggregato e li pone in confronto con le stesse dimensioni rilevate a scala cittadina – *l'area ha attirato nuova popolazione? I componenti famigliari stanno crescendo o diminuendo? La popolazione di origine straniera è in crescita?*; un livello più specifico ragiona sulla distribuzione dei singoli valori all'interno dell'area di analisi. Questo secondo livello incrocia dati demografici – ad esempio l'età della popolazione o la tipologia famigliare – con variabili che descrivono

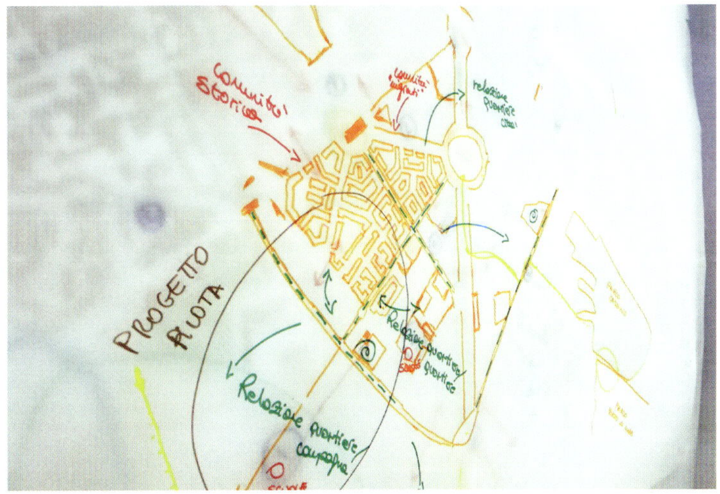

I.9
Momento del corso di formazione *Periferie in cambiamento* nel quartiere Corvetto.

I.10
Rappresentazione del quartiere Corvetto realizzata dai partecipanti durante il corso di formazione *Periferie in cambiamento*.

1 Per la costruzione di questo livello l'équipe di ricerca frequenta il territorio, lo osserva, lo fotografa, ne riconosce dei riferimenti «landmark». In questo percorso di sovente si vanno a determinare degli *itinerari* rappresentativi dei caratteri del territorio.
2 Nel caso della ricerca milanese si è utilizzato il NIL – Nuclei di Identità Locale in sostituzione alle unità statistiche Istat delle ACE. I NIL, che in alcuni casi si sovrappongono a queste ultime, sono un'unità statistica specifica sviluppata dall'Ufficio Statistico Cittadino, che, nella sua costruzione, non tiene conto unicamente di variabili statistiche ma le intreccia con alcune variabili territoriali con l'obiettivo di approssimare il concetto di quartiere.

alcune caratteristiche della popolazione – come il grado di istruzione o il tasso di disoccupazione – permettendo l'identificazione di parti omogenee interne all'ambito di studio e la ricostruzione di traiettorie specifiche delle sue diverse aree.

Analisi degli attori e delle reti locali. Un terzo livello di analisi riguarda gli attori e le reti locali. Rispetto a quanto visto precedentemente questo livello attiva anche una rilevazione più prossima al territorio raccogliendo informazioni e dati attraverso la relazione e l'interazione con i soggetti territoriali. L'analisi degli attori e delle reti rappresenta, in questo senso, un primo momento di apertura al territorio e di verifica dei quadri conoscitivi fino a qui sviluppati. La natura mutevole dell'oggetto – la rete – che viene fotografato in un momento specifico e fatto interagire con gli altri livelli di analisi, richiede di mantenere una condizione di *work in progress* permanente, arricchendo e modificando il quadro nel corso del procedere dell'indagine.
Tre sono le fonti che alimentano questa conoscenza in movimento: le interviste in profondità a interlocutori privilegiati e attori territoriali rilevanti; lo studio di materiali documentali di varia natura – articoli di giornale, fonti istituzionali e materiali prodotti dagli attori, albi pubblici delle organizzazioni redatti dalle pubbliche amministrazioni locali, comunali e regionali; infine il lavoro di rilevazione diretta durante le attività di esplorazione sul campo e di interazione con gli abitanti.
L'attività di mappatura di attori e reti prende in considerazione il profilo giuridico, gli ambiti di attività delle singole organizzazioni e le relazioni che si definiscono tra esse nell'azione. Come nei casi precedenti, se in una fase iniziale l'atteggiamento analitico richiede grande apertura, con il delinearsi del quadro di riferimento anche questa operazione diventa selettiva e interpretativa, cercando di far emergere gli ambiti d'azione dei soggetti a ridosso delle questioni territoriali. Alla mappatura dei singoli attori è accostata l'identificazione delle vocazioni delle reti. Per vocazioni in questo caso si intende sia l'oggetto – la questione – al centro dall'azione cooperativa dei soggetti, sia le modalità di trattamento.

Politiche e spazi in attesa. L'ultimo livello di lettura attivato nella fase di *Inquiry and Mapping* ha l'obiettivo di far emergere la relazione tra territorio e politiche pubbliche, delineare le trasformazioni in atto nel territorio e mappare le potenzialità spaziali ancora inespresse. Similmente a quanto descritto per l'analisi degli attori e delle reti, le informazioni che popolano questa lettura derivano da operazioni di ricerca differenti: interviste a interlocutori privilegiati, analisi documentale – sia banche dati istituzionali che testate specialistiche – e osservazione territoriale. Questo livello di analisi incrocia infatti la lettura e la perimetrazione delle politiche territoriali che si sono avvicendate sul territorio, con gli spazi vuoti o sottoutilizzati che lo popolano. Mentre l'analisi delle politiche attive comprende sia le trasformazioni lunghe e complesse sia le azioni puntuali dal carattere sperimentale non unicamente promosse dalla Pubblica Amministrazione, la ricognizione degli spazi attraversa scale molto differenti tra loro – dal banco di un mercato comunale chiuso, alla grande fabbrica dismessa – e considera molteplici aspetti tra cui, ad esempio, i tempi di utilizzo dei luoghi per delineare se esistono spazi «sottoutilizzati» che possono ospitare nuove funzioni oltre a quelle già presenti. Questa mappatura cerca di far dialogare le vocazioni territoriali che emergono dalle politiche e dai progetti in corso, con il potenziale «latente» (Cognetti 2014) degli spazi in attesa sul territorio.
Questi quattro livelli di lettura compongono un set articolato di immagini territoriali, sovrapponendo elementi presi da differenti *layers* che permettono di sviluppare delle prime ipotesi interpretative. Si tratta di immagini potenziali, un materiale di lavoro preliminare, che comincia a costruire delle risposte alle due domande guida dell'indagine collaborativa territoriale e determinano le basi per la fase successiva.

Situating & *Engaging*: rappresentazioni e immaginari a confronto

«A un certo punto, se non decidi di abbandonare un disegno per iniziarne un altro, l'osservazione richiesta da quel che stai misurando ed evocando muta. All'inizio interroghi il modello per scoprire le linee, le forme, i toni che puoi tracciare sul foglio. Il disegno accumula le risposte. Naturalmente, via via che metti in discussione le prime risposte, accumula anche correzioni». Così lo scrittore e artista John Berger (2014, p. 15) descrive in *Il taccuino di Bento* il rapporto tra la realtà e rappresentazione: un gioco continuo di rimandi tra l'interpretazione, il nostro sguardo e l'immagine della realtà. Non diversamente, la seconda fase dell'indagine collaborativa si pone l'obiettivo di mettere a verifica le prime ipotesi interpretative e di negoziarne di nuove attraverso le immagini territoriali che emergono dalla prospettiva ravvicinata degli attori locali. Si tratta di una fase centrale del percorso di indagine descritto perché permette di includere gli abitanti e le realtà locali in attività di co-ricerca, interazione e individuazione delle leve di attivazione, radicando/integrando la ricerca nei processi territoriali in corso.
Due aspetti si intrecciano nella progettazione delle attività proposte in questa fase: da una parte il mandato di costruire e definire *setting* di lavoro includenti e aperti che possano permettere ai diversi soggetti di esprimersi, dall'altro quello di ricostruire e rimodulare i *layers* delle rappresentazioni a partire da quanto emerge. Questa prospettiva richiede dunque di abbandonare una visione «lineare» del processo di ricerca, interagendo in maniera continua con i quadri conoscitivi definiti in precedenza, che vengono approfonditi, modificati e riportati nei contesti in un percorso di attivazione e interazione costante.
In questo senso è bene sottolineare che non si tratta di costruire momenti deliberativi su quadri conoscitivi precedentemente costruiti, ma di mettere in campo nuove forme di indagine intensiva di natura emersiva, esperienziale, collaborativa e interattiva. Per questa ragione si tratta di una fase il cui grado di «standardizzazione» è limitato e

1.11
Momento della fase *Situating* & *Engaging* durante l'evento *Rompiamo le righe* in largo Bigatti in occasione del lancio del programma *Lacittàintorno* presso il quartiere Adriano.

richiede di mettere in campo un processo «artigiano» (Fareri 2009) di adattamento degli strumenti di ricerca al contesto e al panorama degli attori, formulando ipotesi rispetto alla capacità di attivazione e ai panorami culturali delle popolazioni che si vuole sollecitare. Sono diverse le attività che possono animare questo percorso: *walkshop*, cioè camminate di quartiere e percorsi a tappe attraverso i luoghi significativi e le parole di chi li abita; format ludici per l'incremento della conoscenza condivisa delle dinamiche sociali e culturali del quartiere; momenti di racconto pubblico di alcune esperienze virtuose di soggetti locali e workshop di scambio e co-progettazione. Le possibili attività sono molteplici ma possono essere ricondotte a quattro tipologie di cui sono riportati alcuni esempi.

Attività libere. Attività aperte a tutti, svolte di sovente nello spazio pubblico, che non richiedono forme di partecipazione strutturata. Rispondono a una necessità di aggancio di operatori territoriali e abitanti, ma anche di emersione del percepito comune intorno al contesto locale e alle sue comunità: installazioni in cui i partecipanti possono attribuire parole al territorio componendo nel tempo un «muro di parole» che evoca visioni e percezioni; set fotografici in cui è possibile scattare un ritratto con una frase evocativa da condividere. Attività che prediligono la libera espressione delle persone e uniscono un mandato di ricerca con un mandato animativo facendo leva sulla funzione ludico/esperienziale per produrre dati di ricerca, evidenziare piste di lavoro e costruire legami individuali sul territorio.

Attività guidate a bassa soglia. Attività aperte ma guidate, atte a sviluppare un confronto e un'interazione più strutturate tra abitanti, attori e gruppo di ricerca. Si tratta di strumenti di ricerca semplici che richiedono però una disponibilità di tempo maggiore e un interesse più deciso alla partecipazione. Richiedono infatti un grado di coinvolgimento maggiore sia da parte di chi fa ricerca, sia di chi è chiamato a rispondere all'attività, poiché attivano strumenti che lavorano su un grado di profondità maggiore e possono variare: dalle mappature partecipate, in cui si chiede ai singoli abitanti di descrivere il proprio territorio e i propri luoghi «notevoli» ricostruendo geografie specifiche, a postazioni di archivio partecipato dove chiamare a raccolta gli abitanti per documentare i cambiamenti nel tempo del territorio.

Attività laboratoriali a convocazione/invito. Attività di confronto su temi specifici aperte a gruppi di attori selezionati che permettono di approfondire alcune visioni e immaginari del territorio. Si tratta di momenti che mettono al centro la prospettiva degli attori locali, permettendo di sviluppare spazi di parola ed espressione sia in relazione con l'équipe di lavoro sia con altri soggetti convocati ai tavoli – come ad esempio i decisori pubblici. Queste attività fortemente emersive possono essere di diversa natura: dai workshop di narrazione territoriale volti a far emergere le vocazioni locali, alla co-progettazione di itinerari e percorsi di esplorazione narrativa del territorio: *walkshop* che agiscono da sostegni allo scambio tra i soggetti locali e altri attori convocati intorno al tema della rigenerazione della periferia.
In questa fase la ricerca entra nel dominio pubblico, si rende visibile negli spazi, diventando una presenza concreta, un agente che interviene nel palinsesto del locale, determinando spinte, protagonismi e richieste. La natura intenzionale dell'approccio messo in campo dall'indagine collaborativa territoriale apre la ricerca al territorio portando delle proprie prospettive, sollecitando determinati attori, ingaggiando alcune popolazioni più di altre. È proprio in questa fase di rinegoziazione dei punti di vista che la ricerca mette in evidenza il suo carattere non neutrale, facendo della propria capacità di esplicitare i punti di vista e le prospettive un proprio elemento qualificante.

Visioning & Reporting: visualizzare e condividere scenari di cambiamento

La fase di *Visioning & Reporting* è dedicata alla sistematizzazione della conoscenza acquisita. Questa fase marca il passaggio a una conoscenza di tipo strategico individuando nel concreto piste di lavoro specifiche e avvicinando così la ricerca a una ricognizione progettuale in grado di proporre spunti operativi. Si tratta di una fase di sintesi e di selezione in favore di immagini interpretative e trasformative del territorio, capaci cioè sia di proporre e promuovere letture condivise tra gli attori, sia di tracciare scenari di cambiamento. È dunque in questa fase che l'indagine si conforma per gli attori come una piattaforma di produzione di conoscenza orientata all'azione.
Al centro di questa fase vi sono due domande che informano l'intero processo: quale periferia? quali prospettive di azione per l'intervento territoriale? Questi interrogativi accompagnano un'attività selettiva e ricompositiva della conoscenza costruita. In questa fase sono depositati su mappa articolazioni complesse di elementi di natura differente (dai vuoti agli spazi pubblici, dagli attori alle pratiche) che delineano tematizzazioni interpretative rilevanti per una nuova visione del territorio.
Queste immagini, mappature ibride che combinano diversi elementi, si organizzano secondo due questioni principali: da una parte la costruzione di rappresentazioni capaci di far emergere i caratteri peculiari del territorio, *le vocazioni territoriali;* dall'altra i *sistemi di opportunità* che hanno l'obiettivo di ricostruire le relazioni tra la materialità dello spazio e le spinte generate dall'azione e le visioni degli attori. In questa prospettiva la ricerca diventa uno strumento per ricomporre a livello territoriale la conoscenza emersa e le forme di sapere espresse dai diversi soggetti interessati dal processo di indagine collaborativa. Una piattaforma in grado di costruire nuovi quadri per l'azione, permettendo agli attori che hanno partecipato di ricollocarsi e riconoscere piste di lavoro comuni.
In questa fase la conoscenza co-prodotta nell'indagine collaborativa trova, inoltre, delle forme di restituzione volte alla condivisione e alla

I.12-14
I quaderni de *Lacittàintorno*.

divulgazione dei quadri interpretativi delineati. Si tratta in questo caso di costruire dei prodotti, degli output di ricerca, che rendano conto sia del processo che dei suoi esiti. Si tratta di dare vita a prodotti capaci di comunicare autonomamente la ricerca e allo stesso tempo di non cristallizzare il sapere, ma di inserirlo all'interno dei processi territoriali. Le immagini delle vocazioni territoriali e dei sistemi di opportunità diventano in questo senso dei supporti operativi per un *reframing* (Rein, Shön 1994) delle politiche e dei progetti locali, rinsaldando un legame pratico (Crosta 1998b) con il territorio per attori e soggetti con culture organizzative diverse.

Enabling: formazione attiva per lavorare sulla capacità degli attori[3]

Il processo messo in campo non si esaurisce nella definizione di materiali divulgativi di ricerca, esito della produzione di conoscenza interattiva, ma si sostanzia come un vero e proprio processo *abilitante*. Il percorso sin qui delineato ha come obiettivo da un lato la creazione di condizioni utili all'attivazione e allo sviluppo di processi di sperimentazione riflessiva, dall'altro la costruzione e il rafforzamento della capacità degli attori nel farsi soggetto collettivo, di stare cioè consapevolmente e intenzionalmente dentro a tali processi. La fase di *Enabling* si sostanzia pertanto in un percorso di *formazione attiva* che mira al rafforzamento dell'*actorship* dei soggetti locali, come singoli e collettivamente, entro una prospettiva che identifica la ricerca come processo di capacitazione degli attori e non solo come percorso di loro riconoscimento. In questa prospettiva la ricerca trasmette sia ciò che si è collettivamente appreso sia la modalità con cui questo apprendimento è avvenuto, trasferendo agli attori interni al processo gli strumenti di interpretazione e progettazione territoriale. Questa fase di lavoro si struttura quindi su tre livelli:

- approfondimento in chiave qualitativa della conoscenza acquisita nelle fasi precedenti, immettendo nuove informazioni nel processo della ricerca e rafforzando in questo modo la circolarità e l'approccio incrementale;
- trasmissione ai soggetti locali di alcuni strumenti di analisi e interpretazione territoriale, abilitando nuove forme di conoscenza locale e stimolando la definizione di rappresentazioni collettive per l'azione;
- capacitazione degli attori, anche in rete, per la definizione di piani progettuali che li vedano implicati e possano inserirsi nei contesti delle

3 Diversi degli apprendimenti e degli strumenti qui presentati sono frutto del percorso di formazione attiva sviluppato da DAStU - Politecnico di Milano all'interno dei quartieri Adriano e Corvetto. Il percorso è stato ideato e realizzato da Francesca Cognetti (responsabile scientifica), Jacopo Lareno Faccini (coordinamento e formazione), Giada Mascherin (redazione di materiali e formazione), Paolo Grassi, Elena Maranghi e Rossella Ferro (formazione).

1.15
Momento del corso di formazione *Periferie in cambiamento* nel quartiere Adriano.

1.16
Momento di confronto durante il *walkshop* di condivisione tra gli attori del quartiere Corvetto.

politiche urbane, costruendo una rinnovata integrazione tra queste ultime e i programmi e i progetti che si sviluppano nel territorio.
Le attività che caratterizzano questa fase possono essere sia frontali che più partecipative come: commento dei materiali prodotti dalla ricerca con il supporto di un facilitatore; definizione partecipata di nuovi livelli di lettura territoriale; workshop di co-progettazione e visite guidate a casi studio rilevanti. Le attività sono pensate per sviluppare contesti di «mutual learning» e apprendimento attivo, occasioni di formazione in cui i soggetti sono accompagnati a sviluppare nuove competenze a partire da basi conoscitive comuni. Tre sono i passaggi chiave del percorso di capacitazione e abilitazione degli attori – a cui corrispondono differenti strumenti – che disegna un processo incrementale di acquisizione di consapevolezza e competenze.

Riflessività intorno ai quadri teorici sviluppati. Workshop di confronto, approfondimento e integrazione dei quadri conoscitivi elaborati attraverso sia la condivisione dei materiali della ricerca, sia mediante la trasmissione di strumenti metodologici e la costruzione di un'immagine condivisa del quartiere.
Come nella fase di *Situating & Engaging* gli strumenti e il *setting* di lavoro possono variare a seconda degli attori convocati e dal grado di coinvolgimento nel percorso. Questi momenti permettono inoltre di sperimentare dei confronti più strutturati anche con soggetti meno coinvolti nelle fasi precedenti della ricerca come gruppi di abitanti o rappresentati istituzionali. In diverse occasioni i momenti di confronto riflessivo rappresentano un'opportunità per ridare centralità a sguardi e prospettive non esperte che richiedono lo sviluppo di strumenti *ad hoc* come, ad esempio, esperimenti di *gamification* della conoscenza prodotta o altre attività performative con l'obiettivo di far emergere prospettive e rappresentazioni territoriali inedite. Tra queste particolarmente significativa è la realizzazione di «mappe di comunità» (cfr. Box 1) con gruppi misti di abitanti e soggetti locali: rappresentazioni in movimento che accolgono al loro interno racconti, storie e immaginari condivisi dalle persone a partire dalla descrizione del loro quartiere, attivando un sapere intimo e soggettivo che permette di esplorare livelli di conoscenza molto prossimi all'esperienza quotidiana di chi abita il territorio (cfr. *infra*, pp. 36-39).

Proiezione e immaginazione. Workshop volti alla elaborazione di strategie progettuali e al rafforzamento del lavoro di rete per generare cambiamento condiviso attraverso l'uso di casi studio. Si basano sullo sviluppo di un sapere «esperienziale» comune, in cui viene sollecitata anche la componente emotiva (Hovland, Rosenberg 1960) della conoscenza. Si tratta dunque di momenti fortemente immersivi che contemplano, ad esempio, la visita e il confronto diretto con altri progetti di sviluppo urbano: veri e propri tour urbani organizzati da ricercatori e ricercatrici in chiave interattiva e divulgativa. In questi momenti il gruppo di lavoro sviluppa prospettive comuni a partire dall'osservazione di casi simili e dalla discussione diretta con i loro protagonisti. Queste sollecitazioni permettono ai partecipanti di riprendere e riarticolare collettivamente le strategie progettuali sviluppate all'interno della fase di *Visioning and Reporting*.

Ricostruzioni di quadri di azione condivisi. Workshop di *reframing* della propria azione all'interno di filiere progettuali comuni da parte degli attori convocati nel percorso. All'interno di questi momenti si sviluppano attività guidate che permettono l'emersione di «idee-forza»: sfondi tematici condivisi, necessari al progetto di riqualificazione urbana, che permettono di individuare i capisaldi progettuali intorno ai quali sviluppare nuovi interventi e riorientare quelli in corso. Attraverso quest'ultima fase il percorso ha esito in «micro-masterplan tematici» per l'intervento territoriale, che costituiscono un patrimonio progettuale per le organizzazioni e gli abitanti che hanno partecipato al percorso. Queste rappresentazioni, se assunte in modo condiviso, possono diventare strumenti progettuali e di integrazione per l'azione territoriale, qualificando nuovi processi di sviluppo locale e l'interazione tra i diversi livelli d'azione.
La fase di *Enabling* rappresenta così l'ultimo tassello del processo di ricerca e si interroga su come la conoscenza coprodotta con i diversi *stakeholder* territoriali possa essere uno strumento di abilitazione delle reti e di trasmissione delle competenze.

Una cassetta degli attrezzi per le politiche
Le quattro fasi descritte, che si mescolano e sovrappongono pur mantenendo una loro sequenza, mettono sul tavolo della ricerca territoriale nuovi strumenti operativi per indagare dei territori in trasformazione e in movimento come le periferie urbane. Siamo di fronte a una nuova cassetta degli attrezzi, ancora in costruzione e definizione, che rappresenta un tentativo pragmatico di sviluppare un sapere territoriale che intreccia visioni e punti di vista diversi. Se da una parte l'indagine collaborativa territoriale rappresenta un approccio che prende parte al territorio e ne fa emergere, interattivamente con i suoi attori, vocazioni e prospettive progettuali, dall'altra rappresenta anche uno strumento inedito per l'azione delle politiche. Questo percorso può infatti rappresentare un'occasione di superare approcci più deliberativi all'azione pubblica, sollecitando profondamente un confronto attivo tra gli attori territoriali e le ipotesi sviluppate delle politiche. Allo stesso tempo, di fronte alla frammentazione delle politiche urbane, rappresenta uno strumento ricompositivo e di costruzione di quadri di azione condivisa e orientata. La ricerca si fa azione permettendo ai soggetti locali di prendere parola, così come ai decisori di sviluppare una nuova vicinanza al territorio, rideclinando l'azione delle politiche e ricostruendo reti a ridosso dei quadri sviluppati. La circolarità di un approccio che si costruisce sui continui rimandi tra sguardi differenti e sull'apertura di spazi di riflessività per il campo degli attori, può rappresentare un'opportunità per ristabilire e aprire spazi negoziali pubblici tra attori differenti. In questa prospettiva l'indagine può essere intesa come un nuovo strumento per le politiche urbane perché mette in campo un'azione ricompositiva orizzontale – tra attori diversi del territorio – e verticale – tra livelli e prospettive diverse di intervento. In questo processo permette sia di esplorare – aprendo ad esempio a punti di vista anche poco rappresentati nel dibattito delle *policy* – sia di consolidare forme di conoscenza del locale fortemente orientate all'azione.

RAPPRESENTARE IL QUOTIDIANO PER COSTRUIRE NUOVE VISIONI PER LA CITTÀ

La creazione delle mappe non è una scienza oggettiva ma, in termini generici «uno sforzo realistico che aspira a un certo modo di ritrarre il mondo» (Brotton 2013, p. 34). Ogni volta che guardiamo una cartografia, che studiamo una mappa, ci dobbiamo chiedere quale è il mondo che vuole rappresentare, perché e da che punto di vista. Osservare un'immagine dell'Egitto con il nord invertito come lo disegnavano gli antichi Egizi, oppure osservare il nostro atlante più familiare, non può non ricordarci che «chiunque costruisca una mappa può scegliere, e godersi, una posizione dominante» (Clifford, Maggi, Murtas 2006, p. 14). Lo raccontano bene i lavori provocatori di molti artisti, che della mappa si sono impadroniti per sovvertirne le convenzioni: dalla rappresentazione del globo ridisegnata dai surrealisti con una sinuosa linea dell'equatore nel 1929, all'opera di Joaquín Torres *America Invertida* del 1943 che mostra una America Latina (Halder, Michel 2018) a testa in giù, fino al rinomato messaggio politico lanciato da Stuart McArthur nel 1979 con l'opera *McArthur's Universal Corrective Map of the World*, un atlante del mondo alla rovescia per correggere i differenziali di potere (Pignatti 2011).
Una parte fondante della ricerca svolta per il programma *Lacittàintorno* si è svolta intorno alle rappresentazioni cartografiche: spazi e attori, trasformazioni in corso e politiche territoriali, dati statistici e altri «layers» della conoscenza territoriale sono stati mappati, discussi con il territorio e rappresentati infine su mappa. A questi livelli interpretati e restituiti da uno sguardo «esperto», si è voluto affiancare una narrazione del territorio più intima e quotidiana, esplorando cosa rende i diversi territori importanti per coloro che li abitano. Le cartografie prodotte dalla ricerca mentre offrivano una lettura del territorio analitica, non riuscivano in molti casi a cogliere quel bagaglio di storie e immaginari propri di chi un territorio lo vive quotidianamente. Una conoscenza individuale e puntuale, costruita nel tempo. Il tempo, che rappresenta proprio una chiave di comprensione del territorio, una variabile complessa da rappresentare tecnicamente e che di sovente la cartografia, nel suo essere fotografia di un momento, non contempla. Per questo si è scelto di integrare i quadri costruiti a partire da una visione esperta, con delle mappature costruite a partire dal punto di vista degli abitanti, dando vita a un percorso che ha avuto come esito la costruzione di «Mappe delle Comunità», al plurale, per restituire la complessità dei punti di vista contenuti e la parzialità delle rappresentazioni.
Queste mappe sono state uno strumento emersivo che ha raccolto e ridiscusso la conoscenza locale e radicata di chi abita il territorio, costruendo delle rappresentazioni che hanno assunto quello specifico punto di vista.
Sono queste immagini del territorio che privilegiano le descrizioni dei percorsi più utilizzati negli spostamenti quotidiani piuttosto che delle vie più trafficate della città, la centralità dei luoghi che producono una risonanza emotiva piuttosto che dei monumenti riconosciuti, delle storie di vita piuttosto che dei grandi avvenimenti. Sono esito di un processo che non ha come unico obiettivo quello della raccolta di informazioni, ma mirano anche al rafforzamento delle competenze e alla costruzione di strumenti di auto-rappresentazione. Coinvolgimento e appartenenza diventano così l'orizzonte della rappresentazione, il sapere riconosciuto e utile per questa possibile descrizione del territorio (Ranzini 2018b). Se rappresentare è un atto di potere (Wood 1993), allora l'obiettivo di queste mappe è anche quello di restituire nuove possibilità di prendere parola per le comunità (Parker 2006) che hanno partecipato alla loro produzione. Questo approccio implica almeno due questioni che sono state affrontate, ma che permangono degli elementi di riflessione per il percorso: la prima riguarda la costruzione di strumenti appropriati per facilitare l'espressione degli abitanti, non sempre abituati a esprimersi attraverso la cartografia e spesso portatori di una conoscenza territoriale «latente», che deve trovare spazi e contesti di nuova legittimità per poter essere pienamente espressa; la seconda, che risulta connessa alla prima, riguarda il linguaggio delle rappresentazioni, che deve utilizzare un codice di rappresentazione immediato e diretto, che renda accessibile la lettura del territorio, che prediliga ad esempio il disegno rispetto alla simbologia sia nel processo di costruzione che nella restituzione. Si tratta infatti di permettere agli abitanti di prendere coscienza in modo collettivo della ricchezza materiale e simbolica del proprio territorio. Si tratta in qualche modo di permettere a chi partecipa di impadronirsi della mappa, di impossessarsi – e anche di compiacersi – della realtà che produce sentendosene protagonista.
Questo processo è stato sperimentato con due reti territoriali – del quartiere Corvetto e del quartiere

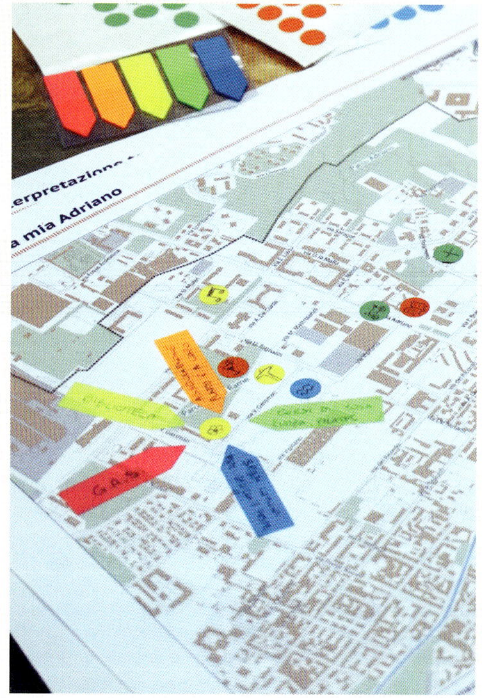

1.17
Momento del corso di formazione *Periferie in cambiamento* nel quartiere Adriano.

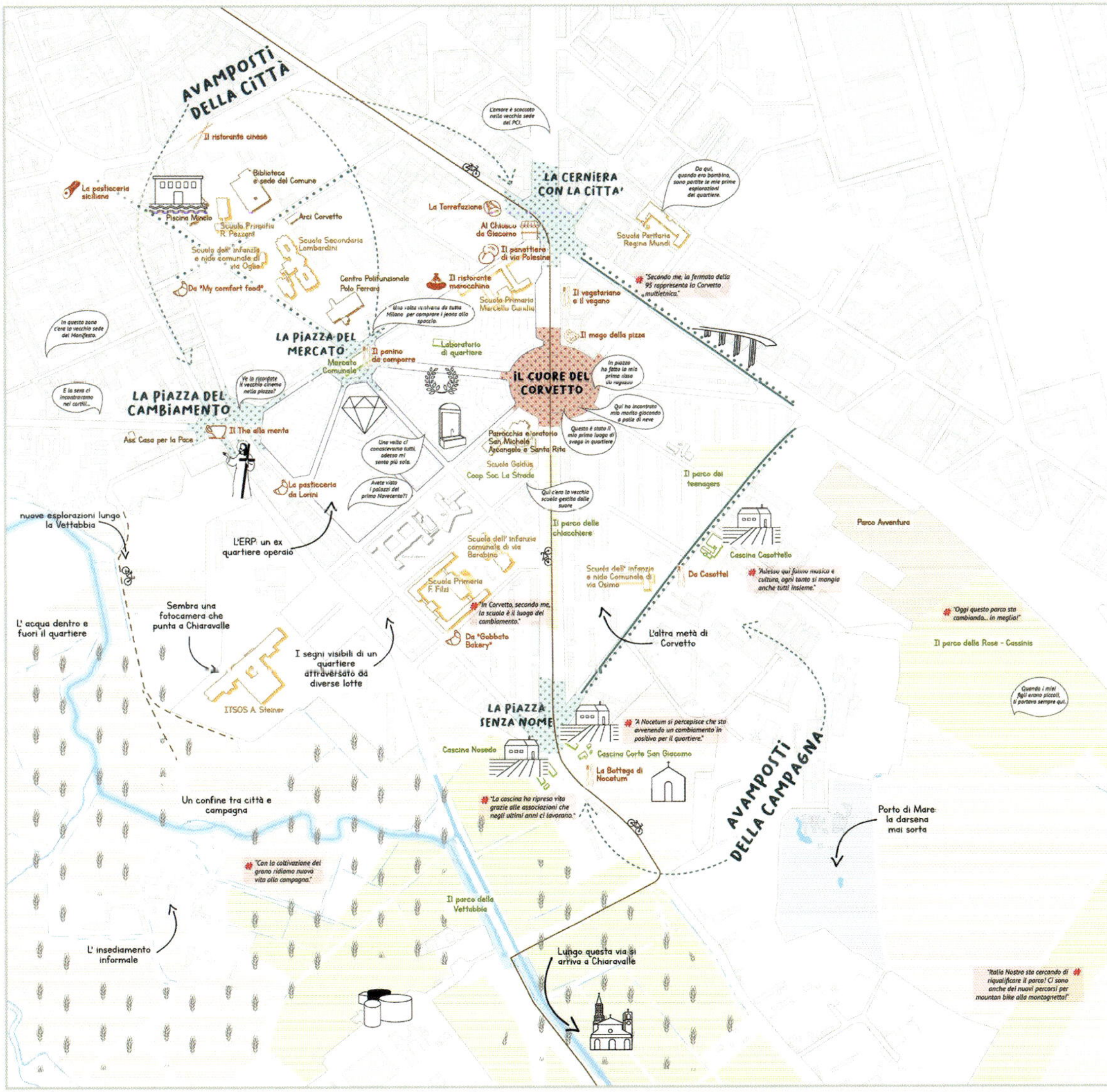

La nostra quotidianità

- **Svagarsi a Corvetto**
Corvetto è ricco di servizi per chi vi abita o per chi vi transita: un quartiere che per la presenza di funzioni pubbliche è un riferimento per questa porzione di città.

- **Gustare il mondo a Corvetto**
All'interno del quartiere si possono assaporare diverse culture culinarie: dalla pizza al Tajine, dalla cucina cinese ai dolci siciliani, passando per i piatti della tradizione lombarda.

- **Incontrarsi a Corvetto**
Il quartiere presenta una varietà di luoghi d'incontro, alcuni dei quali si distinguono per la vocazione e gli usi che nel tempo li hanno caratterizzati: il Parco delle Rose dove portare i figli a giocare, lo spazio aperto dove passare il pomeriggio con le amiche, i parchetti utilizzati dagli adolescenti, il Parco della Vettabbia immerso nella campagna milanese, lo storico mercato comunale e le stanze del laboratorio di quartiere.

- **Imparare a Corvetto**
Il quartiere è ricco d'istituti scolastici a tutti i livelli d'istruzione.

Le nostre geografie

I nostri monumenti

Il diamante
Gli edifici a corte del quartiere ERP rappresentano il valore architettonico delle case popolari.

Le cascine
Le vecchie cascine, ricordano il legame con la campagna e la realtà contadina.

Il signorun
La grande statua, con le sue braccia aperte, accoglieva i viandanti provenienti dalla campagna.

Il cavalcavia
Il cavalcavia del raccordo autostradale segna una netta divisione a nord del quartiere.

La piscina di Nervi
La piscina progettata dall' Arch. Nervi è oggi un luogo di riferimento per il quartiere.

Il depuratore
La struttura del depuratore incide nello skyline del Parco Agricolo Sud.

Le corone partigiane
Le corone agli ingressi di alcuni cortili ricordano la lotta partigiana.

Il lavatoio
Il vecchio lavatoio ricorda le origini del quartiere popolare.

Le chiesetta di Nocetum
La chiesetta cinquecentesca conserva all'interno un altare barocco.

L'Abbazia di Chiaravalle
L' Abbazia fondata nel XII secolo è uno dei primi esempi di architettura gotica in Italia.

- **Le porte del Corvetto**
Sono i luoghi di approdo tra la città e la campagna: le tre piazze che si agganciano al tessuto cittadino e la "piazza senza nome", incrocio di tre vie.

I confini
Alcuni confini riconoscibili separano il quartiere dal suo intorno. La campagna a sud segna il passaggio al mondo rurale. A nord, via Oglio e via Mincio, due strade ricche di servizi, costituiscono un limite valicabile. A est il cavalcavia marca invece una netta separazione.

Il nostro passato e il nostro futuro

Corvetto è uno dei quartiere popolari storici di Milano. Le voci dei suoi abitanti sono frammenti di racconti che testimoniano la ricchezza culturale di questo territorio.

Memorie

Luoghi e testimonianze di cambiamento

I.18
«Mappa delle Comunità» esito del lavoro di rappresentazione condivisa con la rete locale e gli abitanti del quartiere Corvetto.

Seconda parte

Tre territori paradigma della periferia contemporanea

La periferia delle grandi trasformazioni urbane

Adriano, un territorio che si scopre quartiere tra aspettative e potenzialità

Daniela Gambino

Adriano è un quartiere mai finito. La sua conformazione è il risultato di un'evoluzione temporale scandita da trasformazioni che, a partire dagli anni Sessanta, hanno generato caratteri urbani nei quali oggi è possibile riconoscere le diverse vicende contrassegnanti il settore nord-est di Milano. L'immagine e l'identità odierne di Adriano sono strettamente legate a come il quartiere si è costruito negli anni. Una realtà che racconta diverse storie, alcune del passato e altre più recenti, le cui impronte sono ancora leggibili non solo negli elementi spaziali che la compongono, ma anche nelle modalità di vivere degli abitanti e nel loro senso di appartenenza al quartiere.
La frammentarietà realizzativa dei progetti che hanno investito questo ambito di città ne connota in modo evidente la composizione. Le espansioni cresciute per addizione al tessuto urbano consolidato hanno convertito gradualmente il territorio di Adriano da un passato produttivo e industriale a un'idea contemporanea di abitare in città. Una lunga storia interrotta in più momenti che nel complesso mirava alla realizzazione di un quartiere attrezzato, accessibile e dotato di condomini di qualità. Adriano diventa così un territorio paradigmatico su cui sperimentare letture territoriali differenti, intorno a cui sviluppare sguardi utili a interpretare in chiave progettuale il territorio, provando a immaginare nuove e attuali declinazioni per l'urbanistica, disciplina necessariamente volta alla costruzione di letture orientate al progetto (Gabellini 2019). Questo percorso ha l'obiettivo di guardare e raccontare Adriano attraverso diverse prospettive territoriali, «smontando» e ricomponendo i suoi elementi costitutivi in diverse rappresentazioni che permettano il sedimentare di piste di lavoro per il progetto di territorio. Un'esplorazione interpretativa che vuole interrogare sulle modalità di guardare alla periferia contemporanea. In questa direzione Adriano rappresenta un territorio paradigmatico non solo per misurare strumenti efficaci di indagine, ma anche per riflettere sulle molte periferie cresciute attraverso grandi trasformazioni urbanistiche (Bricocoli, Savoldi 2010) su cui orientare nuove politiche e progetti di rigenerazione urbana.

Adriano, un territorio di passaggio costituito da sistemi ambientali e spazi dell'abitare diversi

Un quartiere dai caratteri metropolitani. Sconfinando oltre il «perimetro» dentro il quale oggi è possibile identificare la parte di città con il nome di «quartiere Adriano», si possono riconoscere caratteri e sistemi di relazione di ampia scala. Anche se dal punto di vista geografico Adriano si colloca a ridosso dei confini di Milano, non può essere considerato un quartiere periferico e marginale in senso tradizionale, ma piuttosto un territorio di passaggio, saldato alla città e con forti relazioni alla scala metropolitana. Osservando questo tassello della periferia milanese da una certa distanza è infatti riconoscibile il suo ruolo di «cerniera» tra ambienti urbani con caratteristiche differenti. Legato soprattutto agli assi stradali di viale Monza a ovest, di via Padova e via Palmanova a sud-est (lungo la quale corrono i binari in superficie della linea

II.1
Ortofoto del quartiere Adriano. Fonte: Google Earth.

metropolitana verde) e al sistema della tangenziale Est, Adriano risulta essere un quartiere facilmente accessibile dall'intera area metropolitana. Le fermate della M2 di Crescenzago lungo via Palmanova, della M1 di Precotto lungo viale Monza, il nodo infrastrutturale di Cascina Gobba (interscambio tra il sistema della tangenziale e la M2) rappresentano un insieme di «porte» di accesso all'area. L'ingresso principale dal centro città è piazza Costantino, una «piazza-ponte» ma anche nodo di connessione su più livelli: congiunge i due importanti assi viari di via Padova e via Adriano, mette in relazione diverse parti di città e favorisce la continuità tra due amministrazioni comunali a livello metropolitano. Infatti, l'estremità nord di via Adriano diventa senza soluzione di continuità una delle principali arterie d'entrata a Sesto San Giovanni con cui l'edificato del quartiere si salda costituendo un unico asse abitato lungo via Adriano a cavallo delle due Municipalità.
Anche dal punto di vista ambientale, Adriano si posiziona al crocevia di linee d'acqua e infrastrutture leggere come una «cerniera verde» ancora in evoluzione e da valorizzare, richiamando così il peculiare ruolo di tassello verde urbano al centro di sistemi di relazioni sovralocali.
La presenza dell'acqua che lambisce il quartiere, lo inserisce all'interno di due rilevanti assi territoriali: il naviglio Martesana e il fiume Lambro. Il primo rappresenta una via di connessione con il centro città e il territorio a est fino al fiume Adda. Un percorso ciclo-pedonale che unisce spazi di diversa natura, attraversa centri storici e oltrepassa importanti infrastrutture. Il secondo asse, il fiume Lambro, coinvolge il quartiere all'interno di un sistema ambientale ed ecologico nord-sud. Un collegamento ricco di potenzialità e in via di riqualificazione che unisce polmoni verdi come il parco di Monza e il più vicino parco Lambro, una risorsa disponibile agli abitanti del quartiere. Sul fiume Lambro, inoltre, si affacciano i terreni agricoli al margine del quartiere che testimoniano un carattere produttivo periurbano oggi frammentato e compromesso dal passaggio della tangenziale e dei suoi svincoli.
La dotazione e la varietà degli spazi aperti presenti a Adriano potenziano il valore ambientale di questa parte di città, garantendo una continuità di ambienti verdi all'interno del quartiere. Una presenza importante che trae origine dalle previsioni dei Piani Integrati che hanno progettato la trasformazione delle aree industriali tra Milano e Sesto San Giovanni, dove grandi estensioni di terreni sono state destinate a parchi, giardini, servizi, scuole, piazze e ampie strade, rappresentando spesso delle occasioni mancate a causa di una progettazione orientata più verso gli aspetti quantitativi che verso quelli qualitativi. Da questo punto di vista il quartiere Adriano è caratterizzato da un insieme di aree verdi di diversa natura. Le principali per dimensione sono il parco Adriano e il parco Franca Rame considerati luoghi centrali per il tempo libero degli abitanti del quartiere e della popolazione dei contesti circostanti. I giardini e le attrezzature sportive sparse nel tessuto residenziale rafforzano il sistema del verde interno al quartiere che, in connessione con la i grandi sistemi ambientali territoriali, permette di integrare la fruizione locale degli spazi con quella alla scala più vasta.

In questa ampia e complessa cornice si delineano così diversi ruoli del quartiere nel contesto metropolitano. Una scala di osservazione che permette, come nel caso di Adriano, di evidenziare aspetti non così spesso emergenti all'interno di contesti periferici e marginali. Una scala di riferimento presente in parte nella consapevolezza degli abitanti del quartiere e nei processi di modificazione in atto in questa parte di territorio dove si alternano accelerazioni e inerzie.

I paesaggi e i modi di abitare Adriano. Dallo sguardo dall'alto che inquadra il quartiere Adriano all'interno di grandi sistemi infrastrutturali e ambientali è necessario un cambio di scala per osservarne i paesaggi e diversi modi di abitare. Uno sguardo che cammina nei luoghi, ne approfondisce i caratteri e le esperienze di vita attraverso un orientamento selettivo volto alla costruzione di visioni interpretative e progettuali. All'interno dell'approccio esplorativo assunto, la descrizione del quartiere rappresenta una forma di conoscenza che si articola di itinerari e storie dell'abitare.
Pertanto, osservare e comprendere il quartiere Adriano è un'operazione che non può prescindere dal rileggere la sua storia attraverso le parti che oggi lo compongono: quattro storie di costruzione della città, quattro modi dell'abitare differenti che caratterizzano il nucleo di Crescenzago, il settore sviluppatosi negli anni Sessanta e le due grandi espansioni di Adriano Vecchia e Adriano Nuova.
Il luogo che storicamente rappresenta il perno delle relazioni con la città di Milano è piazza Costantino, dove la Martesana e via Padova, fino a quel punto distanti, si incontrano in un ambiente suggestivo, tanto da meritare il nome di «Riviera di Crescenzago» già nell'Ottocento. Tra le antiche dimore di villeggiatura che costeggiano la sponda del naviglio si trova villa Pallavicini[1], che ora ospita un'associazione promotrice di numerose attività culturali. Sulla piazza si affaccia anche la palazzina in stile liberty, ex sede del Municipio 2, dove oggi hanno casa il corpo musicale ultracentenario di Crescenzago, Legambiente e una sezione dell'Anpi che guida le battaglie del quartiere per la tutela dei beni comuni e per una migliore qualità della vita. Il sistema pedonale pavimentato di piazza Costantino (Battisti 2003) che si fonde con il percorso ciclopedonale della Martesana, continua fino all'interno di via Berra, una stradina di ciottoli in pietra che attraversa il cuore del borgo antico di Crescenzago (Bricchetti 1994) e conduce all'omonima fermata della metropolitana. Il nucleo centrale è abitato principalmente da una popolazione anziana e straniera, in continuità con quanto avviene in via Padova. Un borgo con una forte identità autonoma che, con al centro la parrocchia e l'oratorio di Santa Maria Rossa, costituisce la parte originaria del quartiere

1 L'associazione culturale Villa Pallavicini nasce nel 1996 affittando l'abbandonata villa Pallavicini. Le attività promosse sono di natura culturale, ricreativa e sociale e prevalentemente rivolte ai soci. Per approfondimenti si si veda il sito: www.villapallavicini.org.

mantenendone il carattere autentico, una piccola oasi di pace rispetto alla parte più caotica su via Padova. Anche il tessuto residenziale alle spalle di villa Pallavicini mantiene ancora i tratti della città vecchia nonostante la puntuale presenza di piccole attività produttive e le sostituzioni edilizie che hanno attirato nel tempo nuove popolazioni nell'area.
Varcando la «porta» di piazza Costantino e addentrandosi verso nord attraverso il primo tratto di via Adriano si entra in un transetto del quartiere i cui lineamenti possono essere ricondotti alle progressive e indipendenti espansioni che hanno interessato negli anni Sessanta alcune e analoghe parti della città. Si tratta di un settore compreso tra la parte storica a ridosso del naviglio Martesana e un'ampia fascia di prati riservata al passaggio degli elettrodotti tra via San Mamete, via Meucci e via del Ricordo. Prevalentemente costituito da una compresenza di morfologie del costruito diverse e disordinate, «Adriano anni '60» è una parte di città cresciuta per addizioni e sostituzioni che mostra un profilo sociale e demografico in linea con la media cittadina, fatto salvo che per alcuni fenomeni di concentrazione di residenti stranieri, in coerenza con il tratto adiacente di via Padova. Questo transetto del quartiere è attraversato dal primo tratto di via Adriano che, pur mantenendo ancora una sezione tale da non essere considerata un elemento separatore, si può definire come una linea che distingue due ambienti. Il paesaggio urbano a ovest della strada presenta diverse realtà produttive, alcune delle quali investite negli ultimi anni da processi di conversione portatori di modelli abitativi come loft e di innovativi spazi per il lavoro come laboratori e poli creativi. Inoltre, prolungando l'osservazione di questo sistema verso via Ponte Nuovo, sono presenti altre condizioni in fase di ridefinizione. Una di queste è l'area intorno alla sede della Siemens Italia che ha ampliato i suoi edifici e i parcheggi su via Vipiteno, costruito una nuova strada di collegamento che modifica le dimensioni dell'isolato, implementato i percorsi ciclopedonali esistenti e realizzato un parco urbano con orti urbani in adiacenza al centro sportivo Cerizza Rosio interessato anch'esso da un'estensione.
Al contrario, spostandosi a est di via Adriano, il tessuto urbano assume un carattere più residenziale composto da edifici alti con spazi commerciali e collettivi al piano terra, piccoli giardini pubblici sotto casa, alcune attività produttive inglobate nel contesto e un blocco di servizi tra cui un asilo nido, una scuola per l'infanzia e una scuola elementare. Nella percezione degli abitanti questo non è ancora il quartiere Adriano vero e proprio, anche se ospita molti punti di riferimento e di riconoscimento della comunità, primo fra tutti la sede della Fondazione della Casa della Carità[2], oltre a un pulviscolo di luoghi d'aggregazione storici della «vecchia Milano» come il circolo Cerizza, il celebre panificio e gastronomia La Fornarina e la trattoria dell'Ombra.

2 La Casa della carità è un'istituzione che a livello metropolitano si occupa di accogliere e dare sostegno a persone in difficoltà e *homeless*, nonché spazio aperto alle proposte del quartiere e a numerose iniziative associative e culturali. Per approfondimenti si veda il sito: www.casadellacarita.org.

Anche nel passato più lontano, via Adriano ha rappresentato un limite per i progetti di trasformazioni di questa parte di territorio. L'antica campagna ai margini della città, che si estendeva oltre quello che oggi è lo spazio dedicato agli elettrodotti, fu occupata nel dopoguerra dallo stabilimento della Magneti Marelli[3] e a partire dagli anni Ottanta da uno sviluppo residenziale ancorato alla storica via Trasimeno, dove oggi si possono ancora trovare residui di quel carattere rurale perduto.
Negli anni Novanta sorge quella che oggi è denominata dagli abitanti Adriano Vecchia, un'estesa area edificata che volge le spalle proprio alla via Adriano che in questo tratto varia dimensione divenendo una strada ad alto scorrimento. Un'area dalla forte vocazione abitativa, che si struttura in un quartiere unitario dalla forma a «farfalla» intorno alle vie interne Trasimeno e Saragat. Il sistema residenziale si fonda sulla ripetizione di edifici di otto piani a corte aperta e torri nella parte orientale, tipologie con giardini condominiali interni e servizi commerciali al piano terra. Si tratta principalmente di piccole attività al dettaglio che vivono oggi un periodo di grande difficoltà, anche a seguito dall'apertura del centro commerciale su via Adriano. Gli edifici dai caratteri ordinari sono caratterizzati dal mattone rosso e realizzati da cooperative di costruzione e privati. Si tratta di un'offerta immobiliare che ha attratto diverse «famiglie in formazione»[4] di quattro o più componenti, spesso provenienti dall'area di Crescenzago e dai quartieri limitrofi, che hanno mantenuto un forte legame con il contesto.
Questo ambiente trova il suo fulcro in largo Bigatti, dove all'incrocio tra le due vie si apre uno spazio pubblico su cui si affacciano i principali servizi aggregativi del quartiere: due cascine rifunzionalizzate come Cascina Cattabrega (Centro di Aggregazione Giovanile) e Cascina San Paolo (centro anziani)[5], la scuola dell'infanzia, e la parrocchia Gesù a Nazaret con

3 La Magneti Marelli, fondata nel 1891, era un'azienda specializzata nella produzione di motori e apparecchi elettrici che già nei primi anni del Novecento avvia le prime sperimentazioni italiane nel campo dei magneti d'accensione per motori a scoppio. A partire dagli anni Trenta la Magneti Marelli inoltra la produzione di apparecchi per telecomunicazioni terrestri, aeronautiche e navali, ponti radio, per poi concentrarsi negli anni Sessanta, nel settore della tecnologia automotive. La sua dismissione si compirà definitivamente nel 1993 a seguito di politiche di riorganizzazione delle sedi aziendali (Cenciarini, Licini 1996).

4 Con l'espressione «famiglie in formazione» ci si riferisce a nuclei famigliari che si sono costituiti parzialmente intorno al progetto abitativo in Adriano. Si tratta di nuclei famigliari neo-composti, spesso associati a nuove nascite. Adriano è infatti il quartiere con il tasso di nascite più alto in tutta Milano, un elemento che bene rappresenta anche l'elemento simbolico e di proiezione sociale mosso dai grandi progetti di espansione edilizia che ancora lo caratterizzano.

5 Cascina Cattabrega e Cascina San Paolo rappresentano la memoria rurale nel quartiere Adriano inglobata dal primo sviluppo urbano negli anni Novanta, coinvolte, proprio in quegli anni, da un processo partecipativo di riqualificazione e rifunzionalizzazione degli spazi (Vercesi 1999), oggi sedi del Centro Aggregazione Giovanile (GAN) nella prima e del centro anziani nella seconda.

il suo oratorio che costituisce uno dei principali baricentri del quartiere. Alle spalle del giardino di largo Bigatti verso via Adriano, l'isolato è caratterizzato dalla presenza di realtà urbane con marcate fragilità, come il cantiere «Adriano 60»[6], l'area dove attualmente è prevista la realizzazione della scuola media tanto attesa dalle famiglie del quartiere. Sulla piazza di largo Bigatti spicca anche il controverso complesso architettonico della torre Adriano, costituito da un edificio a torre di oltre settanta metri e da una stecca di otto piani progettati dagli architetti Michele Achilli e Guido Canella.
Percorrendo le vie che affiancano la chiesa e le strutture dell'oratorio si apre il parco Adriano, l'esteso parco, in parte attrezzato, che giunge fino al limite del naviglio Martesana e del fiume Lambro. Realizzato in diverse fasi, preserva ancora dei caratteri agricoli e vede l'affiancamento degli Orti della Bergamella[7].
Infine, per completare l'immagine odierna del quartiere Adriano bisogna spostare lo sguardo a ovest di via Adriano, dove si estende il

II.2
La strada storica e la chiesa di Santa Maria Rossa nel borgo antico di Crescenzago.

II.3
La ex sede del Municipio 2 in piazza Costantino, crocevia di flussi tra il quartiere e il territorio circostante.

---

6 L'area di via Adriano 60 era occupata da edifici di proprietà ALER Milano destinati a uffici, dismessi nel tempo a seguito del trasferimento di tutte le funzioni precedentemente insediate. Per molto tempo l'area è stata interessata da un Accordo di Programma tra la Provincia e il Comune di Milano, promosso da Regione Lombardia e finalizzato alla valorizzazione e alla riconversione del complesso in un insediamento di residenza sociale e convenzionata. La necessità di insediare una scuola media in integrazione al sistema dei servizi esistenti per il quartiere, ha portato l'Amministrazione Comunale alla modifica delle finalità dell'AdP Adriano 60, come un'opportunità per poter entrare in possesso dell'area e per destinarla a servizi. Nel 2015 il Comune di Milano entra in possesso dell'area attraverso una permuta che aveva come oggetto: il trasferimento del compendio immobiliare di via Adriano 60 da ALER al Comune di Milano, con oneri di demolizione dei fabbricati insediati sull'area a carico del Comune; la cessione ad ALER da parte del Comune di Milano della compensazione dei valori di trasformazione da «diritto di superficie» a «diritto di proprietà» di alcune aree edificate da ALER (quartiere Gallaratese, Olmi 1 e 2, Taliedo) sino al raggiungimento del valore del compendio immobiliare accertato dall'Agenzia delle Entrate; la ripartizione in parti uguali tra Regione Lombardia e Comune di Milano dei costi per la bonifica ambientale del compendio immobiliare; la ripartizione in egual misura tra Comune di Milano e ALER delle spese relative all'operazione di permuta; l'attivazione da parte dell'Amministrazione di tutte le azioni necessarie per la ripetizione delle spese di bonifica nei confronti del soggetto responsabile dell'inquinamento. Attualmente sono stati demoliti gli edifici presenti nell'area, ma i lavori, di cui l'ultimazione era prevista nel 2019 non sono stati ancora avviati. Il temine previsto per la realizzazione della scuola media tanto attesa dal quartiere è attualmente prevista per la fine del 2021. Per approfondimenti si fa riferimento al sito www.cascinasanpaolo.it e alla pagina Facebook *Comune di Milano - CAG Tarabella e Cattabrega*.
7 Gli Orti della Bergamella è un progetto partecipato di riqualificazione di orti urbani a Sesto San Giovanni lungo il confine con Milano, promosso dal Comune di Sesto San Giovanni e realizzato dal Centro di Forestazione Urbana (CFU) del Boscoincittà – Italia Nostra Onlus.

II.4
Il parco Adriano compreso da Adriano Vecchia e i quartieri residenziali di Sesto San Giovanni.

II.5
Gli edifici residenziali di Adriano Vecchia con il commercio al piano terra.

II.6
Adriano Nuova e il recente parco Franca Rame in fase di ampliamento.

II.7
L'area di cantiere di Adriano Nuova adiacente al parco Franca Rame che vede la costruzione di nuove residenze.

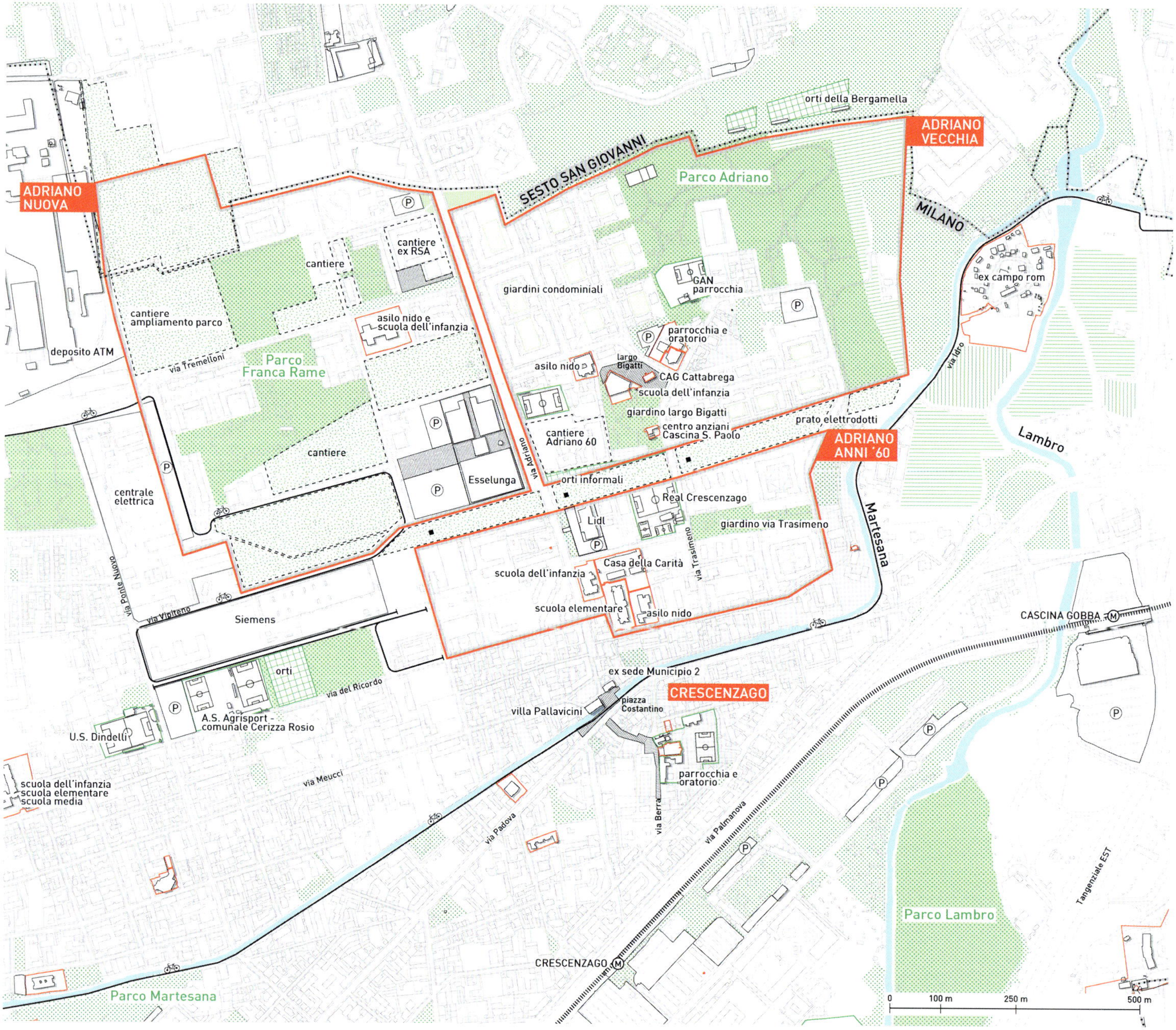

II.8
Un lettura generale per parti del quartiere Adriano e delle sue dotazioni.

più recente sviluppo urbanistico dell'area che ha interessato il terreno precedentemente occupato dallo stabilimento della Magneti Marelli dismesso nel 1993. L'abbandono dell'impianto industriale ha caratterizzato questo territorio per quasi mezzo secolo, rappresentando per molto tempo uno dei più rilevanti siti dismessi di Milano. A partire dagli anni Duemila, all'interno di un importante processo di riconversione delle aree industriali milanesi e coinvolgendo il Comune di Sesto San Giovanni, viene promosso un Accordo di Programma relativo a due proposte di Piano Integrato di Intervento degli ambiti «Adriano – Marelli» e «Adriano – Cascina San Giuseppe» (Bolocan Goldstein, Bonfantini 2007)[8].
La grande operazione di trasformazione, pensata nel momento di massima espansione del mercato immobiliare, viene però compiuta solo in parte, rappresentando così uno degli esiti più controversi della città ancora oggi contraddistinta da un alto livello di spazi incompiuti, di grandi aree in attesa e a cantiere dalla destinazione incerta. Nel 2008 la contrazione generale delle compravendite immobiliari ha forti ripercussioni sui lavori e la realizzazione del progetto si arena a causa del fallimento degli operatori privati impegnati nella costruzione con la conseguente interruzione dei cantieri. Inizia così per il quartiere una fase di attesa che si protrarrà per molti anni, tra le proteste degli abitanti che chiedono all'Amministrazione Comunale di portare a compimento la trasformazione dell'area, soprattutto i servizi previsti nel progetto.
La parte di quartiere realizzata più recentemente e definita per questo Adriano Nuova si sviluppa intorno al parco Franca Rame, il grande cuore verde parzialmente completato. Sul bordo del parco si affacciano alcuni degli edifici residenziali previsti nel progetto, identificati in grandi torri e in stecche isolati: manufatti in generale di pregio, in alcuni casi parzialmente abitati, dotati di spazi aperti che, in parte, sono ancora oggi estese aree verdi non accessibili. Il progetto originario disegnava quindi il profilo di un quartiere residenziale capace di attirare famiglie in grado di acquistare una casa ai limiti della città. Il modello abitativo proposto richiama anche giovani e professionisti in cerca di un'abitazione in un contesto integrato a servizi per il benessere individuale e lontano dal caos urbano. Le qualità e le sicurezze proposte dal progetto iniziale oggi sono messe in crisi dal fallimento di alcuni operatori immobiliari e dai rallentamenti nell'implementazione dei servizi al quartiere previsti (Monici 2014).
Ai bordi di questa vasta area, lungo via Adriano, via Tremelloni e via Vipiteno si trovano gli isolati destinati a servizi, tra cui la grande piastra commerciale, l'asilo nido, la Residenza Sanitaria per Anziani (RSA) in fase di completamento e il sedime del futuro impianto sportivo con piscina. Il complesso commerciale è oggi una delle funzioni centrali della vita quotidiana del quartiere, una sorta di piazza coperta che costituisce un punto di raccordo tra le varie parti che compongono Adriano. Qui sorge uno dei *landmark* di questo territorio, il «matitone», un tempo il rifugio aereo dell'area Marelli e unico simbolo ancora presente del passato industriale di questo brano di città. Sul margine ovest di Adriano Nuova, si trovano due grandi spazi recintati che accolgono funzioni tecniche a servizio della città, come il deposito ATM e la centrale elettrica. Lungo la via Tremelloni che conduce alla fermata della M1 Precotto, insiste il tracciato di un percorso ciclopedonale, che attraversando questa parte di quartiere rappresenta una potenziale connessione lenta con il sistema della Martesana. Un paesaggio costellato da aree incolte, cantieri in corso e in sospeso, grandi spazi aperti in attesa, edifici in costruzione che racconta la dimensione di incompiutezza del quartiere, sia dal punto di vista della qualità delle relazioni urbane, sia per la vita degli abitanti[9].
Ridefinendo un perimetro complessivo di Adriano dentro il quale le sue storie e le sue parti si ricompongono in una struttura urbana ancora in definizione, è possibile leggere questo settore territoriale come un quartiere «affaccio» dal punto di vista delle relazioni con il contesto: un quartiere declinabile a cortile comune della periferia est milanese su cui guardano Sesto San Giovanni, il sistema di viale Monza e quello della Martesana.
La morfologia del costruito, la dimensione degli spazi aperti, le numerose attrezzature sportive, le consistenti aree inutilizzate e in fase di definizione fanno emergere una porzione di città aperta e dilatata, caratterizzata da una misura urbana che favorisce nuove e possibili relazioni da sviluppare (fig. II.8; cfr. *infra*, pp. 50-51).

Dentro a un processo di trasformazione urbana ancora in evoluzione

Il processo di trasformazione urbana complessivo di Adriano è un processo che non è mai stato completato totalmente nella fase di realizzazione del progetto. I numerosi cantieri in attesa e le aspettative della popolazione rendono i tentativi di rappresentazione del quartiere soggetti a un possibile e continuo mutamento, sia dal punto della composizione e delle relazioni spaziali, sia dal punto di vista delle dinamiche legate alle modalità di vivere della popolazione. Molti sono gli interventi, i progetti e i programmi pubblici che compongono l'insieme dei possibili cambiamenti che investiranno questa parte di città. Un quadro influenzato da diverse variabili e per questo in costante

8 L'Accordo di Programma relativo a due proposte di Piano Integrato di Intervento degli ambiti «Adriano – Marelli» e «Adriano – Cascina San Giuseppe» è un accordo di iniziativa privata, firmato dagli architetti Paolo Caputo e Valentino Benati. L'area in oggetto si sviluppa in tempi abbastanza rapidi tra il 2004 e il 2006. Più di 300.000 metri quadrati vengono destinati a nuove funzioni abitative e spazi verdi, ma anche a servizi, terziario, commercio e tempo libero.

9 Si segnala un interessante reportage fotografico pubblicato sulla rivista «Perimetro» che ritrae alcuni spazi in attesa del quartiere Adriano, oltre ai luoghi simbolo delle più recenti trasformazioni (Raganato 2019).

GLI ABITANTI DI ADRIANO

Il profilo della popolazione che abita il quartiere Adriano è strettamente connesso alla composizione per parti di questo territorio e collegato in modo particolare ai processi costruttivi di Adriano Vecchia e Adriano Nuova.
L'offerta abitativa e le dotazioni previste nelle due grandi operazioni immobiliari hanno attratto una classe media uniforme dal punto di vista sociodemografico, persone in cerca di una casa a un prezzo accessibile. Le diverse fasi del progetto di espansione del quartiere hanno però caratterizzato oggi il profilo demografico che ben rappresenta questo territorio costruito per grandi progetti.
Attualmente, il territorio si contraddistingue per una peculiare distribuzione anagrafica comunemente portatrice di domande specifiche in termini di servizi, spazi e strutture, ma tenendo conto dell'articolazione delle parti del quartiere è possibile delineare un profilo che definisce alcune differenze localizzative della popolazione in base alla tipologia di famiglia, all'età degli abitanti, al titolo di studio e alla presenza dei residenti stranieri[1].
Per una parte dei «nuovi» abitanti il legame con il quartiere è nato ancora prima della fase realizzativa degli interventi, un legame nato sulla carta, incentrato sulla «vendita del progetto». Infatti, è proprio in riferimento a questo nuovo sviluppo che, negli ultimi dieci anni, si è assistito a un aumento della popolazione del 40% rispetto a quella già residente.
La composizione delle famiglie di Adriano si distingue dalla media cittadina per la presenza di famiglie numerose (17%), con una media di nuclei monofamiliari minore rispetto alla percentuale cittadina. Le famiglie composte da quattro o più componenti rappresentano oltre il 17% dei nuclei famigliari presenti nel territorio, un dato scomponibile in base ad alcune geografie. L'area nord della Martesana si differenzia fortemente dall'area di Crescenzago e di via Padova. In questa area è possibile riscontrare una diminuzione del numero di componenti nelle famiglie residenti, legata molto probabilmente all'invecchiamento della popolazione di questo settore insediatasi intorno agli anni Sessanta e all'attrazione di nuovi nuclei giovani in seguito ai nuovi interventi. Una traiettoria probabilmente connessa anche con le tipologie edilizie e al taglio degli alloggi che si attestano lungo l'asse di via Padova. Superata la Martesana però si riscontra nuovamente una dinamica speculare tra gli sviluppi a est e a ovest di via Adriano. A est si riscontra infatti una densità di famiglie numerose particolare per il contesto milanese, facendo emergere un territorio che verosimilmente ospita e ha ospitato nuclei famigliari con figli. Dinamica che non sembra, quanto meno fino all'ultima rilevazione censuaria, caratterizzare l'ultima espansione del quartiere, in cui si stanno insediando nuclei con un numero minore di componenti. Anche se il quadro generale mostra un tessuto misto caratterizzato dalla diffusa presenza di nuclei monofamiliari, come è consueto all'interno del territorio milanese, è interessante come la densità di tali nuclei si faccia più rada nell'area di Adriano Vecchia, mentre sia più rilevante a Adriano Nuova. In generale è probabile che Adriano abbia ospitato, nella sua prima espansione degli anni Novanta, nuclei di giovani famiglie che ne hanno caratterizzato il profilo sociodemografico e di cui oggi si vedono alcuni segni di armonizzazione con il dato medio cittadino (come la diminuzione dei componenti familiari) presumibilmente in connessione alla nuova popolazione residente negli alloggi conclusi in Adriano Nuova.
La tipologia familiare si rispecchia anche nella distribuzione della popolazione nelle differenti fasce di età. Il territorio di Adriano è caratterizzato da una media di abitanti giovani e molto giovani maggiore a quella cittadina e una minore presenza di over 65, molto al di sotto del dato milanese (circa 11 punti percentuale). Se si prende in considerazione la popolazione residente di età compresa tra i 20 e i 39 anni all'interno del NIL Adriano e in un intorno più ampio, anche in questo caso, la geografia di questo dato (26,5% della popolazione rispetto a una media cittadina del 23%) permette di descrivere alcune specificità del territorio. Via Padova e in particolare il nucleo di Crescenzago appaiono coinvolti da una minor presenza di questa fascia di popolazione, fatta eccezione per alcune concentrazioni puntuali. Superato il canale della Martesana la concentrazione di abitanti compresi tra i 20 e i 39 anni diventa più significativa, evidenziando due differenti dinamiche: la prima è uno sviluppo lungo la fascia che da via Adriano si muove in direzione Gorla; la seconda vede invece in via Adriano un elemento di distinzione, con una concentrazione prevalente nell'area del Piano Integrato di Intervento degli ambiti «Adriano – Marelli».
I dati del 2011 ci restituiscono, in questa porzione di città, un quadro dei residenti di età compresa tra i 20 e i 39 anni per oltre il 40%, con prevalenza di nuclei composti da un solo componente familiare. Sembrano così pesare sulle dinamiche demografiche territoriali le diverse stagioni dei grandi progetti di trasformazione urbana, che in fasi differenti stanno ancora attirando nuovi giovani residenti (fig. II.9).
La localizzazione della popolazione over 65, se confrontata con quella della fascia precedentemente descritta, contrappone una rappresentazione per molti versi speculare. Gli abitanti più anziani si concentrano nel nucleo storico di Crescenzago, nelle sue espansioni lungo l'asse di via Padova e lungo le direttrici est-ovest della fascia a nord del naviglio Martesana. Nelle aree delle grandi trasformazioni, ancora una volta, si delineano due sviluppi demografici: a est di via Adriano vi è una maggior presenza di popolazione anziana, mentre a ovest la concentrazione di over 65 è molto al di sotto della media cittadina (fig. II.10).
Dal punto di vista del titolo di studio i dati indicano una presenza di laureati molto al di sotto della media della città di Milano. Questo dato è ulteriormente interessante se riferito a un territorio come Adriano in cui non sono presenti quartieri di edilizia residenziale pubblica, nei quali questi fenomeni di concentrazione sono più usuali.
Infine, indagando i dati relativi alla popolazione straniera il dato complessivo è pari al 20% di quella residente. Adriano presenta una media di cittadini stranieri rilevante e cresciuta tra le due soglie temporali. La geografia che rappresenta la localizzazione di questo tipo di popolazione mostra importanti squilibri territoriali con evidenti processi di concentrazione e rarefazione all'interno dell'ambito di riferimento. La concentrazione maggiore si ritrova a ridosso del canale della Martesana, in prossimità all'asse di via Padova in continuità con il profilo demografico della via stessa e l'inizio di via Adriano. Oltrepassando lo spazio degli elettrodotti la presenza di popolazione straniera diminuisce con livelli fortemente al di sotto della media milanese, mettendo in evidenza differenti e contrapposte dinamiche all'interno dello stesso territorio.

---

1 I dati richiamati in questo testo sono relativi all'Anagrafe comunale 2015 e si riferiscono alla sezione NIL (Nuclei di Identità Locale) denominata Adriano. I NIL sono unità statistiche introdotte dal PGT per identificare un insieme di ambiti, connessi tra loro da infrastrutture, servizi per la mobilità e spazi aperti che definiscono i «quartieri» di Milano.

II.9
Popolazione residente con età compresa fra i 20 e i 39 anni sul totale della popolazione residente. Fonte: Istat e Anagrafe comunale.

II.10
Popolazione residente con età superiore ai 65 anni sul totale della popolazione residente. Fonte: Istat e Anagrafe comunale.

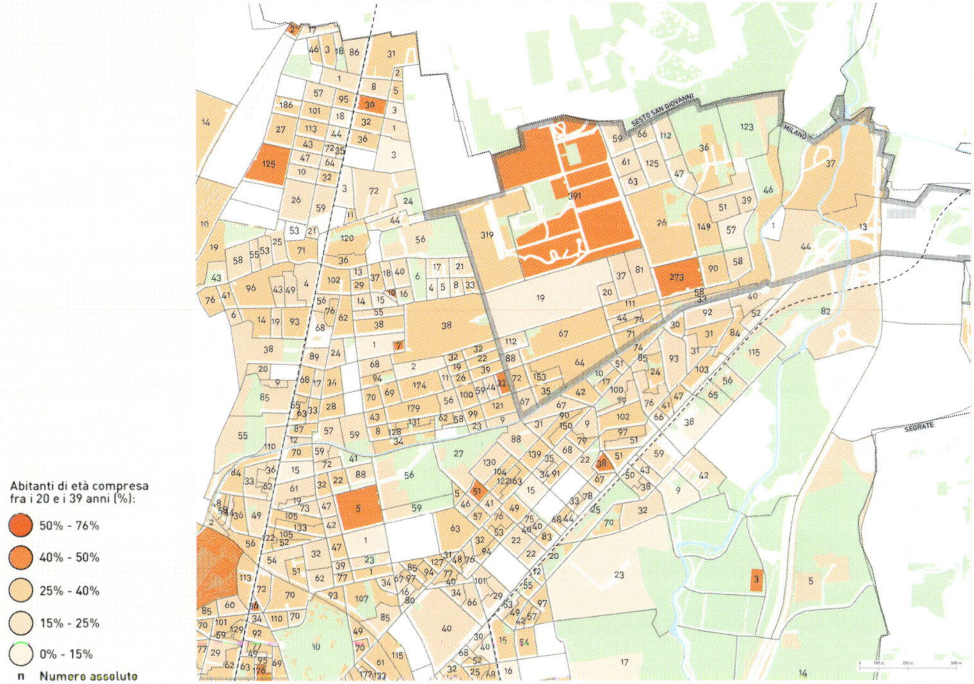

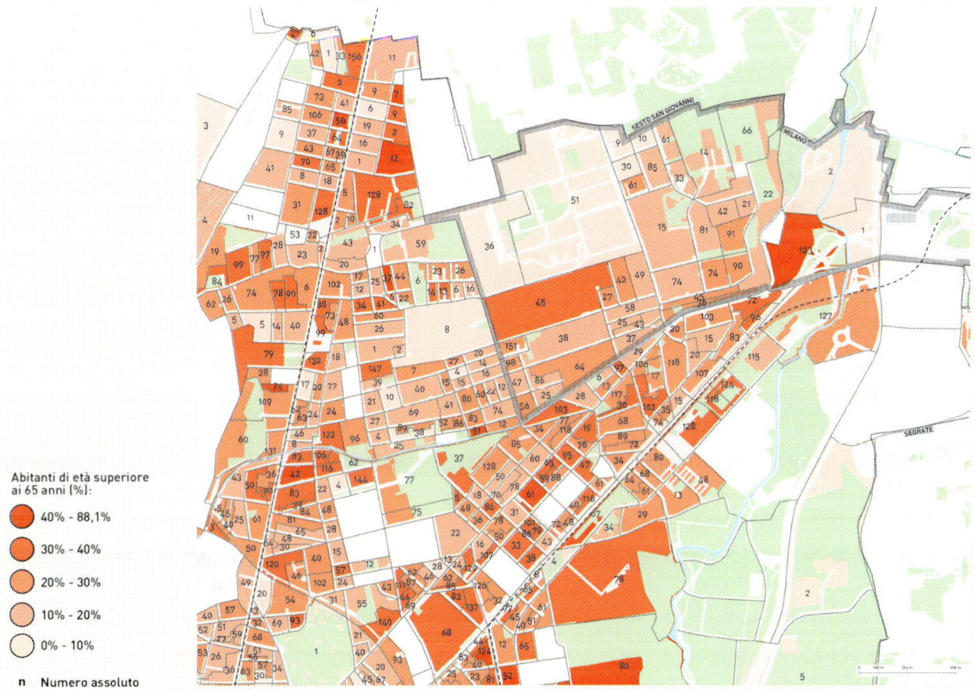

II.11
L'Auditorium dell'ex RSA in fase di trasformazione.

II.12
La scuola dell'infanzia in largo Bigatti.

II.13
Via Adriano e il sistema del commercio al piano terra lungo la strada.

aggiornamento. Ingenti sono inoltre le risorse economiche pubbliche messe a disposizione per risolvere alcuni dei nodi più critici e rilevanti che hanno interrotto la realizzazione del progetto originario. A seguito del contenzioso relativo ai fallimenti degli operatori e dallo stanziamento delle risorse statali provenienti dal Bando nazionale per la riqualificazione urbana e la sicurezza nel 2016[10], 40 milioni di euro vengono inseriti in un programma di recupero e riqualificazione complesso per l'intero quartiere, annunciato nel luglio 2016 dalla Giunta Comunale. Queste disponibilità permettono di prevedere numerosi interventi e rendono la Pubblica Amministrazione un attore fondamentale nel processo di trasformazione urbano e infrastrutturale dell'area.
Gli investimenti mirano alla realizzazione delle opere rimaste incompiute, alla ricostruzione di connessioni e collegamenti tra il quartiere e il resto della città e a rispondere alle principali richieste dei cittadini per la realizzazione di servizi e opere per una migliore qualità dell'abitare; in particolare saranno completate le aree destinate a parco e verde pubblico e verrà costruita la nuova piscina. Tra le operazioni più attese, in particolar modo dalle famiglie del quartiere, è la realizzazione della scuola secondaria di primo grado che interessa l'area di Adriano 60. Sono in corso anche i lavori di completamento della RSA a cura di Proges che prevedono la realizzazione di una struttura polivalente aperta anche al territorio[11]. Inoltre, è stato individuato un operatore privato interessato all'acquisto e al completamento delle villette di via Mulas, un caso spesso al centro delle cronache per problemi di sicurezza.
Dal punto di vista della mobilità, tra gli interventi in attesa vi è anche il prolungamento della metrotranvia 7, e della parallela pista ciclabile, che permetterà di collegare Adriano con la linea metropolitana M1 all'altezza della fermata di Precotto e, a lavori ultimati, con la linea metropolitana M2 a Cascina Gobba (Liso 2018).
Alcune degli impegni inseriti nel piano delle opere pubbliche del quartiere sono già stati avviati e alcuni conclusi come l'interramento dell'elettrodotto aereo che attraversa parte dell'area e la rimozione dei tralicci tra il parco di via Adriano e il parco rurale di Cascina Gatti al confine con Sesto San Giovanni. Le trasformazioni previste dovrebbero completarsi, seppur con tempi diversi, entro il 2021, consentendo così

10 Si fa riferimento al Bando nazionale per la riqualificazione urbana e la sicurezza del 2016 con il quale si definivano le modalità e la procedura di presentazione dei progetti per la riqualificazione urbana e la sicurezza delle periferie delle città metropolitane, dei comuni capoluogo di provincia e della città di Aosta (d.P.C., 25 maggio 2016).
11 Proges è una cooperativa sociale che opera a livello nazionale nell'ambito dei servizi alla persona. Il progetto di completamento della RSA prevede, oltre alle residenze per gli anziani, anche l'Adriano Community Center dove ambulatori medici, una caffetteria e spazi espositivi aperti al quartiere, contribuiranno al miglioramento delle dotazioni del territorio volte alla cura, alla socialità e all'aggregazione.

di ultimare buona parte del progetto originario, fatta eccezione per alcuni interventi residenziali previsti ma mai realizzati.
Oltre alle grandi aree sospese su cui si indirizzano alcune delle progettualità sopra descritte, esiste un altro livello di spazi più puntuali e diffusi nel quartiere che attendono di essere ripensati all'interno di nuove dinamiche e politiche innovative. Sono luoghi che presentano una disponibilità a usi possibili e che grazie alla localizzazione pulviscolare possono costituire una risorsa importante per una nuova e originale progettualità d'insieme. È il caso della scuola dell'infanzia di largo Bigatti, degli spazi commerciali al piede degli edifici e della palazzina di piazza Costantino, oltre che a luoghi che stanno avanzando nel panorama dei recapiti possibili in quest'area e che non hanno ancora una forte caratterizzazione, come l'auditorium dell'ex RSA e Cargo - SpazioBetasped.

Ricomporre per interpretare il quartiere tra spazi, relazioni urbane e reti

La dimensione metropolitana legata alle relazioni con il contesto, la presenza di importanti sistemi ambientali blu e verdi e la composizione degli ambienti e della popolazione che caratterizzano l'interno del quartiere restituiscono un'immagine di Adriano in cui emergono fragilità e risorse per immaginare possibili linee di trasformazione e di valorizzazione.
A questa prima immagine è possibile sovrapporne altre di natura interpretativa che riarticolano la lettura precedente verso una possibile e nuova visione progettuale. Un approccio che esplora sistemi di relazioni urbane interne al quartiere, ricerca modalità di abitarlo, individua questioni e temi trasversali e costruisce quadri d'insieme sinergici a supporto delle politiche.
Gli aspetti legati alle accentuate divisioni di questo territorio sono una questione importante; uniscono temi legati alla localizzazione dei servizi e delle centralità, al sistema della mobilità, al comfort degli spostamenti e alla qualità degli ambienti. Le parti di Adriano realizzate fino agli anni Novanta hanno rafforzato un senso di estraneità verso l'espansione più recente: il dialogo tra il nucleo cresciuto intorno a largo Bigatti e gli edifici che sorgono nei pressi del parco Franca Rame è molto debole e marcato ulteriormente dall'ampiezza di via Adriano che funge da vero e proprio elemento separatore.
Nel settore a est, la vita collettiva del quartiere si concentra principalmente lungo via Trasimeno, un sistema lineare su cui si attestano servizi e spazi pubblici, come il giardino Trasimeno e il centro sportivo Real Crescenzago nel primo tratto, e intorno al quale orbitano i comparti residenziali. È una spina centrale che allungandosi fino al borgo di Crescenzago oltre la Martesana, attraversando il transetto delle espansioni degli anni Sessanta e agganciando il tessuto residenziale di Adriano Vecchia, trova la sua massima apertura nel parco Adriano. Ricomponendo le pratiche di vita del quartiere intorno alla via Trasimeno, ci si accorge subito di come essa non abbia un ruolo altrettanto importante dal punto di vista della qualità urbana. Il suo carattere di strada lenta che incrocia l'intimità di gran parte di Adriano costituisce una leva importante per immaginare una migliore qualità dello spazio di connessione interno al quartiere capace di ricucire storie e usi di vita passata e presente, oltre che di accogliere i cambiamenti futuri (fig. II.14).
Ma se da un lato esiste un ambiente animato da forze endogene, dall'altro vi è anche la presenza di condizioni in ombra, è il caso del grande retro della via Adriano. Questa arteria stradale non rappresenta solo un canale di interruzione nella relazione tra le parti del quartiere, ma è anche il luogo di specifici elementi di fragilità e degrado che nella loro portata di problematicità e potenzialità possono aprire anch'essi a visioni progettuali volti all'integrazione e rigenerazione urbana. Soprattutto il segmento largo della strada si presta a future azioni di miglioramento del rapporto tra lo spazio dell'automobile, del pedone, della bicicletta, del trasporto pubblico, del sistema commerciale (grande distribuzione e di prossimità) e della presenza di elementi naturali. La realizzazione della metrotranvia 7 rappresenta un'occasione importante per ripensare via Adriano nella sua dimensione pubblica più ampia se valorizzata come elemento di ricucitura del rapporto tra le due grandi operazioni trasformative fino a oggi slegate tra loro.
Tra le condizioni di fragilità su cui è utile accendere una riflessione, si inserisce l'isolato centrale che comprende largo Bigatti, l'omonimo giardino e alcuni servizi per l'infanzia. All'interno dell'isolato sono presenti anche il cantiere «Adriano 60» e altre condizioni di scarsa qualità urbana come lotti di depositi a cielo aperto, un piccolo centro sportivo, uno spazio libero e recintato e degli orti informali al limite delle recinzioni dei prati degli elettrodotti. La realizzazione della scuola media (prevista nel cantiere «Adriano 60») rappresenta un importante innesco per la riqualificazione dell'intero ambito che, grazie alla localizzazione, si presta a nuova cerniera tra Adriano Vecchia e Adriano Nuova. Azioni di ridefinizione del fronte su via Adriano, di ricollocazione o miglioramento delle attività degradate e di ripensamento della continuità dei servizi e degli spazi pubblici centrali del quartiere potrebbero creare nuove connessioni tra le due parti. Una fascia trasversale di collegamento che da largo Bigatti si proietta oltre lo stradone fino al più recente centro commerciale, potenziata dalla futura apertura di un'importante risorsa ambientale come lo spazio oggi dedicato agli elettrodotti (fig. II.15).
Ma le maggiori opportunità di cambiamento si trovano in Adriano Nuova, dove la condizione di sospensione legata al progetto interrotto ha fatto sì che oggi questo territorio sia caratterizzato da molti spazi in attesa di una vocazione. Le principali progettualità che insistono in questo settore incrementeranno in modo sostanziale il campo delle dotazioni pubbliche e a servizio. Tra queste, la RSA che insieme al grande auditorium e alle attrezzature per il quartiere di cui sarà dotata, rappresenta un'ulteriore occasione per la via Adriano su cui si

affaccia. Alcune aree attualmente a cantiere si trasformeranno in nuovi parchi in continuità con quelli esistenti, mantenendo così il carattere di quartiere dilatato spazialmente. È importante che questa dimensione urbana venga ripensata all'interno di una rete di qualità di connessioni diffusa nel quartiere, ma anche di collegamento verso l'esterno. Il comfort degli spostamenti non solo quelli legati all'automobile, il valore della prossimità in ambienti estesi e la facilitazione delle relazioni con il contesto sono temi da considerare prioritari per il miglioramento della vita quotidiana degli abitanti di Adriano nel suo complesso, requisiti essenziali per allontanarsi da una condizione di perifericità e di percezione del disagio.

Adriano può essere definito come un quartiere in movimento, in continua evoluzione. I molti processi in corso porteranno dei cambiamenti all'assetto generale e per questo possono essere intesi come nuove leve da ricontestualizzare per introdurre una qualità diffusa e integrata con le dinamiche che si sono sviluppate nel tempo. È importante agire con consapevolezza, valorizzando vocazioni e connessioni nelle quali il quartiere oggi si riconosce, al di là dell'idea progettuale generatrice, verso una nuova visione che ricomponga spazi e pratiche (fig. II.16).

La strategia da mettere in campo a supporto di questa visione ricompositiva deve essere l'esito di una combinazione di sistemi spaziali, attoriali e sociali, legati alla trasformazione dei luoghi e al coinvolgimento degli abitanti e delle comunità. Una sperimentazione che parte dall'emersione di una biodiversità urbana (Granata 2019) che comprende le progettualità «dal basso» e sociali valorizzandone il ruolo trasformativo.

Il fermento dei soggetti che concorrono oggi all'animazione e trasformazione di Adriano è una ricchezza sia per la vita del quartiere, sia per integrare e orientare il quadro delle progettualità future. Nonostante Adriano sia una realtà giovane rispetto ad altre parti della città più consolid ate, nel tempo si sono radicati molti e diversi tipi di attori con una forte tendenza allo sviluppo locale e interno al quartiere.

All'interno dei diversi sistemi residenziali la cittadinanza si è riunita in alcuni gruppi attivi informali[12], un livello di attivazione degli abitanti che spinti dalla necessità di costruire relazioni e scambi contribuisce al consolidamento di identità territoriali molto forti e si alimenta di luoghi simbolo come la parrocchia e il suo oratorio che rappresenta un fulcro di socialità e un riferimento educativo.

Anche la presenza di soggetti del terzo settore si inseriscono in dinamiche legate a un diverso radicamento con l'ambito locale: la promozione di progettualità importanti alla scala cittadina, come

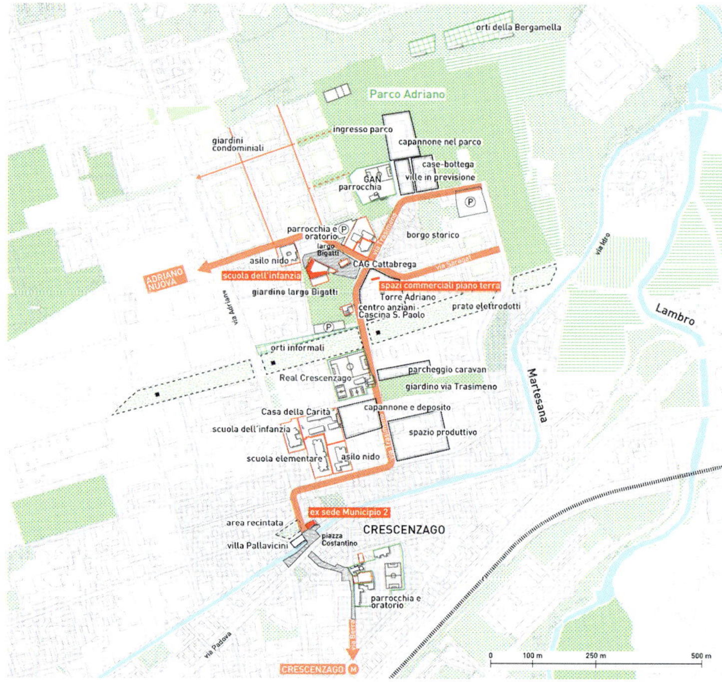

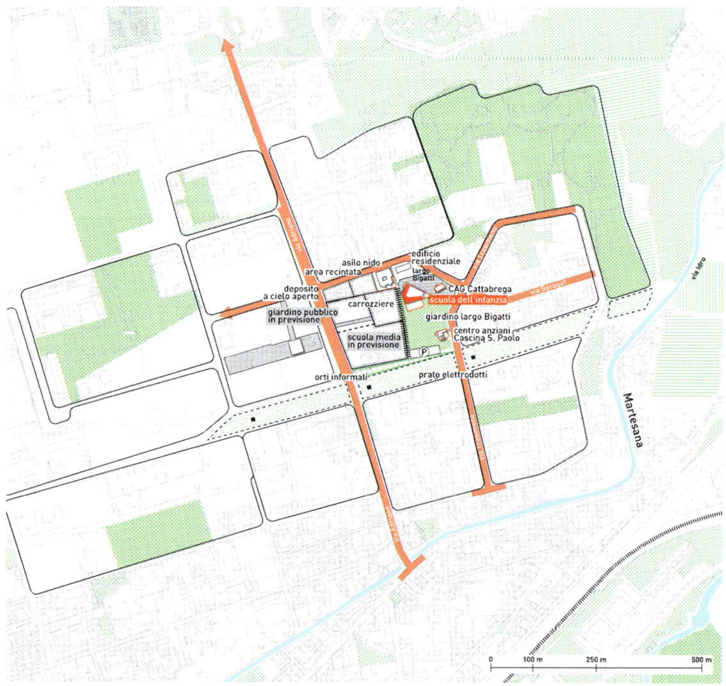

12 Per approfondimenti relativi ad alcuni gruppi di cittadinanza attiva si veda il sito www.viviadriano.it e le pagine Facebook *Quartiere Adriano - The Page*, *Parco Adriano comitato di quartiere* e *Sei di Quartiere Adriano se…*

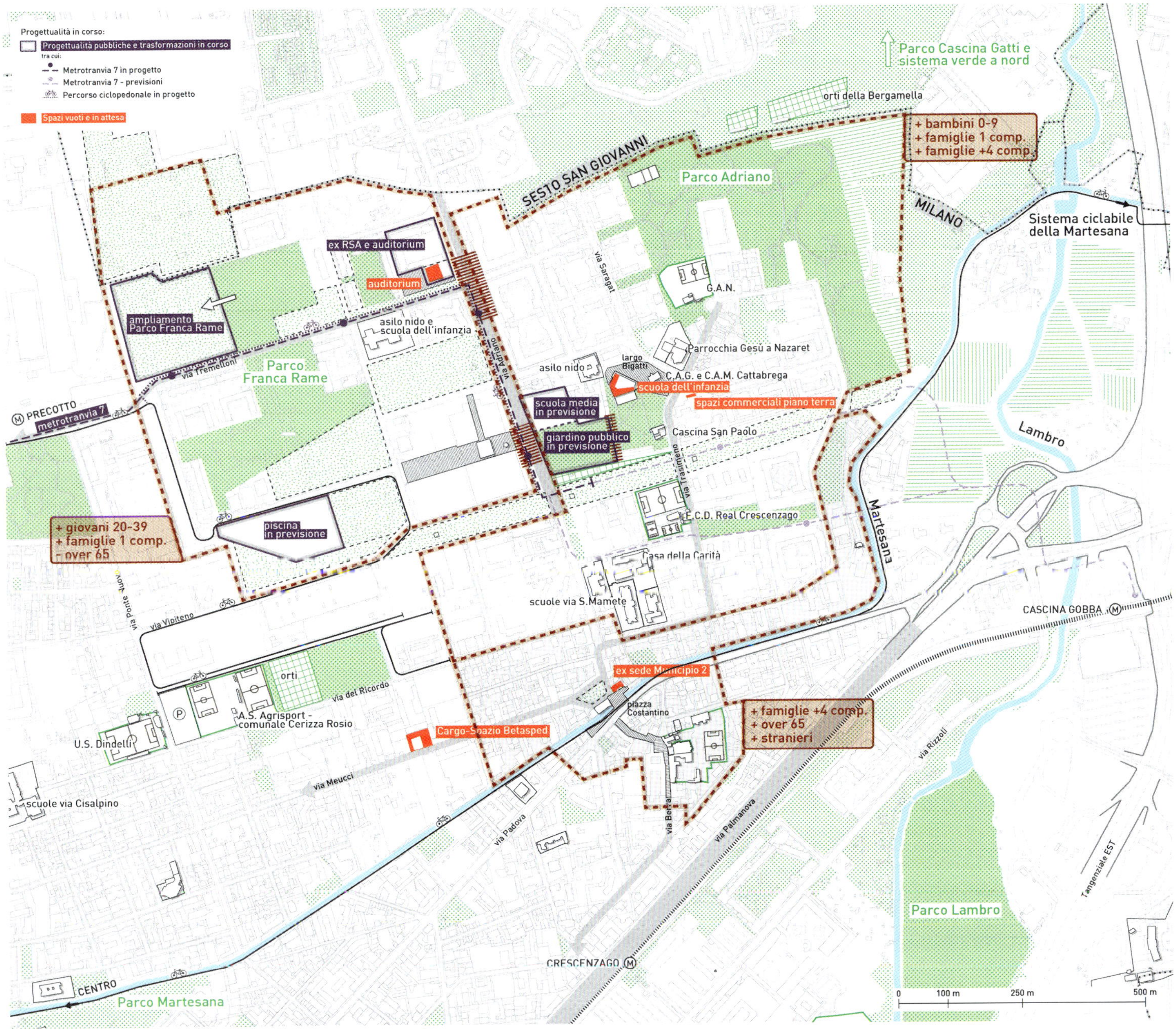

II.14
Il sistema urbano lungo via Trasimeno e le sue potenzialità.

II.15
L'isolato fragile al centro del quartiere Adriano.

II.16
Sintesi delle opportunità e delle progettualità del quartiere Adriano.

II.17
Il Centro di Aggregazione Giovanile nella storica Cascina Cattabrega in largo Bigatti.

II.18
Lo spazio degli elettrodotti tra «Adriano anni '60» e Adriano Vecchia.

II.19
L'Esselunga di via Adriano e il «matitone», memoria dell'area industriale della Magneti Marelli.

ad esempio i diversi promotori di Casa della Carità, si intreccia con i bisogni collettivi della popolazione. Infine, i soggetti privati e del privato sociale, come Cargo, Proges e Siemens, ma anche società più piccole come ID Lab, si attestano nel panorama di chi si sta operando per esplorare temi nuovi all'interno del quartiere (quali ad esempio creatività e cultura, ma anche verde e socialità).
Sovrapponendo la distribuzione territoriale degli attori e la localizzazione fisica degli spazi è molto interessante notare come si siano generate alcune concentrazioni di prossimità e interdipendenze tematiche, come per esempio quelle legate alle pratiche dei giovani che si appoggiano a una rete informale di attori attivi localmente e fortemente motivata a lavorare insieme in un'ottica di complementarietà, scambio e co-progettazione[13].
Anche le reti professionali[14] si ramificano a seconda di progetti locali attivi che possono avere un territorio di riferimento più ampio che oltrepassa i confini dei flussi quotidiani[15] e che marcano percorsi consolidati e frequentazioni diffuse da parte di abitanti, volontari e operatori, collegando di fatto fra loro i luoghi dell'istruzione e dell'aggregazione sociale come le scuole, le parrocchie, gli enti di volontariato.
Il quadro degli attori e delle relazioni territoriali[16] è un elemento di progetto per la costruzione di una visione d'insieme di sviluppo locale e rigenerazione urbana. Le trasformazioni fisiche degli spazi, quelli già definiti, ma anche da immaginare, associate alle reti locali e alle dinamiche territoriali possono rappresentare nuove prospettive per l'intera comunità, per la qualità del paesaggio, per la valorizzazione di nuove identità attraverso interventi culturali, per la promozione di progetti di riuso e cura sostenendo le competenze locali. È importante a riguardo rileggere il territorio dal punto di vista delle relazioni che oltrepassano i sistemi micro-locali, offrendo così un quadro di interdipendenze di tipo tematico, di reti professionali e di flussi di vita quotidiana (cfr. *infra*, pp. 58-59).

---

13 Per esempio le cooperative Comin e Tempo per l'Infanzia, alcuni esponenti di NoLo Social District, Cascina Martesana, Spazio Ligera, C.A.G. Tarabella e Cattabrega, Codici, villa Pallavicini e altri.
14 Per esempio il progetto *Coesione 3.0*, che ha legato in partenariato Comin, Tempo per l'Infanzia e altri soggetti oppure le reti attivate intorno al progetto *QuBì Padova* oppure lavorare a cavallo di due sistemi di concentrazione di attori, come nel caso dell'azione di villa Pallavicini all'interno di Cascina Cattabrega oppure della stretta sinergia fra i C.A.G. comunali Tarabella e Cattabrega o ancora delle collaborazioni fra Casa della Carità e parrocchia Gesù a Nazaret. Anche i progetti assegnatari del contributo Bando alle Periferie ne sono esempi significativi.
15 Per esempio casi importanti come le realtà di villa Pallavicini e Cascina Martesana.
16 Per l'approfondimento al quadro degli attori e delle relazioni territoriali si fa riferimento alla sezione dedicata all'interno di questo capitolo.

Verso la dimensione progettuale: un quartiere di qualità al centro di un sistema territoriale complesso

Le letture che delineano parti morfologiche, storiche e sociali, le lenti di osservazione del territorio che oscillano tra sguardi vicini e lontani, le reti di relazione di interdipendenza tra i territori, le interpretazioni che ricompongono il quartiere sottolineando temi e questioni rilevanti e trasversali, interrogano sul ruolo di scala territoriale di Adriano e delle sue connessioni. In questo senso è necessario rileggere la condizione della periferia milanese in chiave contemporanea, costruendo possibili scenari che, attraverso il progetto urbano, pongano come prioritario il tema della qualità dello spazio e delle relazioni di prossimità e di quelle più lontane.
Oggi Adriano è un quartiere che esprime forti potenzialità utili ad aprire nuove e diverse prospettive al livello della dimensione locale e del territorio metropolitano. Le opportunità presenti e gli ampi spazi di manovra per riorientare le progettualità esistenti offrono la possibilità di ridefinire e migliorare le traiettorie di cambiamento. Traiettorie strategiche che si basino su politiche di tipo inclusivo, agganciando le comunità locali e intercettando più temi e questioni territoriali rilevanti.

Una qualità di prossimità per Adriano. Tra gli aspetti caratterizzanti il quartiere Adriano emergono gli spazi aperti come la risorsa forse più rilevante di questo territorio. Durante interviste e confronti, gli abitanti hanno restituito, in forme diverse, la percezione di vivere in un cosiddetto «quartiere verde», ma sottolineando spesso anche la mancanza di una qualità diffusa in tutte le parti del quartiere. L'insieme dei parchi, delle attrezzature, delle piazze unite al potenziale delle aree in attesa e al margine agricolo è caratterizzato da un sistema di relazioni frammentate, dove però coesistono forme d'uso e pratiche differenti. La valorizzazione di questa *mixité* funzionale legata al tempo libero e alla produzione agricola si pone come tema centrale per immaginare nuove forme di cura, gestione e fruizione degli spazi aperti (Longo 2019): un diverso e integrato modo di vivere la città sostenuto da una qualità di prossimità capace di promuovere stili di vita sani e senso di appartenenza.
Uno scenario che offre maggiori possibilità se fatto interagire con la popolazione residente, in particolare con quella molto giovane costituita da famiglie in formazione, con gli adolescenti, con i raggruppamenti informali di cittadini attivi per i quali la rifunzionalizzazione degli spazi aperti è un tema centrale, e con altri soggetti locali. Rafforzare il legame di chi abita e si muove nel territorio con le risorse spaziali è senz'altro un ingrediente per alimentare sentimenti di riappropriazione del territorio e dare nuovi significati a progetti esistenti e futuri. Si tratta di ridefinire nuovi «patti» tra i luoghi e le persone (De Grandi 2019), di ridimensionare il senso di disagio generato dagli spazi ostili e di offrire supporti diversificati rispetto alle utenze.
Molti sono i circuiti all'aperto che si possono immaginare in questa prospettiva, circuiti sportivi diffusi e circuiti di riconnessione tra gli spazi: la dimensione dei parchi e delle aree verdi può essere la base per il potenziamento dell'offerta sportiva all'aria aperta, pubblica e privata, diversificabile secondo target, molto attrattiva non solo per i residenti ma anche per il territorio circostante. Inoltre, l'incremento della rete ciclopedonale potrebbe, innervando il tessuto urbano, ampliare le geografie di connessioni interne al quartiere e proporsi come diramazione intercettabile dal sistema sportivo-ricreativo già definito della Martesana.
La presenza considerevole delle generazioni più giovani associata al patrimonio di verde pubblico esistente rappresenta un connubio interessante per ampliare l'offerta educativa con attività all'aria aperta: si pensi a programmi didattici con le scuole volti alla conoscenza della biodiversità locale e a passeggiate tematiche per famiglie nei pressi delle fasce più periferiche del parco Adriano oppure nei terreni di ampliamento del parco Franca Rame. Alcune porzioni di parchi già molto fruiti sono declinabili in forme di coinvolgimento della cittadinanza, come i giardini condivisi, dove si promuovono con più facilità pratiche di cura e condivisione.
Un altro aspetto fondamentale per ristabilire nuovi legami tra abitanti e spazi è la mitigazione del disagio dovuta principalmente ai luoghi testimoni dell'incompiutezza e invalicabili, ma anche alla presenza di muri e recinzioni che delimitano spazi specializzati (come il deposito ATM e la centrale elettrica) o a spazi in cerca di identità (come la piazza e i corridoi d'ingresso di Esselunga). I tempi incerti delle trasformazioni non possono che mettere in evidenza la necessità di immaginare modalità di convivenza con i vuoti urbani: la percezione di questi luoghi è un tema progettuale, un ambito di riflessione che può stimolare esperienze di rigenerazione creativa e artistica. Un approccio capace di ridurre le distanze e i disagi sedimentati nel tempo attraverso interventi temporanei che modifichino visuali, migliorino gli sfondi urbani dove la qualità è carente e aprano a piccole relazione transitorie che accompagnino verso il cambiamento.
La memoria storica ereditata dalla Magneti Marelli, oggi simbolicamente rappresentata dal «matitone» inglobato dalla piastra commerciale, il potenziale paesaggistico e ambientale degli ampi e vari spazi aperti, la presenza del fiume Lambro e dell'asse di pregio storico-architettonico del naviglio Martesana compongono un patrimonio da valorizzare culturalmente. Vocazioni che potrebbero evolversi in nuove forme di narrazione territoriale[17], creando linee di sviluppo locale integrate con la più ampia offerta culturale della Città Metropolitana, rafforzando, inoltre, negli abitanti la consapevolezza di appartenere a un territorio in cambiamento. Nel favorire questo percorso l'attivazione della cittadinanza ritorna a essere un elemento di supporto, per esempio

17 Per approfondimenti sul tema della narrazione territoriale si veda il volume: *Ciclabili e cammini per narrare territori. Arte design e bellezza dilatano il progetto di infrastrutture leggere* (Bianchi, Giacomel, Giudici, Munno, Moscarelli, Pileri 2018).

LA RETE DEGLI ATTORI E I SISTEMI DI INTERDIPENDENZE

Il quadro degli attori e delle relazioni territoriali è un livello conoscitivo essenziale per la costruzione di scenari progettuali integrati alla scala del quartiere e non solo. I soggetti attivi che animano la vita di Adriano e presidiano le trasformazioni in atto tendono a mettere al centro l'abitabilità del quartiere, a consolidarne il tessuto sociale e a produrre valore per la fruizione dei diversi spazi in cerca di identità. Il sistema degli attori, sia del privato sociale che di natura commerciale e profit, sia informali che sotto forma di reti e di comunità di volontariato, ha costruito nel tempo una relazione diretta con il territorio. Un sistema che rappresenta un tassello centrale nelle attività della maggior parte delle organizzazioni e che opera in stretta connessione con la dimensione locale e con la qualità dell'abitare. L'impiego di mappe per rappresentare l'insieme delle pratiche, che coinvolge luoghi e costruisce nessi, produce un ulteriore strato per la strutturazione di politiche e progetti, da intendersi come un *work in progress* permanente.

Il principale metodo di reperimento delle informazioni è stata l'intervista strutturata ad alcuni attori rilevanti, un approccio che integrando la rilevazione diretta sul campo durante le esplorazioni urbane e le interazioni con gli abitanti, ha permesso di raccogliere racconti e diversi punti di osservazione su temi e questioni. Un'altra attività si è basata sulla consultazione di materiali documentali che gli stessi attori hanno prodotto per progetti passati o in corso. La terza fonte per il completamento del quadro complessivo si riferisce agli albi pubblici delle associazioni, in particolare quelli messi a disposizione dal Municipio 2.

L'indagine sugli attori ha interessato un campo territoriale più ampio rispetto al quartiere Adriano per facilitare la lettura e la comprensione di relazioni con il tessuto urbano limitrofo, in particolare con il sistema di via Padova: diversi soggetti hanno evidenziato connessioni professionali importanti fra Adriano e altre parti prossime della città. Inoltre, tramite le pratiche e le proiezioni degli attori stessi, si è rilevato una potenziale interconnessione fra i sistemi del verde presenti in questa porzione urbana, nella quale Adriano costituisce una risorsa centrale. Il quadro generale degli attori, per il quale si fa riferimento alla mappatura presente nei «Quaderni di Fondazione Cariplo, Quartiere Adriano. Conoscenza per il cambiamento» (Cognetti, Lazzarino 2019a), costruisce un insieme di profili che esprimono competenze e operano in settori professionali diversificati. All'interno dell'attività di ricerca sono stati individuati dei macro-ambiti di appartenenza che raggruppano gli attori secondo competenze e campi di impiego e che si riferiscono a: 1) arte, cultura e spettacolo: soggetti legati alla produzione e intrattenimento culturale, in forma tradizionale e più ibrida utilizzando l'uso di linguaggi creativi e operando nel campo della formazione; 2) impresa, commercio e innovazione: soggetti profit e commerciali, anche di grandi dimensioni, che in alcuni casi esprimono competenze di design e innovazione sociale; 3) sport; 4) soggetti che offrono corsi e attività sportive; 5) coesione sociale, assistenza e servizi: soggetti, per lo più molto radicati nel territorio e con un bacino d'utenza riferito a un'area più vasta che erogano servizi per fasce fragili della popolazione, si occupano d'inclusione, integrazione e animazione sociale; 6) scuole; 7) comunità e volontariato: forme ed esperienze di organizzazione di comunità dal basso e di cittadinanza attiva; 8) promozione territoriale: soggetti orientati alla valorizzazione della storia e delle risorse locali, come il naviglio Martesana o gli spazi verdi ancora per nulla o poco utilizzati; 9) spazi di aggregazione per giovani e anziani: luoghi di natura spontanea o strutturati nell'offerta dei servizi territoriali anche di tipo commerciale. Dall'indagine e dalla lettura territoriale non emergono concentrazioni prevalenti legate a vocazioni o ad ambiti specifici, ma piuttosto un equilibrio fra attività complementari e sinergiche tra di loro.

Sullo sfondo di questa riflessione, lo schizzo a supporto di questa sezione ricostruisce alcuni sistemi di relazione locale e interdipendenze del quartiere Adriano da cui emergono alcune considerazioni:

- il quartiere Adriano di vecchia e nuova edificazione tende a slegarsi dal settore limitrofo a sud, sull'asse degli elettrodotti, e a est su via Ponte Nuovo. Questa configurazione sembra esprimere un isolamento di questa porzione segnato più dalle trasformazioni urbanistiche in corso e da alcuni limiti spaziali che non da una reale intenzionalità;
- intorno al nucleo di Crescenzago si concentrano molti attori (come forme di associazionismo, volontariato e socialità spontanea) con uno spiccato radicamento territoriale ancorato alla storicità del borgo, degli abitanti e della forte identità locale;
- l'area fra la fermata della metropolitana Gorla e il parco della Martesana raccoglie un'altra importante

II.20
Momento dell'evento *La città che sale* a cura di Musicamorfosi presso Cargo Milano.

II.21
Balerahus, spettacolo firmato da Teatro della Contraddizione e Sanpapiè presso il Circolo Cerizza.

concentrazione di soggetti portatori di bisogni e di aspirazioni di una popolazione giovane e in forte crescita: è il caso di servizi di base, imprese innovative, sport e intrattenimento;
• fra via Padova e Turro si srotola una fascia di attori legati al dinamismo di via Padova fra il parco Trotter e lo storico locale della Ligera, dove l'intrattenimento e l'offerta culturale si intrecciano ad alcuni temi di cittadinanza attiva e di promozione territoriale, come ad esempio l'integrazione e il commercio di prossimità.
Inoltre, è interessante notare come per le interdipendenze tematiche sono importanti i legami tra i comitati di cittadini, come parco Adriano, Sottocorno e quartiere Precotto, che accomunati dall'esigenza di trattare questioni dell'abitare dei residenti travalicano la separazione tra i due blocchi di Adriano e il confine amministrativo con Sesto San Giovanni. Infatti, dal punto di vista qualitativo e quantitativo il ruolo della cittadinanza attiva rappresenta, nella maggior parte dei casi, esperienze interne al quartiere, ma anche nel territorio più ampio, di mobilitazione sulle questioni di interesse locale, come per i casi della questione dell'interramento degli elettrodotti o dell'insediamento della scuola media. Questa evidenza è sicuramente riconducibile alle diverse vicende che hanno caratterizzato Adriano negli ultimi anni e alla necessità di portare avanti istanze che pongono l'attenzione sull'abitabilità del territorio e l'aggregazione sociale di prossimità. Molti di questi soggetti si identificano in recapiti stabili e radicati (come le parrocchie, i servizi comunali e i centri storici dell'aggregazione), ma altri si concentrano in contesti ancora in forte evoluzione (come i diversi comitati di abitanti e alcune auto-organizzazioni condominiali), dove il potenziale in campo è maggiore in termini di definizione della qualità spaziale e di senso di appartenenza.

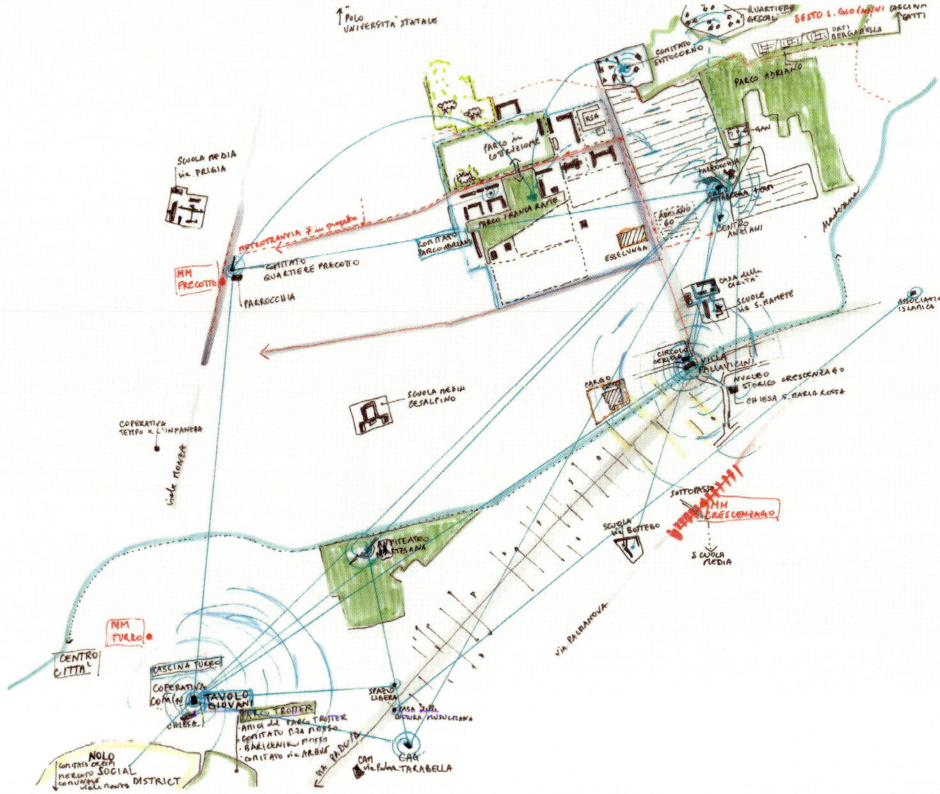

II.22
Sistemi di relazione locale e interdipendenze.

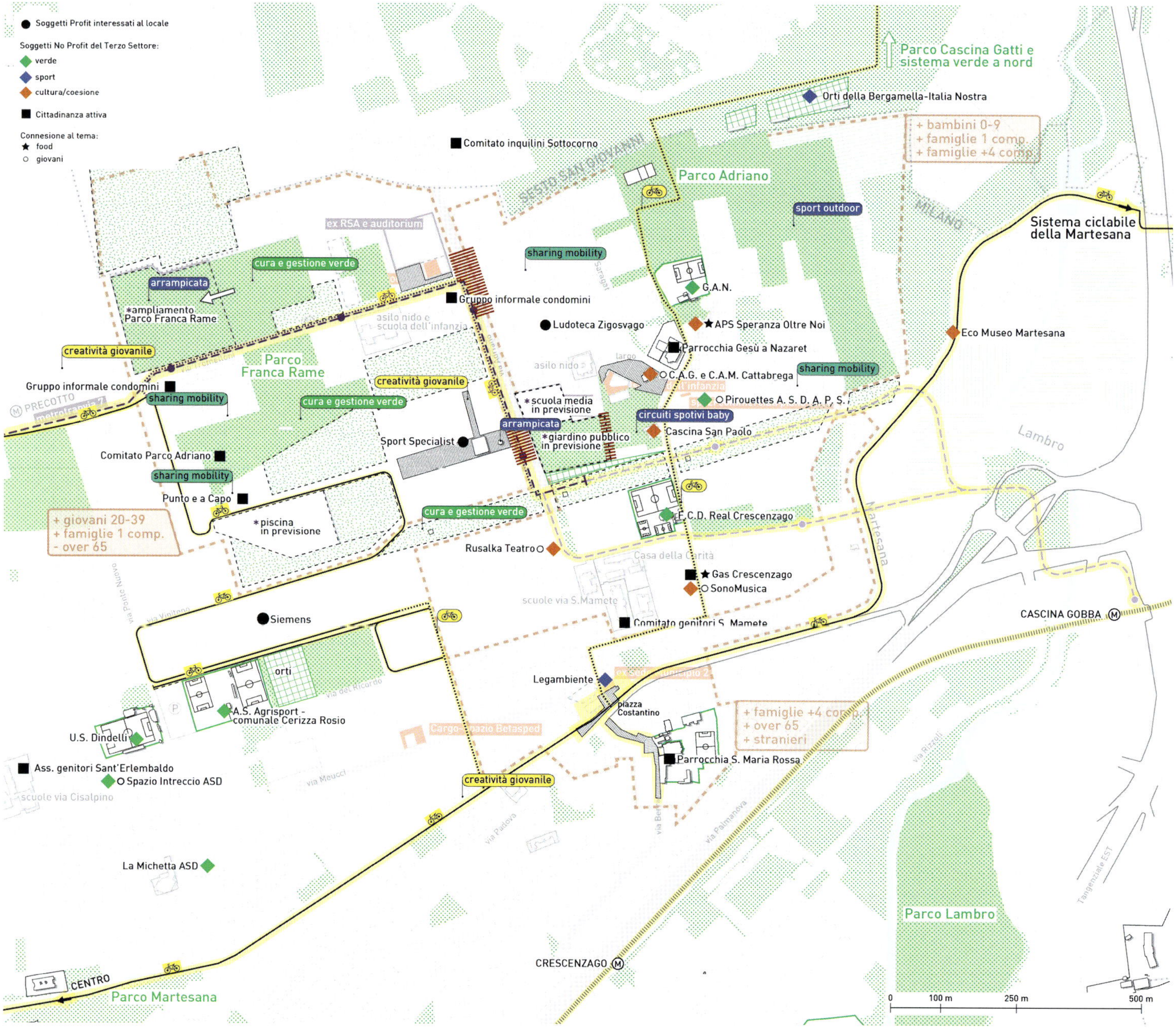

II.23
Potenzialità e prospettive per l'intervento territoriale nel quartiere Adriano.

per la promozione di eventi legati alla diffusione della ciclabilità, per la creazione di nuova segnaletica creativa che ridìa centralità alle risorse territoriale e per sperimentare nuove linee di avvio di politiche a sostegno della mobilità lenta nel quartiere. Un percorso che troverebbe all'interno del territorio diversi attori, alcuni anche privati, che potrebbero, proprio in virtù del tema specifico, diventare importanti risorse per la rete locale e la sua azione.
Nel complesso emerge il bisogno di strategie di ricomposizione territoriale che lavorando su diversi livelli, abbiano l'obiettivo di traguardare importanti risorse puntuali in un sistema di rete coeso e multi-target, composto da spazi, pratiche, centri e presidi[18] (fig. II.23).

Da periferia milanese a «quartiere parco» della Città Metropolitana. Il quadro delle possibili azioni strategiche e progettuali di Adriano si amplia ulteriormente riprendendo la dimensione metropolitana, dove il carattere periferico di quartiere milanese si dissolve all'interno di un sistema territoriale più ampio e complesso. Mettendo in relazione il carattere di «quartiere parco» emergente con le importanti sinergie e dinamiche presenti nel territorio esteso si possono delineare interessanti prospettive a più livelli.
La trama delle connessioni che lambiscono e investono il quartiere estendono le potenzialità ambientali ed ecologiche degli spazi aperti presenti lungo la linea del fiume Lambro. Il progetto di rete ecologica *ReLambro*[19] in itinere individua nel transetto comprendente il quartiere un insieme di aree di grande interesse per la formazione di un insieme integrato e multifunzionale di spazi aperti. Le risorse di Adriano assumono un valore ecologico in continuità con i parchi di Sesto San Giovanni, le aree collocate lungo il naviglio Martesana, il frammentato nodo infrastrutturale di Cascina Gobba e l'innesto della direttrice di via Palmanova, il parco Lambro. L'integrazione delle opportunità ambientali che questi diversi ambiti generano in termini di potenziamento della naturalità diffusa interna a un contesto densamente abitato e infrastrutturato, rappresenta un contributo sinergico alla qualità ecosistemica[20] della città. Un valore ambientale articolabile e declinabile alla scala urbana così come alla scala di temi di più ampio respiro, anche attraverso la promozione di progetti di forestazione urbana[21]. La piantumazione di alberi, la costruzione di prati stabili, di foreste urbane e di radure possono essere strumenti di ridisegno dello spazio aperto che, entro una visione unitaria e orientata, generino ambienti di qualità durevoli nel tempo e sostenuti da un'attenta cura e gestione.
Azioni sinergiche volte all'incremento del comfort di vita e degli spostamenti, al miglioramento della qualità urbana, alla mitigazione dell'impatto di situazioni di disagio, al potenziamento ecologico dei sistemi ambientali e della biodiversità.
Le linee infrastrutturali blu, verdi e grigie che si snodano intorno al quartiere fanno di Adriano un ambito di potenziale collegamento con la rete della mobilità lenta esistente e in progetto alla scala urbana e a quella metropolitana. Il territorio che è già in parte attraversato da un flusso ciclistico cittadino che si convoglia sulla Martesana e si raccorda al Lambro, potrebbe con il suo patrimonio materiale e immateriale intercettare itinerari ciclabili volti alla fruizione escursionistica. Implementando le tratte ciclopedonali, valorizzando il capitale naturalistico in chiave educativa e culturale, lavorando sull'ottimizzazione dell'offerta locale, Adriano potrebbe rivalutarsi in termini di attrattività nei confronti di forme sostenibili di attraversamento e conoscenza del territorio. Un'attrattività da sostenere attraverso presidi innovativi e una ricettività puntuale in aggancio a quella diffusa del naviglio Martesana.
Come altre periferie Adriano è un quartiere mai finito, una condizione che oggi più che mai deve rappresentare un'opportunità di flessibilità per l'inserimento di nuove e articolate strategie progettuali. Prospettive che trovano nel presente alcuni vettori importanti: la predisposizione di Adriano a rivestire il ruolo di un «quartiere parco» al centro di un sistema urbano complesso e il supporto di una popolazione giovane e dinamica con un'identità in consolidamento. È partendo dai punti di forza del quartiere che le riflessioni emerse all'interno di questa esplorazione territoriale propongono un cambio di paradigma per affrontare il tema della qualità del paesaggio urbano in un territorio come quello indagato attraverso il progetto urbanistico.
Immaginare un futuro quartiere Adriano, non solo compiuto nella realizzazione delle parti mancanti, ma espressione di un progetto contemporaneo di promozione dell'uso pubblico della città, capace di connettere spazi e persone, integrare territorio e comunità, legare cura dell'ambiente e collettività.

18 Questa riorganizzazione in rete faciliterebbe inoltre lo sviluppo di presidi territoriali satellite, valorizzando le diverse risorse già presenti nel quartiere e che già sviluppano attività aperte per il territorio: le scuole, l'oratorio GAN, la Casa della Carità, l'Alma Bar e altri.
19 Per il progetto *ReLambro* si veda la pubblicazione: *RELAMBRO. Il fiume nuova infrastruttura ecologica della metropoli milanese* (Longo, Masotti, Giacomel 2016), disponibile online: 82.149.33.231/relambro.
20 Per qualità ecosistemica si fa riferimento all'approccio ecologico al progetto urbano (Forman 2008).
21 In relazione al tema della forestazione urbana si fa riferimento al progetto di ricerca *ForestaMI - Verso il parco metropolitano. La definizione del progetto di forestazione urbana* (in corso dal 2018) sviluppata da DAStU - Politecnico di Milano, insieme ai partner del progetto Comune di Milano, Città Metropolitana di Milano, Parco Agricolo Sud Milano, Parco Nord Milano e Ersaf, con il contributo di Fondazione Falck e FS Sistemi Urbani.

II.24
Piazza Costantino.

II.25
Naviglio Martesana.

II.26
Campi sportivi del F.C.D. Real
Crescenzago.

II.27
Torre Adriano vista da via Trasimeno.

II.28
Spazi commerciali in Adriano Vecchia.

II.29
Via Vipiteno, tra gli elettrodotti e l'Esselunga.

II.30
Area giochi in Adriano Nuova.

II.31
Parco Franca Rame.

La periferia nella città che cambia
Tra identità in definizione e spinte a trasformarsi

Erika Lazzarino

Non è realmente possibile separare lo spazio come concetto astratto dalle sue molteplici materializzazioni. È altrettanto impensabile separarlo dalla vita delle persone, ovvero dall'esperienza che ne hanno. Questa inscindibilità fra l'esperienza continua che facciamo della dimensione spaziale, le sue infinite manifestazioni fisiche e i processi di significazione culturale e simbolica che attuiamo «vivendo sempre e comunque da qualche parte» hanno reso a lungo lo spazio una categoria analitica molto meno visibile di altre, almeno nell'ambito dell'antropologia e di una parte delle scienze sociali (Geertz 1996). Ciò non significa tuttavia rinunciare *tout-court* a indagare lo spazio come componente essenziale dei mutamenti sociali. Ha senso invece assumere l'inseparabilità stessa fra spazio, esperienza e significato a fondamento dell'indagine, soprattutto quando la ricerca intende alimentare una lettura multidimensionale delle trasformazioni sociali nelle città e aprire sullo sfondo una riflessione ecologica (Ingold 2000; 2001a) sull'abitare in contesto urbano.

Places are actively sensed: semplice e chiara è la sintesi di questa prospettiva di lavoro, offerta da Feld e Basso (1996, p. 7) nel volume che parecchi anni fa ha ritessuto un legame forte fra antropologia e spazio. Lo spazio diventa «luoghi» in virtù della sua implicazione diretta nell'esperienza sensoriale e geografica e nella costruzione di relazioni di significato, le quali a loro volta definiscono, muovono e intrecciano storie locali e sensi di appartenenza al territorio (Signorelli 2008; Ronzon 2008). Questo intero processo ricompone l'abitare stesso, inteso come produzione culturale della località, una «attitudine agente ad orientarsi al mondo, localizzandovisi, la quale mentre evolve fa evolvere anche l'intero sistema di riferimento» (Lazzarino 2017a, p. 79)[1].

I luoghi hanno dunque un ruolo attivo nei processi di significazione che costruiscono memoria storica e identità sociale e, viceversa, queste «iscrivono» i luoghi, non solo simbolicamente ma anche nella loro feroce materialità. In altri termini, non solo lo spazio è la «posta in gioco» dell'azione sociale che lo produce (Colombo 2012), ma esso stesso agisce su di noi mentre noi agiamo in esso (Meschiari, Montes 2015; Meschiari 2018; Ingold 2020). Questo approccio fluido «ad andata e ritorno» rende anche ragione del fatto che, in contesti di forte mutamento urbano, come nel caso milanese di via Padova, accada spesso che gli spazi divengano il campo aperto di negoziazioni e contestazioni, proprio e «precisamente perché concretizzano i *framework* fondamentali e ricorrenti [...], ideologici e sociali che strutturano la pratica» (Low, Lawrence-Zúñiga 2003, p. 18; trad. dell'autore) degli «attori significanti» che a vario titolo li plasmano. Non solo quindi le persone che vi abitano in senso stretto, ma anche altri portatori di interessi, come le popolazioni di lavoratori, gli intermediari della trasformazione urbana, il terzo settore, le pubbliche

1 Sul concetto di località cfr. anche Appadurai 2001.

II.32
Ortofoto dell'area di via Padova. Fonte: Google Earth.

amministrazioni, le reti informali e le realtà imprenditoriali (Pasqui 2008). L'arena di questi attori dispiega dunque lo spazio urbano stesso, al contempo assimilandolo e restituendolo in una relazione dinamica di *correspondence* (Ingold 2013; Gatt, Ingold 2013), tramite la quale materialità, percezione e proiezione trovano nella pratica, anche simbolica, un certo grado di sintesi e coordinamento. Immaginari, valori, orientamenti, provenienze, saperi, rappresentazioni, aspirazioni, vincoli e condizionamenti si combinano in una sorta di bussola culturale selettiva di «oggetti» di riconoscimento, di identificazione, di produzione, di consumo, di manipolazione e intervento nei quartieri della città, mettendo in azione *habitus*[2] diversi (Bourdieu 1972). Poiché si esprimono spazialmente, questi *habitus* sono immediatamente socializzati per poi «tornare allo spazio» senza soluzione di continuità. L'*habitus*, inoltre, mette le persone in grado di attuare discriminazioni fra oggetti ed elementi spaziali e di stabilire geografie e gerarchie culturali e sociali, «da cui derivano vere e proprie mappe di legittimità e illegittimità» e da cui si generano «diseguaglianze molto forti tra chi ha i mezzi per poter affermare i propri gusti e valori e chi non li ha» (Semi 2015, p. 85).

Le diverse dimensioni dell'appartenenza

Utilizzando anche alcune «lezioni» apprese dalla gentrificazione del quartiere Isola a Milano durante gli anni Duemila[3], proverò a offrire una rilettura dell'ambito di via Padova, mettendo in luce in particolare le diverse dimensioni dell'appartenenza al quartiere e come queste siano in grado di produrre rappresentazioni e narrazioni (alcune «storiche», altre transnazionali, altre in via di definizione) interessate e capaci di impattare (tramite azioni e progettualità che creano consenso e trasformazioni locali) sulle sue dinamiche di cambiamento (Arrigoni, Bifulco, Bricocoli 2018). Quel che caratterizza oggi la conversione di questa parte di città, inoltre, è il suo trovarsi aperta su una soglia in cui molto sembra ancora possibile e nessun orientamento ha già trovato una maturazione spaziale o sociale maggiore rispetto ad altri. Si tratta di un particolare equilibrio, riconoscibile anche attraverso i cambiamenti demografici[4], costituito da mutamenti sparsi sul territorio e di piccola scala, interventi temporanei o circoscritti o irrelati, i quali testimoniano la grande intenzionalità delle reti locali (di abitanti, professionisti e commercianti), piuttosto che la presenza di una regia d'insieme con una visione di cambiamento complessivo. Si tratta anche di pratiche dell'abitare e di uso del territorio (i cortili, lo spazio pubblico e la strada, il commercio di prossimità) che mutano in forma stabile e intermittente il carattere di questi luoghi.
Osservando questi fenomeni, sembra di poter riconoscere un processo al culmine delle sue potenzialità manifeste (comprese quelle del mercato immobiliare), una «zona di transizione» sia orizzontale (nello spazio) sia verticale (nella società) (Bressan, Tosi Cambini 2011, p. 32).
Provando a percorrere la geografia delle appartenenze che coesistono intorno a via Padova, è riscontrabile anzitutto una dimensione storica legata all'espansione urbanistica di questa zona. Via Padova, infatti, si distingue da altre periferie per essere un territorio poco disegnato e pianificato, cresciuto più a ridosso di alcune direttrici e borghi storici milanesi che non esito di un disegno unitario. Durante la sua progressiva edificazione, questa area si è sviluppata, da una parte, seguendo la linearità degli assi viari (via Padova, ma anche viale Monza e via Palmanova) e, dall'altra, accrescendo alcuni piccoli nuclei storici a ridosso di questi assi (Casoretto, Cimiano, Crescenzago, Turro, Gorla e Greco), cui si aggiunge l'assai più recente zona di NoLo.
Lo sviluppo dell'area per assi lineari, che trova il suo perno di snodo in piazzale Loreto, è spezzato trasversalmente dalla ferrovia. Il passaggio del tracciato ferroviario costituisce un solco netto tra un tessuto urbano denso e intricato (da Loreto al parco Trotter), costituito da edifici che si sviluppano a corte lungo isolati di piccole dimensioni, e un tessuto più dilatato (dal parco Trotter a piazza Costantino), con una caratterizzazione funzionale evidente di spazi della residenza, piastre commerciali e aree a servizio.
Allargando invece lo sguardo oltre via Padova, allontanandosi dal carattere lineare di lunga strada connettiva, è possibile costruire un'altra lettura dell'appartenenza al quartiere più esteso, che accende e nomina luoghi di vita, identità locali e assetti territoriali storici leggibili in modo indipendente dalla via stessa (Lucas 2017; Marabelli, Ornaghi, Scala, Schiannini 2017; Giudici 2004). Definibili come veri e propri baricentri urbani, questi piccoli sistemi di prossimità orbitano intorno all'asse di via Padova e raccontano parti di questo settore della città in continuità tra di loro, definendo insieme un ricco e complesso sistema di relazioni e di narrazioni dell'appartenenza (fig. II.33).

2 In una celebre definizione Pierre Bourdieu definisce gli habitus come «sistemi di disposizioni durature e trasmissibili, strutture strutturate predisposte a funzionare come strutture strutturanti, cioè in quanto principi generatori e organizzatori di pratiche e rappresentazioni» (Bourdieu 1972, p. 84).

3 Il quartiere Isola a Milano ha visto un importante e paradigmatico processo di gentrificazione conclusosi a inizio anni Duemila, e raccontato in diverse ricerche di stampo urbanistico, sociologico e antropologico: Malnati 2005; Cognetti 2007; Diappi, Bolchi, Gaeta 2009; Micoli 2008; 2011; Semi 2012; 2015.

4 Nel primo tratto di via Padova, denominato NIL Loreto, abitano oltre 44.300 abitanti, mentre nel secondo, NIL Padova, oltre 36.400, con un incremento di abitanti dal 2006 al 2016 di oltre il 10% in entrambe le aree. Una crescita dettata anche dalla forte attrattività dell'area per la popolazione di origine straniera che nel 2016 rappresentava circa il 34% della popolazione, rispetto a una media cittadina del 19%, ma anche dai processi di rilancio del mercato immobiliare dell'area che ha cominciato ad attrarre popolazione giovane, specie nell'area di Loreto, dove la media di popolazione tra i 20 e i 39 anni supera il 30%, rispetto a una media cittadina del 23%.

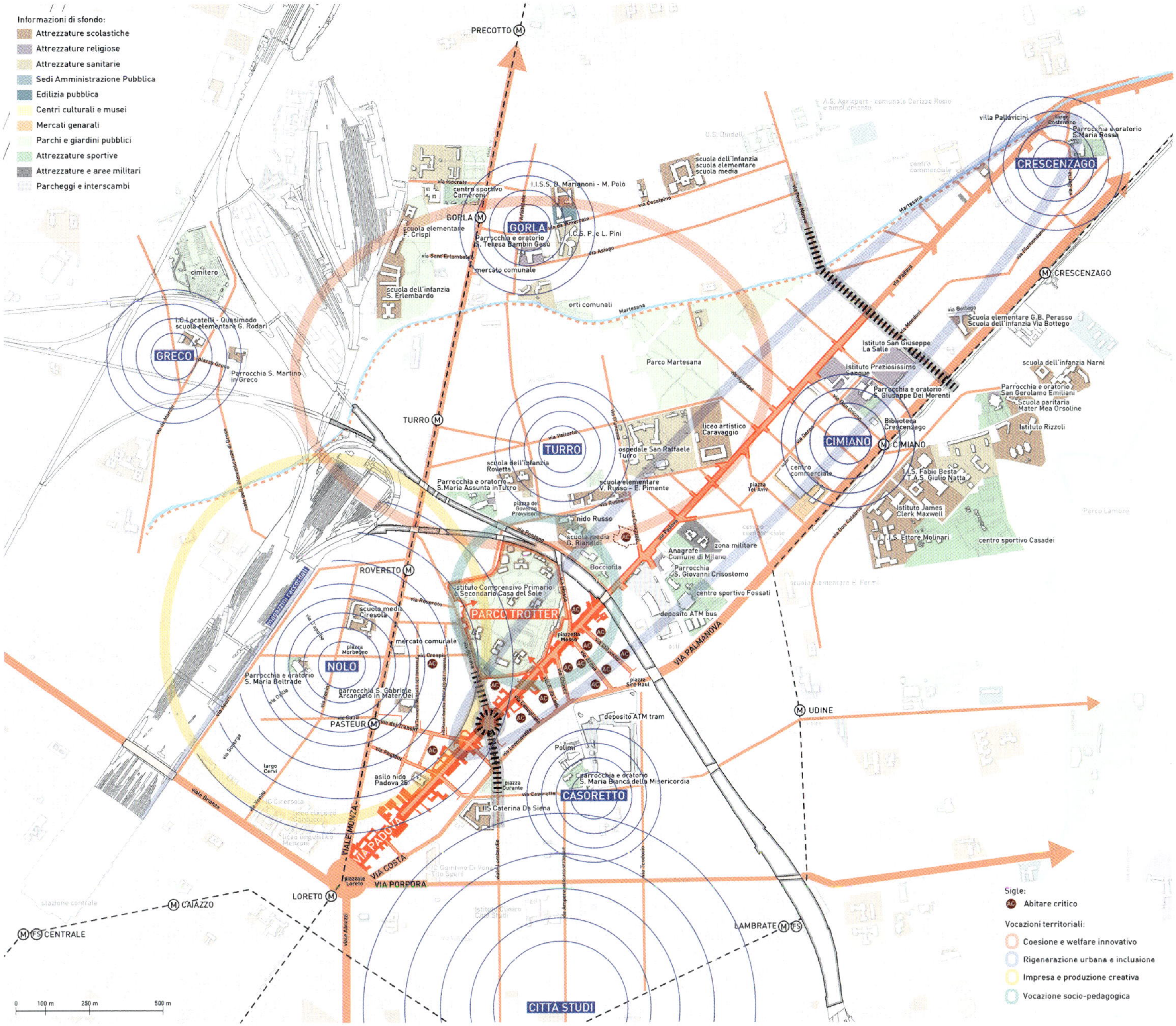

II.33
Una periferia storica «contesa» fra identità diverse: il carattere lineare di via Padova, i baricentri e le vocazioni territoriali.

A sud di via Padova, si trova via Casoretto lungo la quale si sviluppa l'omonimo quartiere. Ridotto e compatto, questo piccolo nucleo urbano ha come fulcro la parrocchia e l'oratorio di Santa Maria Bianca della Misericordia in piazza San Materno, luoghi di incontro per molti abitanti. L'oratorio ingloba il cinema Casoretto, abbandonato da tempo e in attesa di una nuova stagione di programmazione, sostenuta da un gruppo di abitanti. Via Teodosio, considerata margine del quartiere e aggancio al mercato settimanale di via Ampere, lega il piccolo quartiere alla fitta maglia di strade a carattere prevalentemente residenziale di Città Studi.
Il baricentro Cimiano si sviluppa sempre a sud, parallelo al secondo tratto di via Padova, dall'area di piazza Tel Aviv fino all'altezza di via Ponte Nuovo. Il nucleo centrale di Cimiano, il cui carattere urbano più storico è ancora riconoscibile solo in prossimità di via Padova, si trova all'incrocio con via Don Orione, una strada-canale che collega via Padova alla fermata della metropolitana di via Palmanova, dove si erge il centro parrocchiale San Giuseppe dei Morenti, luogo simbolo del quartiere insieme alla biblioteca pubblica. Cimiano è attraversato da via Palmanova, una vera e propria barriera, che separa il sistema dei servizi scolastici dal centro del quartiere, raggiungibili esclusivamente attraverso il sottopasso della metropolitana.
Al culmine orientale di via Padova, Crescenzago, caratterizzato da una forte identità storica, rappresenta una cerniera importante tra il borgo antico lungo via Berna, il sistema di via Padova e l'accesso al quartiere Adriano a nord. Nella parte a sud di via Padova, oltre che dalla presenza del borgo storico, la struttura urbana di Crescenzago si sviluppa lungo via Flumendosa, dove un tessuto prevalentemente residenziale misto a piccole attività produttive è stato oggetto negli anni di puntuali sostituzioni e trasformazioni.
Verso nord, al di là della ferrovia, stretto dal naviglio Martesana e compreso tra viale Monza e il secondo tratto di via Padova, si apre Turro, un piccolo centro urbano ricco di scuole e dotato della presenza di una delle sedi dell'ospedale San Raffaele, che rappresenta un recapito urbano importante. Il centro del quartiere è caratterizzato ancora da un tessuto di edifici storici che si affacciano in parte su piazza del Governo Provvisorio, un'area pedonale che ha visto negli ultimi anni l'insediarsi di nuove attività commerciali. Oltre che da via Padova, il sistema di accesso a questo quartiere è garantito a sud da due tunnel ferroviari in prossimità del parco Trotter.
A cavallo di viale Monza, oltre la Martesana, si estende il quartiere di Gorla. Questo centro urbano esprime la sua indipendenza dal contesto più ampio e da via Padova, in particolare per la presenza di numerosi servizi collocati in prossimità dello snodo ferroviario, e lungo via da Vimercate, via Cisalpino e via Asiago, che hanno un bacino di utenza che si spinge fino al quartiere Adriano. A ovest, oltre lo snodo ferroviario e intersecato dal passaggio di diversi fasci di binari oltrepassabili da numerosi tunnel, si concentra Greco, che trova il suo centro nella omonima piazza, su cui si affaccia la parrocchia San

II.34
Il tratto di via Padova compreso fra la rotonda e la ferrovia.

II.35
L'accesso al parco Trotter da via Padova.

II.36
La zona pedonale di piazza del Governo Provvisorio.

II.37
L'anfiteatro Martesana e l'attraversamento del naviglio.

II.38
Piazza Greco con la parrocchia di San Martino in Greco.

II.39
Piazza Morbegno nel cuore di NoLo.

LE RETI DI VIA PADOVA E IL PARCO TROTTER

La rete degli attori di via Padova rappresenta una potenzialità che l'intervento locale potrà intercettare ed eventualmente sviluppare tramite la valorizzazione e l'ingaggio dei soggetti attivi sul territorio. La localizzazione dei soggetti profit che coprono interamente il campo «commercio e creatività», e no-profit, riferiti all'ambito della coesione sociale, dei servizi educativi e della formazione professionale, si sovrappongono sinergicamente a spazi e relazioni urbane al centro di importanti attività e dinamiche caratterizzanti questo parte di città. In particolare, le esperienze annoverabili tra le azioni di cittadinanza attiva (comitati, social street, gruppi di mutuo aiuto, parrocchie e collettivi) trovano maggiore concentrazione nell'area compresa fra via Padova e viale Monza a ridosso del parco Trotter, un luogo simbolo per gli abitanti di questa parte di territorio.
Il parco Trotter, come spazio pubblico multifunzionale del quartiere e come luogo di esperienze di cittadinanza attiva «storica» consolidatesi nel tempo, si inserisce all'interno di un sistema di relazioni la cui dimensione di prossimità assume un ruolo rilevante. In questo senso il «Trotter» rappresenta un perno fisico di reti di lungo corso che si sono attivate per il miglioramento delle funzionalità spaziali e la costruzione di un'offerta socio-culturale aggregata nel quartiere.
Già dall'osservazione dell'immagine satellitare il parco Trotter emerge come un polmone verde integrato nello spicchio di città tra via Giacosa, via Padova e la ferrovia, una grande piazza verde compressa nel tessuto denso. All'interno del sistema urbano di via Padova il parco si configura come un grande isolato, circondato da un muro che ne mitiga la percezione dall'esterno e su cui si aprono delle vere e proprie porte verso il quartiere: l'accesso principale è in via Giacosa, mentre il secondo si affaccia in via Padova all'altezza di via Fanfulla da Lodi.
L'importanza di questo spazio per il quartiere, e non solo, è legata alle due funzioni principali di cui si compone. La prima è la storica vocazione scolastica e educativa, supportata oggi da una rete di soggetti di cittadinanza attiva. Il sistema scolastico, presente dagli anni Venti del secolo scorso, interessa la fascia educativa dalla scuola dell'infanzia alla scuola media, accogliendo inoltre uno spazio dedicato al «Tempo per le famiglie», un servizio del Comune per i bambini da zero a tre anni. Negli anni il «Trotter» e il suo parco sono diventati un luogo della memoria per genitori, insegnanti e abitanti del quartiere che ha spinto alla formazione di comitati e associazioni attive sui temi della conservazione, tutela e valorizzazione del patrimonio ambientale, naturalistico e architettonico del parco scolastico. In particolare l'associazione Amici del Parco Trotter promuove forme di cooperazione culturale e sociale che, partendo dalle esperienze interne al parco e alla scuola, coinvolgono anche il quartiere.
La seconda è legata alla natura di spazio pubblico esercitata dal parco per l'intero ambito urbano, comprese le attività e pratiche più informali che al suo interno si svolgono. Il parco e i suoi spazi sono riservati durante l'orario scolastico esclusivamente agli utenti delle scuole, mentre nel resto della giornata si aprono al quartiere. La scarsità di ampi spazi pubblici che caratterizza questo settore della città rende il parco Trotter il più importante luogo di aggregazione per gli abitanti del quartiere, intercettando i bisogni legati al tempo libro di tutte le fasce generazionali. Grazie alle sue dotazioni, il parco rappresenta anche un polo attrattore per chi è in cerca di un luogo dove svolgere le proprie attività, come per le numerose società sportive che frequentano la palestra o gli spazi attrezzati all'aperto, quest'ultimi implementati a seguito della riqualificazione della storica piscina che ospiterà dei nuovi campi da gioco.
Oltre alle funzioni già attive al suo interno, le strutture presenti offrono ancora molte opportunità di condivisione e integrazione, grazie anche alla presenza di edifici e spazi vuoti o sottoutilizzati in attesa di trovare una nuova vocazione (come le ex cucine e l'ex edificio dell'acqua potabile). In questa direzione la ristrutturazione dell'ex Convitto, in parte adibito a scuola media, e le funzioni sociali e culturali che ospiterà rappresentano un'importante occasione per la costruzione di un nuovo fronte urbano del sistema Trotter e dei suoi spazi pubblici. Anche dal punto di vista delle reti la riqualificazione dell'ex Convitto e del processo che ha portato alla sua riattivazione sono stati le occasioni in cui si è assistito alla costituzione di un articolato sistema di relazioni sostenuto da Fondazione Cariplo e dal Comune di Milano, proprio nell'ambito del programma *Lacittàintorno*.
Su più fronti il parco Trotter può essere così considerato il luogo dell'integrazione del quartiere, la grande stanza di questa parte di città dove convergono attività, saperi, culture e azioni tematicamente trasversali e capaci di lavorare sinergicamente tra di loro.

II.40
Momento di attività sportiva collettiva e autogestita al parco Trotter.

II.41
L'ingresso principale del parco Trotter di via Giacosa, interessata dal progetto di urbanistica tattica della piazza e della «Zona 30» a supporto della mobilità lenta.

II.42
Momento di uno spettacolo per bambini al parco Trotter durante il NoLo Fringe Festival.

II.43
L'ex Convitto ristrutturato, oggi sede della scuola media all'interno del parco Trotter.

II.44
Il parco Trotter: la scuola, lo spazio pubblico, le dotazioni e gli attori.

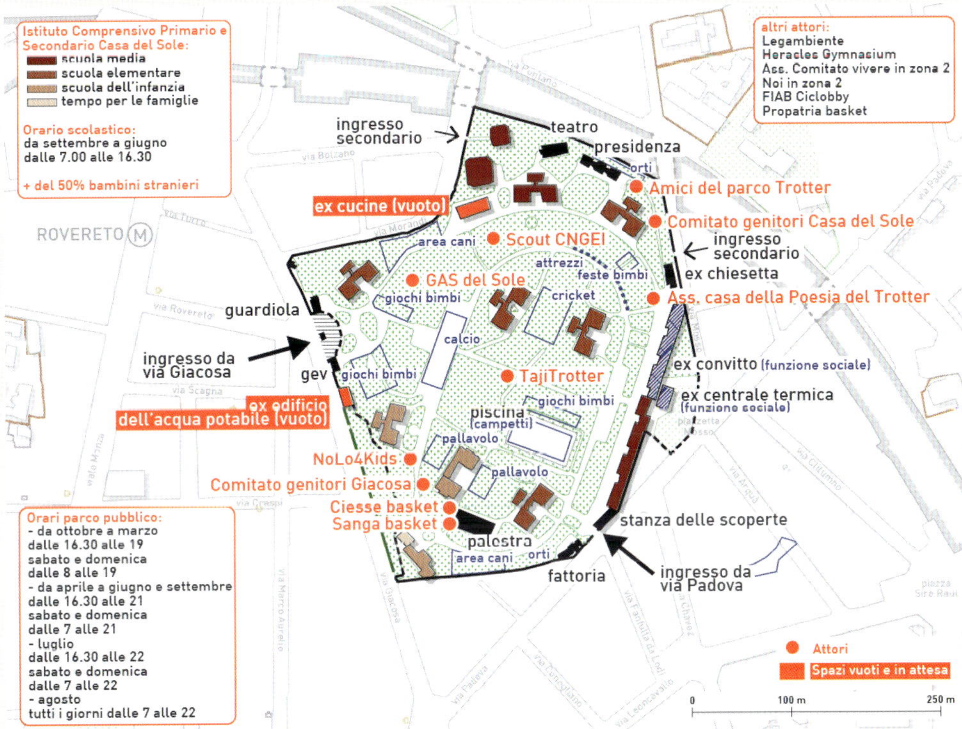

II.45
Il giardino Condiviso *Orti di Via Padova*.

II.46
Il commercio storico in via Padova.

II.47
La scuola primaria Pimentelm - Russo a Turro.

sperimentato anche tramite numerose iniziative pubbliche e svariate collaborazioni con altri attori del territorio[11].
Le reti descritte rafforzano la loro identità e vocazione anche attraverso diverse forme di progettualità, che tengono insieme azione sociale e trasformazione dei luoghi (fig. II.48).
Si può infatti riconoscere un interessante connubio di spazi e soggetti che in forma diffusa si articola sul territorio, costituendo una trama fisica, sociale e di progettualità che anima e contamina il quartiere. Temi, attori e spazi diversi, spesso legati alla vita quotidiana: spazi dell'abitare, del commercio, della creatività che agiscono nei confronti del territorio come «antenne» e «punti di riferimento», ossia come presidi e luoghi di incontro e scambio, dove si elaborano interessanti prospettive di cambiamento. Pur nella loro diversità, questi spazi sono una fucina di proposte per il quartiere e lasciano intuire una nuova funzione urbana legata all'espressione del civismo attivo. In questo modo cortili privati, negozi su strada, studi professionali e gallerie d'arte diventano in maniera non sistematica laboratori civici e di partecipazione, i quali condividono una vocazione al radicamento e a un lavoro territoriale anche al di là dei puntuali interessi.
Queste reti esprimono anche la capacità di aprirsi dei varchi di socialità in spazi che non sono destinati propriamente a quest'uso, anche in risposta a un tessuto urbano molto denso, che oggi dispone di pochissimi spazi pubblici e spazi aperti, per la libera aggregazione e per la socialità spontanea[12].
Emerge una capacità, in particolare da parte degli abitanti con progetti o con semplici pratiche d'uso, di rinnovare internamente gli spazi dell'abitare e i «ritagli» di spazio pubblico ancora disponibili. L'immagine della porosità restituisce questa condizione: nel cortile, nel piccolo slargo, nello spazio di risulta si esprime la capacità di rinnovarsi e di cambiare. Questo territorio molto compatto funziona quindi anche un po' come una «spugna»: assorbe pratiche e usi informali all'interno di interstizi, che diventano «interstizi accoglienti». Anche le attività commerciali di prossimità stanno in alcuni casi iniziando a sperimentare forme ibride di commercio a cavallo con l'aggregazione sociale. Sia il rettilineo di via Padova e sia, in misura minore, i «baricentri» danno vita a sistemi commerciali densi e vivaci. In parte si tratta di esercizi storici

11 Ci riferiamo alle numerose realtà che animano il parco Trotter e ne rinnovano le funzioni, ne conservano gli spazi e ne preservano la vocazione socio-pedagogica, a partire da La città del Sole – Amici del Parco Trotter, insieme ai comitati genitori, le associazioni sportive e ambientaliste e le stesse scuole dell'infanzia, primarie e secondarie, cui si aggiunge di recente anche la collaborazione con NoLo Social District, NoLo4Kids e Radio NoLo.
12 La dotazione di spazio aperto appare nel quartiere decisamente insufficiente e la densità a tratti quasi eccessiva, a eccezione del parco Trotter e dell'asse della Martesana; una dotazione scarsa, anche solo se consideriamo il consistente numero di abitanti.

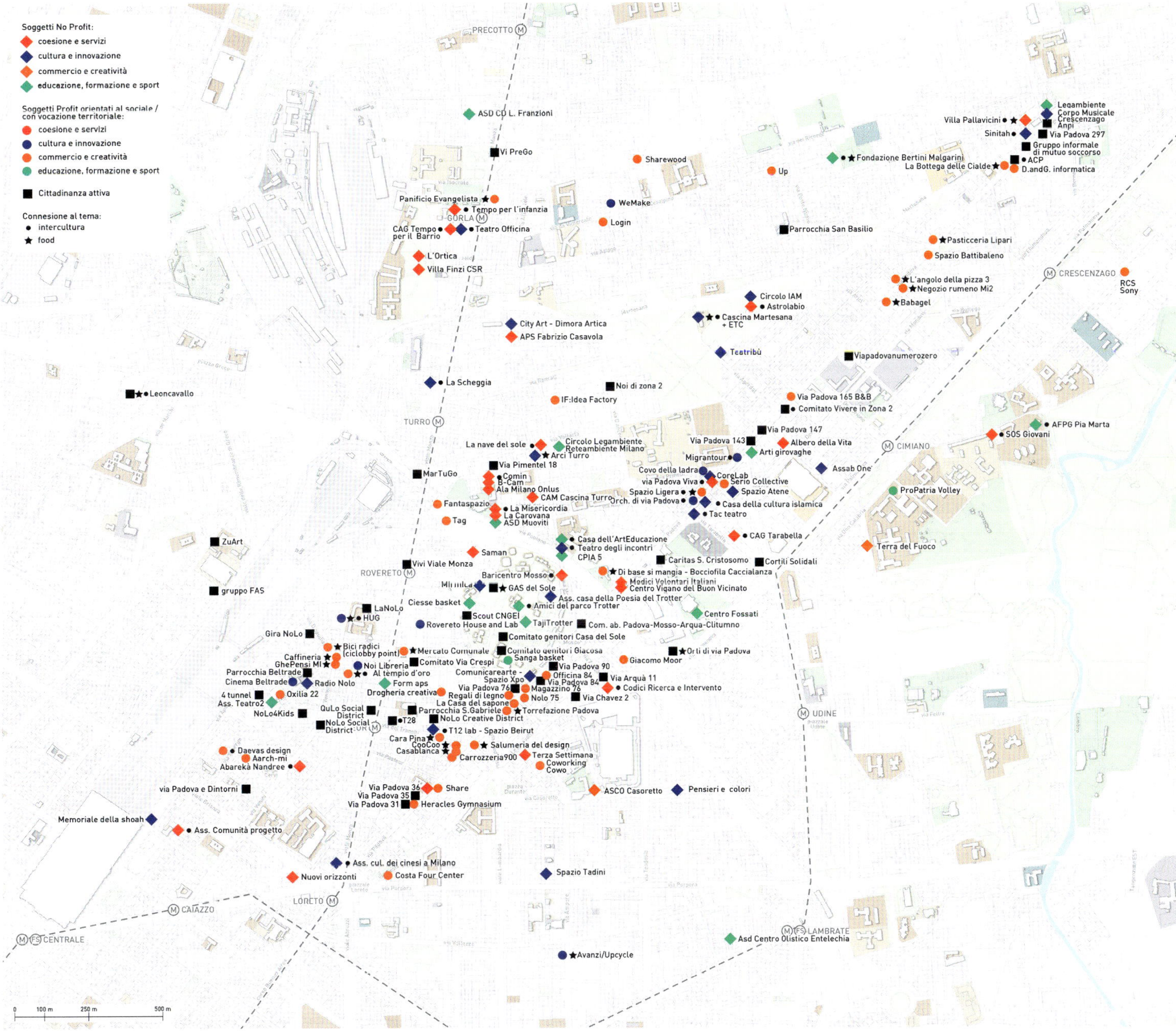

II.48
Quadro generale del sistema degli attori nell'area di via Padova.

LA VIA PADOVA MIGRANTE

Via Padova nella città di Milano è sinonimo del dibattito sulle migrazioni e sul ruolo dello spazio urbano nella costruzione di processi di convivenza e integrazione tra diverse popolazione. Si tratta di un territorio infatti che è stato attraversato dalle diverse stagioni di migrazioni verso la città nella seconda metà del Novecento fino a oggi: dalle migrazioni interne, a quelle internazionali che ne caratterizzano fortemente il tessuto sociale già dagli anni Novanta (Cologna 2006).
Oggi il territorio dei due Nuclei di Identità Locale – le ripartizioni statistiche del comune di Milano – Padova e Loreto presenta una media di popolazione straniera superiore al 34% a fronte di un dato cittadino che si attesta intorno al 19%. Una delle caratteristiche peculiari di questo territorio e che lo differenzia da altre aree della città che ospitano differenti comunità straniere è la presenza e la mescolanza delle diverse provenienze nazionali: Filippine, Egitto, Cina, Bangladesh, Perù, Sri Lanka sono le prime sei provenienze delle quali raggiunge percentuali di presenza superiori al 20% secondo i dati anagrafici del 2017 del Comune di Milano. Nonostante il fenomeno di lunga durata, si tratta soprattutto di popolazione giovane, con una presenza di over 65 quasi nulla e una predominanza di abitanti tra i 20 e i 39 anni, che fa di via Padova uno dei territori più giovani della città.
Questa estrema complessità del fenomeno migratorio in questa porzione di città si rivela anche nello studio puntuale della distribuzione residenziale dei suoi abitanti. Osservando le concentrazioni di popolazione straniera nelle diverse sezioni di censimento al 2011 (Cognetti, Lazzarino 2019b), si delinea infatti una geografia specifica non omogenea. In particolare emergono aree caratterizzate da concentrazioni di molto superiori alla media, come nel triangolo formato da via Costa/Leoncavallo, viale Monza e il tracciato ferroviario. In questa area si addensano le sezioni di censimento con le concentrazioni più alte di popolazione di origine straniera, con punte anche superiori al 65% lungo via Arquà e via Conegliano. Superata la ferrovia la diffusione del fenomeno appare più articolata con alcune situazioni puntuali dove si verificano alte concentrazioni, giustapposte a sezioni di censimento con presenze anche sotto il 18%.
Questa popolazione esprime un corso migratorio in diversi casi stabilizzato che ha influenzato e continua a caratterizzare lo sviluppo del territorio. La presenza delle numerose comunità ha dato vita infatti a diverse attività commerciali che punteggiano lo svilupparsi della via, così come a numerosi luoghi di culto di diverse confessioni. Gli stessi attori territoriali si sono andati nel tempo a caratterizzare e via Padova presenta oggi un sistema di luoghi e attività che mostrano l'articolazione di questo fenomeno: i diversi spazi dedicati alle comunità di provenienza e di fede come la Casa della Cultura Islamica, i diversi servizi socio educativi dedicati alle famiglie con background migratori, l'ibridazione dei molti spazi e funzioni anche tradizionali che dialogano con le numerose provenienze culturali della popolazione (Andriola, Novak 2008). Gli stessi spazi pubblici sono stati nel tempo trasformati dalle pratiche d'uso portate dalle comunità che abitano via Padova, in certi casi anche ospitando funzioni specifiche ed esclusive di alcune di queste o venendo percepiti come tali. Un processo che ha portato alla stigmatizzazione di alcuni luoghi che sono divenuti paradigmatici delle tensioni sociali che attraversano il quartiere, come avvenuto per la piazzetta di via Mosso o i giardini di via dei Transiti.
La via Padova migrante è così un terreno di lavoro molto interessante per un intervento di rigenerazione urbana, non solo per il quartiere ma anche per la città, e interseca in particolar modo due temi chiave, quello dell'abitare e quello del piccolo commercio.
Il tema dell'abitare aggrega, soprattutto in alcuni comparti fra piazzale Loreto e il cavalcavia, una serie di criticità, legate alla frammentazione della proprietà, al piccolo taglio degli alloggi, alla fatiscenza degli edifici, al sovraffollamento e al degrado degli spazi comuni. Questi fattori in alcuni casi si sono cronicizzati dando luogo a vere e proprie sacche di povertà urbana in contesti privati. La stessa compromissione del costruito ha dato esito negli ultimi anni a un processo di rinnovamento nel patrimonio privato e di attrazione di nuove popolazioni con maggiore capacità di spesa, che rischia di portare da una parte a processi espulsivi delle fasce più fragili della domanda abitativa e dall'altro la polarizzazione per provenienza del patrimonio, andando a disegnare sacche particolarmente marginali laddove il patrimonio abitativo risulta compromesso.
Riaffermare dei percorsi abitativi dignitosi senza che portino a processi espulsivi rappresenta dunque una pista particolarmente importante per la tutela della popolazione presente e che vede già alcune iniziative in campo, come la riqualificazione in

Il.50-51
Il commercio etnico di via Padova.

housing sociale inclusivo dello stabile in via Padova 36 e le diverse iniziative culturali avviate in alcuni cortili della via.
Il tema del commercio su strada prende avvio da un tessuto imprenditoriale vitale, caratterizzato da un elevato numero di vetrine commerciali dislocate lungo via Padova e nelle traverse, dal trend in crescita di esercizi di origine straniera diversamente distribuiti lungo i «segmenti» di via Padova, da un'offerta commerciale in corso di qualificazione e connessa a una domanda sia culturale delle diverse popolazioni straniere che convenzionale da parte di gruppi misti di abitanti. Lungo la via le vetrine commerciali sono diventate così sempre più un tratto riconoscibile e distintivo del quartiere, un elemento sempre più simbolico che attraverso le sue insegne rappresenta nello spazio pubblico la via Padova migrante. Nella relazione propria tra questi spazi e lo spazio pubblico limitato del quartiere, tra la strada e le vetrine, risiede dunque una delle opportunità progettuali più interessanti di rappresentazione, integrazione e dialogo delle comunità.

II.52
Un ballerino sudamericano in un cortile dell'area di via Padova. La foto è stata realizzata nell'ambito del progetto *Internazionale Corazon*.

parla anche di una prospettiva di trasformazione in bilico tra diverse identità e spinte al cambiamento; esprime oggi un forte potenziale che può essere accompagnato e orientato da interventi di rinnovamento puntuali, tesi anche a limitare i rischi di una crescita tumultuosa e poco sensibile alle differenze. Tre sembrano essere gli ambiti di lavoro che si propongono come linee di sviluppo per la rigenerazione urbana.
La prima questione richiama un tema complesso di narrazione territoriale. Come descritto, l'area di via Padova stratifica al proprio interno diverse appartenenze, ciascuna con una propria narrativa più o meno strutturata e mediatizzata, che a propria volta mobilita immaginari e storie e, in alcuni casi, anche scenari di trasformazione urbana. I cosiddetti «baricentri» (i comparti che fanno perno intorno a Casoretto, NoLo, Greco, Turro, Gorla, Cimiano e Crescenzago) rappresentano una cornice di appartenenza ancora alquanto presente fra abitanti e organizzazioni, in taluni casi richiamando una dimensione che mette radici nella storia antica della città, in altri proponendo un riconoscimento più recente ma molto fecondo e condiviso. D'altro canto, intorno all'asse di via Padova, in quanto strada di quattro chilometri intersecata da diverse traverse, è stata nell'ultimo decennio costruita una narrazione interna potente e condivisa sia da abitanti che dalle organizzazioni, basata sulla convivenza interculturale, l'anti-razzismo e l'inclusione sociale. Anche la valorizzazione commerciale della zona attiva via Padova come principale «espediente» narrativo. La via Padova, assai più nota a livello cittadino, rappresenta dunque una seconda rappresentazione per il senso di appartenenza al quartiere. Si ricorda infine una terza cornice che stratifica senso di appartenenza, questa volta più rispetto alle organizzazioni che agiscono sul territorio che non rispetto agli abitanti. Ci si riferisce alle vocazioni territoriali che orientano molte delle progettualità rilevate nell'area e diversificano scenari di competenze ma anche approcci all'intervento territoriale e tendenze possibili della trasformazione del quartiere. Si delineano in questo diverse «cornici dell'appartenenza» al territorio, che a volte si supportano a vicenda e altre si contendono lo spazio del racconto pubblico. L'intervento di rigenerazione urbana può lavorare a ricomporre queste varie geografie identitarie, costruendo spazi di dialogo e confronto nei quali tutte le narrazioni possano essere incluse e rappresentate. In questa direzione la co-produzione culturale è uno strumento in grado di far emergere e valorizzare questa pluralità che preme intorno a via Padova, ma che non riesce a raccontarsi in modo unitario e collaborativo; d'altra parte, sarebbe interessante articolare anche una «arena narrativa partecipata» per raccontare via Padova specificamente nella sua relazione con i «baricentri», così da restituire una narrazione territoriale inclusiva e non parziale.
Un secondo tema riflette, simultaneamente, sulla densità del tessuto urbano che scarseggia di spazi aperti per la socialità, sulla natura episodica degli interventi che tematizzano nuovi spazi pubblici e sulla grande esperienza di cittadinanza attiva che questo territorio esprime in modo peculiare. Questo sguardo consente di individuare una costellazione di piccoli spazi pubblici, per lo più di tipo residuale e dal percepito critico, che potrebbero riconfigurarsi come nuovi elementi di qualità urbana anche tramite processi di risignificazione e riappropriazione da parte di abitanti e organizzazioni. In questa direzione, è utile valorizzare le esperienze di cittadinanza attiva già presenti per il recupero e l'animazione di questi luoghi. Soprattutto in riferimento a una serie di micro-spazi spesso percepiti come degradati o pericolosi, i gruppi di cittadini attivi potrebbero essere coinvolti in processi di rifunzionalizzazione e cura, anche in collaborazione con gli attori che nel quartiere si occupano di inclusione sociale e di creatività. Questi processi peraltro potrebbero prestarsi a consolidare diverse progettualità connesse all'integrazione dei migranti, soprattutto i più giovani. L'attivazione creativa di nuove aree pubbliche per l'aggregazione libera richiama la necessità di creare un tavolo di lavoro con la Pubblica Amministrazione, come peraltro avviene già in altri quartieri con i Patti di Collaborazione[14]. È importante infatti dotarsi di strumenti capaci di mettere in campo sia una visione di sistema sui micro-spazi pubblici per la socialità di quartiere e sia di meccanismi che abilitino gli abitanti a sperimentarsi in una dimensione attiva di co-progettazione e di salvaguardia dello spazio pubblico. Se sostenuto a qualificarsi senza sacrificare la sua «anima di prossimità», anche il sistema commerciale di via Padova, potrebbe rappresentare una leva significativa e diffusa per la rigenerazione del comparto, anche in una prospettiva di attrazione urbana. Non sono pochi, infatti, i ristoranti e le botteghe che sono meta di flussi cittadini, per la qualità o rarità del prodotto offerto; d'altro canto, anche la serialità di esercizi più comuni (piccoli alimentari, parrucchieri, riparazione e vendita di piccola tecnologia, fruttivendoli ecc.) sta alla base di un flusso locale e di circuiti connessi alle comunità di provenienza. Misure che incentivino la diversificazione dell'offerta, l'ibridazione commerciale con funzioni culturali o sociali, la coesione e lo sviluppo di una visione territoriale promossa dal commercio, anche in termini di «social marketing», attecchirebbero in un terreno fertile. Anche la relazione fra commercio e strada rappresenta un campo di interessante sperimentazione: lo spazio pubblico del marciapiede e della via su cui affacciano gli esercizi commerciali si rivela essere un elemento chiave che congiunge, al contempo, sia la funzione di presidio informale, sia la valorizzazione dell'offerta stessa.
Una terza linea propone di ricombinare il tema dell'abitare critico, che è presente sul territorio in modo puntuale ma problematico, con l'emergenza di pratiche che promuovano le relazioni di vicinato. Rispetto

14 Come si legge sul sito del Comune di Milano: «Attraverso i patti di collaborazione per la gestione condivisa dei beni comuni, approvati in via sperimentale con la Delibera n° 461 del 16/03/2018, cittadini attivi, volontari, gruppi informali (comitati e social street e altre forme di aggregazione spontanea di cittadini), associazioni legalmente riconosciute, istituzioni scolastiche, comitati di genitori, fondazioni e imprese promotrici del cosiddetto «volontariato aziendale» possono collaborare con l'Amministrazione nella realizzazione di progetti di gestione, manutenzione, miglioramento e attivazione dei beni comuni urbani: dalle aree verdi, a porzioni di terreno, dagli spazi a piccole installazioni per la pratica di sport» (disponibile on line: www.comune.milano.it/aree-tematiche/partecipazione/patti-di-collaborazione-per-la-gestione-dei-beni-comuni).

II.53
Via Arquà.

II.54
L'ingresso della galleria commerciale tra via Padova e via Paruta.

II.55
Il cortile di via Padova 36, progetto di housing sociale realizzato attraverso il recupero di uno stabile d'epoca. La foto è parte del progetto *Nuova Milano Social Club*.

a questo secondo aspetto, l'ambito di via Padova esprime infatti una potenzialità estremamente interessante per l'intera città: sono in corso di emersione alcune esperienze che si cimentano in nuove forme di abitare collaborativo, talora connesse alla dimensione della vita condominiale, in altri casi a quella degli spazi di lavoro insediati in contesti abitativi[15]. Si tratta di una vocazione emergente che potrebbe divenire una leva preziosa per l'intervento di rigenerazione urbana che ambisce a presidiare da vicino ciò che sta intorno al «tema casa» in senso stretto. Come già osservato, nei caseggiati privati dove le condizioni abitative sono diventate critiche e la tensione sociale è alta, diversi sono gli attori locali che lavorano a creare occasioni di interazione positiva (sia fra condomini, sia con il quartiere) e ad attivare esperienze, anche temporanee, di uso collaborativo degli spazi comuni (ad esempio concerti e teatro nei cortili, ma anche feste, mercatini ecc.). Dall'altra parte, a partire dal contesto di NoLo, si sta insediando nel quartiere una popolazione di giovani e professionisti, che introduce nella dimensione strettamente abitativa anche una gamma di pratiche collaborative volte a instaurare relazioni di buon vicinato (ad esempio, lo studio artistico che ospita una cena condominiale, un terrazzo dove fare cinema all'aperto ecc.). Si tratta in questo caso di situazioni non strutturate in termini di cohousing, ma ricorsive e abbastanza diffuse. Attraverso il progetto di rigenerazione urbana, la sperimentazione di forme di convivenza e di collaborazione fra abitanti consentirebbe di avvicinare, far dialogare e contaminare anche fasce differenti di popolazione attraverso il sostegno di progettualità innovative, creative e animative a supporto dell'abitare di vicinato (ad esempio l'apertura dei cortili come spazi espositivi oppure l'attivazione di micro-servizi di mutuo aiuto e di figure di «animatori di condominio» o «manager di cortile»).
Si tratta di mettere al lavoro un'idea di rigenerazione urbana inclusiva e integrata, in cui la prospettiva sullo spazio (da quello pubblico e comune rappresentato dagli spazi aperti e dalle strade, a quello privato relativo alla casa e al commercio) consolida una costellazione di luoghi, che diventano tali per la loro implicazione diretta nell'esperienza della città e nella costruzione di relazioni di significato, le quali a loro volta definiscono, muovono e intrecciano storie locali e sensi di appartenenza al territorio. Questo intero processo ricompone l'abitare stesso e riporta il progetto di rigenerazione urbana a lavorare sulla produzione culturale della località, una attitudine agente a orientarsi al mondo e ad abitarlo attraverso pratiche situate, le quali lo trasformano mentre apprendono a trasformarlo.

15 È il caso, fra molti altri, di Magazzino76 (spazio espositivo con laboratorio di falegnameria e restauro al civico 78), Via Padova 36 (un progetto di Fondazione Housing Sociale di residenza sociale, corredato di vari servizi all'abitare), Rovereto House & Lab (una location per eventi anche a disposizione degli abitanti del quartiere). Molti sono poi i cortili di via Padova e dintorni animati da iniziative autopromosse, come i concerti di musica lirica in via Padova 31 o il «Natale nei Cortili».

II.56
L'inizio di via Padova da piazzale Loreto.

II.57
Via Padova vista dalla rotonda tra via Predabissi e via Giacosa.

II.58
Il cortile di via Padova 36.

II.59
Un cortile di via Arquà.

II.60
Parrocchia di Santa Maria Bianca della
Misericordia a Casoretto.

II.61
Via Pontano.

II.62
Le ex cucine del parco Trotter.

II.63
Naviglio Martesana.

La periferia della città pubblica in trasformazione

Corvetto: nel tempo delle politiche si ricompone una nuova periferia

Jacopo Lareno Faccini

A dieci minuti dal centro, a un passo dalla campagna – un itinerario

«A dieci minuti dal centro, a un passo dalla campagna». Così potrebbe recitare un ipotetico cartello promozionale alle porte del quartiere Corvetto e non sarebbe pubblicità ingannevole. Dove abito io, nella periferia ovest di Milano, per raggiungere questo lembo di città in bicicletta si fatica, sia che si tagli per il centro, sia che si passi per la circonvallazione, tra piste ciclabili a singhiozzo, pavé e traffico. Oggi ho deciso di seguire i bastioni, costeggiare la Darsena, passare per il rinnovato campus dell'Università Bocconi, fino ad arrivare in corso di Porta Romana. C'è un filo che collega Corvetto con Porta Romana fatto di infrastrutture – la metropolitana gialla (M3) e la lunga pista ciclabile che attraversa tutto il sud-est della città – e di immaginari – dalla mala cantata da Nanni Svampa prima, alla vita di strada messa in rima dalla fiorente scena rap e trap oggi[1].

Da qui cominciano i «dieci minuti» dell'ipotetico cartellone pubblicitario. Una lunga discesa verso il profondo sud della città. Una discesa che non è solo metaforica: arrivati a piazzale Lodi, superata la ferrovia, comincia un lungo falsopiano verso sud. Prima vale la pena fermarsi, per contemplare il paesaggio inaspettato che si apre sullo scalo di Porta Romana. Un lungo fiume verde e acciaio punteggiato da alcune costruzioni segnate dal tempo: riparo e rifugio per molti senza dimora, sede di diversi concerti ed eventi estivi, grande area di trasformazione prevista dall'accordo di programma tra Ferrovie dello Stato, Comune e Regione, Villaggio Olimpico per i giochi invernali del 2026. Uno snodo delle trasformazioni urbanistiche della città. Sul lato opposto si scorge la torre di Fondazione Prada disegnata da Rem Koolhaas a significare che qualcosa, su quella sponda, è già cambiato. Seguendo la ciclabile si percorre corso Lodi, un viale alberato lungo i cui lati si susseguono i momenti di una ricca vita di quartiere: capannelli di ragazzi che chiacchierano bevendo una birra, famiglie che festeggiano organizzandosi su qualche panchina, signore con la spesa che si riposano al sole, gruppi di donne dell'Est che discutono tra loro con gli anziani che accompagnano seduti al fianco. Un lungo palcoscenico di comunità, una lunga piazza di un quartiere poco definito, tra Porta Romana e Corvetto, in cui la prossimità, le relazioni che crea e i supporti spaziali che chiama in causa sembrano ancora contare molto. Quando si scorge il cavalcavia del raccordo autostradale si è giunti a piazzale Corvetto. Un *landmark* del quartiere che ne ha segnato nel tempo l'immaginario, oggi destinato alla demolizione dopo alcuni

1 Basti l'ascolto di *Porta Romana Bella* nella versione di Nanni Svampa (*Milanese - Antologia della canzone lombarda*, 1970) e del brano *Corvetto* del rapper Vacca che recita: «Noi siamo randagi perché abbiamo perso la strada di casa (casa) / Piazzale Corvetto, piazza Gabrio Rosa, piazzale Ferrara (Ferrara). / Tra pozze di sangue e pantaloni a strisce, qui striscia di Gaza (Gaza)» (Alessandro Vacca, album *Don Vacca Corleone*, 2019).

II.64
Ortofoto del quartiere Corvetto-Chiaravalle. Fonte: Google Earth.

tentativi di restyling e riutilizzo temporaneo[2]. Si prosegue lungo la pista ciclabile costeggiando i grandi marciapiedi dove gazebo e bancarelle arricchiscono di vita la piazza, un po' svincolo di grandi arterie, un po' spazio di sosta e incontro. Tra questi c'è il chiosco di Giacomo, che nell'ultimo anno è diventato un simbolo di come piccoli gesti di cura e di relazione siano capaci di riscattare i luoghi, costruirvi intorno nuovi significati, aggregare risorse. Il chiosco è uno spazio ibrido, sia bar che presidio di quartiere, l'espressione di un'impresa personale, quella di Giacomo, supportata da una rete locale vivace che ha eletto questo piccolo spazio, con i suoi tappeti colorati che coprono il marciapiede, gli angoli di libri in regalo e i fiori sui tavolini, emblema di un territorio in cambiamento, che cerca nella relazione il suo riscatto.
Dal piazzale la ciclabile continua passando lungo viale Martini che diviene viale Omero superata piazza Gabrio Rosa. Da questa piazza si scorge sulla destra il quartiere Mazzini, gli storici isolati di Edilizia Residenziale Pubblica[3] che rappresentano nell'immaginario collettivo della città l'intero quartiere. Per molti essere di Corvetto significa essere abitanti di questi caseggiati e molti del Corvetto «di fuori» preferiscono il nome della propria via che quello del quartiere, perché lo stigma ti pesa addosso.
Girando in via Mompiani si entra nel cuore del quartiere popolare e delle sue ferite. Si *entra* perché si percepisce il solco che lo separa dal resto del Corvetto: la monofunzionalità di un tessuto prettamente abitativo, una popolazione mista per provenienza ed età, ma di cui è evidente la medesima appartenenza sociale, edifici dai muri scrostati, lastre che segnano gli appartamenti vuoti e non ristrutturati, ma anche un disegno urbano unitario caratterizzato da un'architettura a corti chiuse della prima metà del Novecento. Abitazioni che mostrano la ricerca per un abitare popolare dignitoso ed emancipante che ha caratterizzato le realizzazioni dell'Istituto Case Popolari Milanese a cavallo tra le due guerre. Il sistema dei cortili, gli spazi collettivi e le dotazioni pubbliche sono un piccolo manifesto dell'architettura dell'epoca.
Passando per via Mompiani alcune aiuole mostrano i segni di una nuova cura, piccoli processi di riappropriazione e attivazione da parte dei residenti, un seme di cambiamento ancora incerto, che si ritrova anche nel Mercato Comunale Coperto di piazzale Ferrara[4] e nello

II.65
Piazzale Corvetto.

II.66
Complesso di Edilizia Residenziale Pubblica Mazzini.

2 Nel 2019 l'Amministrazione cittadina ha promosso una sperimentazione estiva di chiusura del cavalcavia di Corvetto come fase sperimentale prima del suo abbattimento. Durante questa sperimentazione il cavalcavia avrebbe dovuto ospitare nuove funzioni urbane legate alla cultura e alla socialità, poi non realizzate. L'opera dovrebbe richiedere un investimento di 35 milioni di euro, che comprendono progetto di riadeguamento del verde della zona con un doppio filare di alberi e piste ciclabili.
3 Il quartiere Corvetto conta più di 2.200 alloggi popolari concentrati prevalentemente nel quadrilatero denominato Mazzini, stretto tra le vie Polesine, Ravenna, dei Cinquecento e piazzale Gabriorosa.
4 Made in Corvetto è il Punto di Comunità di *Lacittàintorno* in zona Corvetto. I Punti di Comunità sono centri di quartiere che promuovono

II.67
Via Mompiani.

II.68
Viale Omero e la pista ciclabile.

II.69
Parco della Vettabbia, sullo sfondo l'abbazia di Chiaravalle.

II.70
La ferrovia dismessa nel parco della Vettabbia all'ingresso del borgo di Chiaravalle.

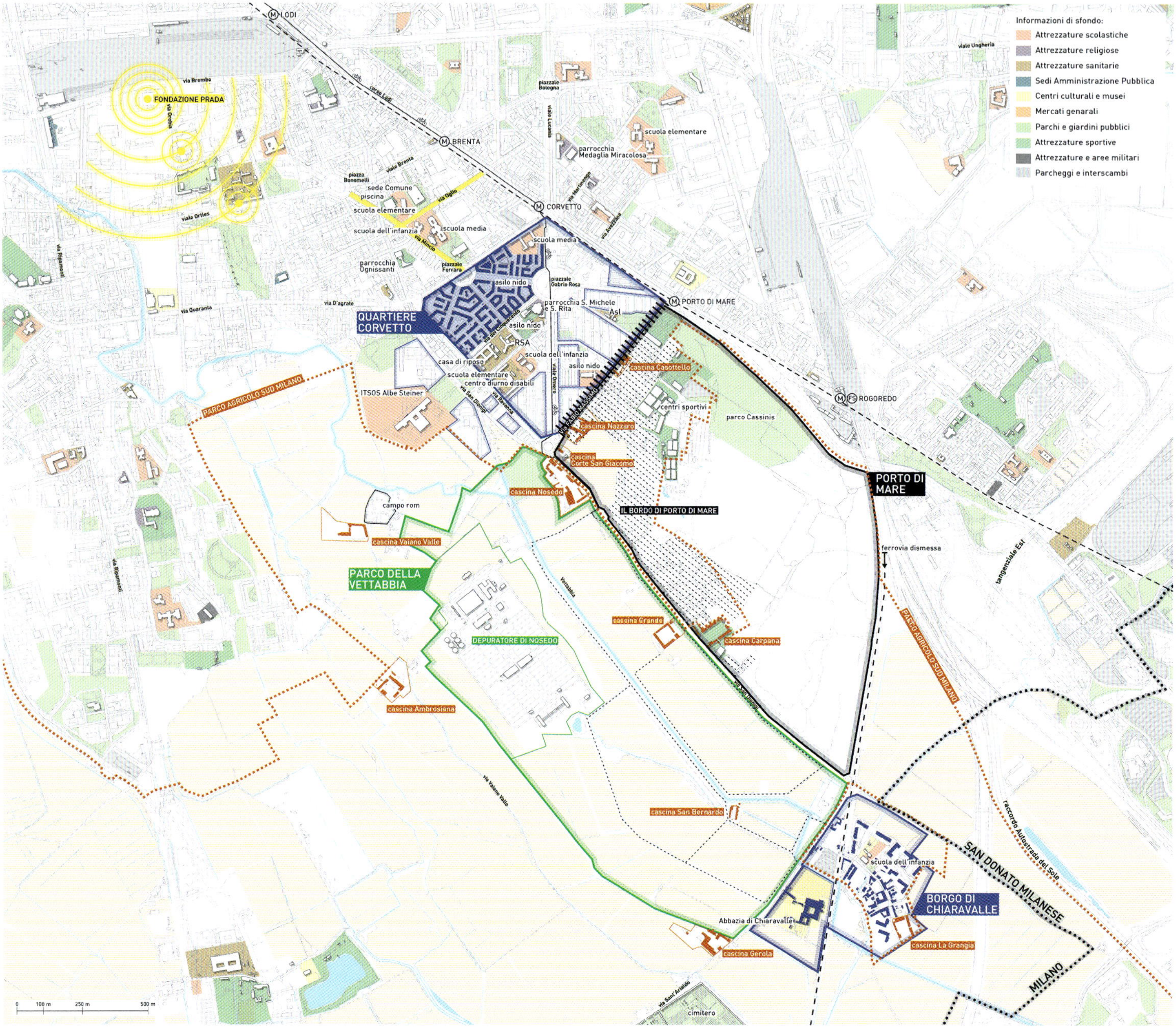

II.71
Rappresentazione generale dei tasselli del quartiere Corvetto-Chiaravalle.

spazio pedonale conquistato dai colori in piazza Angilberto[5]. Da qui si prende la pista ciclabile di via San Dionigi che costeggia i grandi spazi verdi con alte torri grigie di alloggi popolari.
Se ci si volta indietro con lo sguardo, verso lo stretto edificio rurale all'imbocco della via, si vede la grande statua di un Cristo benedicente che sporge da una balconata: «el Cristun de cement», per chi era di città, «el Signurun de Milan» per chi veniva dalla campagna costeggiando un tratto di Vettabbia ora interrato. Un segno misterioso di quando Corvetto era una delle porte della città per chi lavorava i campi della pianura. Non che oggi la campagna sia assente nel paesaggio del quartiere, ma il quartiere guarda verso la città, verso quel filo che lo collega a Porta Romana. Corvetto è ancora «confine», è bordo irrisolto di una città che si scontra, e non si incontra ancora, con la campagna del Parco Agricolo Sud. In questo spazio, in questo limite, c'è una potenzialità ancora latente, sollecitata oggi da numerosi progetti, ma non ancora capace di permeare i suoi spazi e di far girare lo sguardo a chi lo abita verso il sud agricolo. Via Dionigi finisce in una piazza senza nome: a destra Cascina Nosedo, a sinistra la chiesetta e il cascinale di Nocetum. Un attimo prima si era immersi nella periferia urbana densa e dura, cinquecento metri dopo si scopre lo spazio aperto della campagna e i suoi monumenti. Si pedala costeggiando le acque del parco della Vettabbia. Alla sinistra il bordo di capannoni dell'area di Porto di Mare[6], mentre in fondo sulla destra comincia a scorgersi la punta del campanile dell'abbazia di Chiaravalle. La pista ciclabile si interrompe, si prosegue oltre una rotonda e, superato un casale di campagna diventato trattoria, si gira a sinistra in una stretta strada. Appena dopo la curva si è di fronte a una visione spiazzante, una ferrovia senza tralicci né treni che si srotola nella campagna. All'ultima fermata c'era il mare di Genova, una visione onirica e stravagante, uno spazio di immaginazione potente. Questa è Chiaravalle un borgo di poco più di mille abitanti addossato a un'abbazia millenaria, immerso nel parco agricolo dalle tante cascine. Una periferia agricola di Milano a nove chilometri dal Duomo, da cui si possono scorgere i palazzi di Corvetto.

Corvetto, una periferia di tasselli in attesa di politiche

Corvetto è un territorio complesso, in cui si sovrappongono parti dalle diverse vocazioni e «velocità». Un sistema urbano articolato che indagheremo con una profondità di campo utile per riflettere sui diversi significati di periferia che qui co-esistono (fig. II.71). Il principio che ci guiderà è dunque che «c'è una storia dietro ogni formazione sociale e, nelle debite proporzioni, dietro ogni quartiere. Conoscerla e ricostruirla sono condizione per capire le possibilità di trasformazione locale» (Cremaschi 2008, p. 8). Per affrontare questo compito proveremo a leggere la «storia di Corvetto» attraverso un punto di osservazione specifico, quello delle politiche territoriali, nella convinzione che la relazione tra il concetto di periferia e l'azione pubblica sia e debba essere riletto criticamente. In questo percorso proveremo a mettere in luce come la «città pubblica» non sia unicamente quella fatta di case dei grandi quartieri di edilizia residenziale pubblica, ma un sistema eterogeneo fatto di spazi di welfare diffusi (Officina Welfare Space 2012) e di opportunità di politiche pubbliche che rappresenta un tessuto connettivo ben più complesso. La domanda che esploreremo è sia interpretativa – *cosa ci racconta del concetto di periferia questo sguardo sul quartiere* – che progettuale – *quali prospettive per le politiche per la periferia* – con l'idea che la lente locale possa nutrire il dibattito non solo cittadino. Corvetto in questo senso rappresenta un'occasione interessante per la densità di progettualità che negli anni ne hanno disegnato le forme e le traiettorie, in una dialettica mai banale tra l'azione locale e quella istituzionale. A fare da supporto a questo racconto c'è il territorio, i suoi spazi, da cui emerge l'azione di questa variegata articolazione di soggetti, progetti e politiche urbane che qui si sono stratificati disegnando un territorio fatto di tasselli, i cui incastri – le connessioni, le giustapposizioni, le sovrapposizioni – costruiscono oggi una geografia mutevole ma riconoscibile. Un territorio che ci permette di uscire da una lettura dicotomica – tra «il dentro» e «il fuori», centro e periferia, città e campagna, problema e risorsa – per comprendere la profondità e la complessità che può assumere il concetto di periferia. In questo senso, prima di addentrarci nel suo racconto «attraverso le politiche», sembra necessario richiamare alcune caratteristiche costitutive di questo territorio e della sua relazione con l'azione delle politiche urbane.
In primo luogo Corvetto non è la periferia isolata urbanisticamente di tante rappresentazioni stereotipate e per questo ci permette di scardinare e di riordinare alcuni elementi che connotano questa definizione. È un territorio accessibile, su cui si innestano importanti nodi del sistema autostradale così come della rete ferroviaria, grazie alla

---

servizi e attività culturali, aggregative, formative, orientate al lavoro e alla cittadinanza attiva. Made in Corvetto nasce in piazzale Ferrara a Milano all'interno del Mercato Comunale Coperto promuovendo una cucina di comunità e un punto di aggregazione dedicato alla bicicletta e alla mobilità sostenibile.

5 Piazza Angilberto è uno dei primi esempi di «urbanistica tattica» promossi dal Comune di Milano. Si tratta di progetti leggeri, a carattere parzialmente temporaneo, che attraverso pochi elementi di arredo urbano e colorazioni a terra ridefiniscono usi e geometrie dello spazio pubblico. Nel caso di piazza Angilberto uno spazio prima carrabile è stato delimitato e trasformato in un'isola pedonale con sedute e tavoli da ping-pong in cemento.

6 Porto di Mare è così denominata per il susseguirsi, a partire dal 1917, di progetti che ne volevano fare la nuova darsena di Milano. Oggi, decadute le ipotesi di navigabilità e di trasformazione complessiva, si presenta come una grande area composta da diversi elementi che ne determinano il carattere di bordo, di margine spesso e complesso, in cui diverse fragilità spaziali si giustappongono. Da anni quest'area è al centro dell'attenzione pubblica per problemi di microcriminalità e fragilità sociali connesse all'uso di oppiacei a cui si aggiunge un'emergenza ambientale, in riferimento allo stoccaggio di rifiuti nocivi e materiali tossici.

presenza della stazione F.S. Milano-Rogoredo, collegata al centro città dalla linea metropolitana M3. Infrastrutture che oggi rappresentano anche importanti occasioni territoriali, come lo scalo ferroviario di Porta Romana, che proiettano questo settore della città verso nuove relazioni di scala regionale. Tra questi c'è il tassello di Porto di Mare, un'area che rappresenta il lascito del grande progetto urbano mai realizzato che nel tempo ha ospitato funzioni e pratiche sociali respinte dalla città[7]. Quest'area rappresenta oggi uno «spazio in attesa» di grandi funzioni urbane di interesse strategico capaci di trasformare radicalmente l'area. Nel frattempo è divenuto teatro di una sperimentazione di cittadinanza attiva[8], che sta dimostrando la rilevanza dell'azione locale partecipata anche su processi di larga scala, pur nel problematico confronto con domande sociali dal difficile trattamento, spesso destinate dalle politiche urbane a processi di espulsione non risolutivi.
Corvetto è dunque un territorio attraversato da processi di scale differenti, dove il locale rappresenta un palinsesto dei fenomeni, ma non è sufficiente per spiegarne e capirne la forma (Purcell 2006). Una periferia che ci permette dunque di uscire da una visione ripiegata nella retorica del quartiere pur riconoscendone il ruolo e la forma. In questa prospettiva estesa il Corvetto che considereremo è un'ampia porzione di città densamente popolata, che ospita più di 36.000[9] residenti dai profili sociali articolati, in cui la componente straniera, più di 9.000 abitanti, rappresenta nell'intero ambito oltre il 25% della popolazione (la media cittadina si attesta intorno al 19%), con una crescita di oltre 10 punti percentuale in appena dieci anni. Un fenomeno diffuso nell'intero settore non unicamente connesso alla presenza di edilizia pubblica (cfr. *infra*, pp. 104-105). Un quartiere giovane con una concentrazione alta di popolazione tra i 20-39 attirata dai nuovi sviluppi a sud dello scalo di Porta Romana che si salda, attraverso lo spazio aperto del parco della Vettabbia, al borgo di Chiaravalle. Lo storico borgo è stato per lungo tempo un tassello ai margini dello sviluppo urbano e delle sue traiettorie: una periferia geografica ed esistenziale della città di Milano, separata dalla sua rinomata abbazia dal tracciato ferroviario oggi in disuso. Qui negli ultimi dieci anni si sono attivate nuove energie che stanno attirando rinnovate risorse e competenze. Ne sono traccia visibile le molte riconversioni e ristrutturazioni del patrimonio storico, così come la vivacità della comunità locale trainata da un gruppo di professionisti e residenti[10] che ne sta ridefinendo gli immaginari cittadini. Un nuovo baricentro al confine che rimette in discussione le polarità di questo complesso settore urbano.
Corvetto è anche un territorio dal duplice volto: da una parte la città dai netti confini del costruito, dall'altra parte l'affaccio sulla campagna. La componente agricola, articolata e complessa, sta affrontando nuove sfide e acquisendo un ruolo sempre più centrale in questo settore. È il tassello del parco della Vettabbia, uno spazio dove il disegno dei campi, il reticolo idrico con al centro l'omonimo canale e il sistema sparso delle cascine (alcune in fase di riqualificazione) costituiscono una complessa struttura. Si tratta di uno spazio entro le cui maglie si snodano anche sistemi e funzioni non più prettamente agricoli come il depuratore di Nosedo che costituisce un grande oggetto urbano di rilevanza ecologica e culturale per l'intera città. Centrale è il ruolo delle cascine, molte delle quali inglobate nel tempo dal costruito lungo la linea di bordo del quartiere stesso: esse rappresentano un patrimonio storico, in cui la vocazione agricola originaria ha lasciato spazio a un articolato sistema di funzioni e in cui il lungo sottoutilizzo degli impianti si sta configurando come un'opportunità per introdurre nuove attività di rilevanza cittadina.
Infine c'è il Corvetto dell'Edilizia Residenziale Pubblica (ERP). Il quartiere Mazzini rappresenta infatti uno dei principali quartieri ERP della città, dove sono riconoscibili molti degli elementi comuni dei grandi comparti di edilizia pubblica cittadina e della loro traiettoria evolutiva: abbandono edilizio, scarsa qualità dello spazio pubblico, presenza e ipercontrazione di profili fragili (cfr. *infra*, pp. 104-105). Mazzini è paradigmatico della città pubblica anche per la presenza di funzioni collettive che ne costituiscono l'ossatura a partire dalla chiesa di San Michele e Santa Rita, importante presenza nel quartiere e testa di una spina di servizi che definisce un particolare settore del rombo di Corvetto, composto dall'oratorio della parrocchia, dal centro diurno per disabili, dalla casa di riposo, dalla RSA e soprattutto da alcune scuole (asilo nido, scuola dell'infanzia e scuola elementare). È proprio la filiera dei servizi scolastici che più di tutte mostra oggi i segnali di segregazione urbana (Guevara, Karenina 2018) che stanno contribuendo a rafforzare i confini sociali ed esistenziali (Oberti, Préteceille 2017) di alcune delle famiglie del comparto ERP, rafforzando

---

7 Ci si riferisce sia a funzioni riconosciute come quella della grande area, ora chiusa per un contenzioso legale, della discoteca Karma sia alle vicende che hanno caratterizzato le aree incolte a ridosso della ferrovia, note come «Boschetto di Rogoredo», diventate negli anni la principale piazza di spaccio e di consumo di oppioidi nel territorio della provincia di Milano.

8 L'area è affidata all'associazione Italia Nostra fino al 2022, per realizzare un progetto di riqualificazione, gestione e presidio, secondo il modello sperimentato con successo al Boscoincittà, al parco delle Cave e al parco Segantini.

9 I dati prendono come unità di riferimento il NIL Corvetto e sono elaborati a partire dal database anagrafico del Comune di Milano. Si veda il sito: sisi.comune.milano.it/.

10 Terzo Paesaggio è un'associazione culturale senza scopo di lucro, creata nel 2015 da un gruppo interdisciplinare di giovani professionisti, che hanno condiviso l'interesse per l'idea del «paesaggio come luogo di relazioni». Il suo obiettivo è promuovere e fornire servizi e iniziative per la rigenerazione delle aree suburbane, sperimentando una metodologia di lavoro chiamata progetto performativo per attivare le comunità locali. Si veda il sito: www.terzopaesaggio.org.

i *solchi simbolici* che dividono Corvetto dalla città. Se quindi nei servizi scolastici e per l'infanzia si gioca una sfida territoriale particolarmente rilevante per questa periferia, allo stesso modo appare interessante guardare alla sua corona per riconoscere processi territoriali peculiari che inquadrano alcune dinamiche territoriali significative. Questa città a nord a cui si aggancia Corvetto attraverso le sue piazze – Angilberto, Ferrara e l'omonima Corvetto – si distingue per un maggiore mix abitativo e sociale, in cui all'alta presenza di abitanti stranieri fa seguito una popolazione giovane italiana con alti tassi di istruzione. Un'area questa fortemente dinamica e in trasformazione dove, anche a partire dalla riconversione di un'antica distilleria a opera della Fondazione Prada, si stanno succedendo diverse operazioni di riqualificazione del tessuto esistente che stanno attirando una popolazione qualificata di giovani professionisti. Ancora una volta Corvetto mostra la sua complessità, il suo essere soglia e connessione tra spinte differenti: a sud le nuove dotazioni, anche di carattere sociale, dei territori periurbani e l'irrisolto Porto di Mare; a nord le spinte urbanistiche della città in trasformazione che costituiscono sia un'opportunità di nuove connessioni, sia un rischio di inasprimento dei processi di polarizzazione urbana.

Corvetto come territorio di sperimentazione per le politiche pubbliche

Corvetto è un interessante osservatorio sulle politiche urbane dove progetti e programmi di sviluppo urbano si sono intrecciati riconfigurando e risignificando la natura di «margine» nel corso delle diverse stagioni delle politiche (Pasqui 2018). Dal grande progetto di Porto di Mare mai realizzato, ai progetti di espansione urbana attraverso l'edilizia pubblica nella prima metà del Novecento e del periodo della ricostruzione post bellica, fino al grande intervento del parco della Vettabbia, i progetti e gli interventi pubblici che nel tempo si sono sovrapposti raccontano di un territorio interessato, da un lato, da trasformazioni lunghe e complesse e, dall'altro, da progettazioni più minute e a carattere sperimentale: un territorio paradigmatico per riflettere su come le politiche urbane abbiano plasmato il concetto di periferia e come la loro traiettoria di sviluppo in un preciso territorio possa oggi suggerire un possibile valore operativo a questo concetto (Petrillo 2013). Ripercorreremo dunque questo sentiero nel «tempo delle politiche» per provare a ricomporre un quadro utile per orientarne oggi l'azione.

La nascita di un quartiere: la periferia come espansione della città. Come nasce un quartiere? Una domanda a cui probabilmente non si può rispondere, perché ci troveremmo di fronte a dover decidere se raccontare la genesi di uno spazio, di una comunità o del loro complesso intreccio, provando a trovarne un principio iniziatore in una difficile operazione «archeologica urbana» che non vuole essere l'oggetto di questo percorso nelle politiche. Allo stesso tempo se si dovesse trovare

II.72-73
Foto storiche del quartiere ERP Mazzini.

TRACCE DI POLARIZZAZIONE A CORVETTO

Quanti confini attraversano una periferia? Raccontando Corvetto si è voluto superare un approccio descrittivo dicotomico che rafforzasse delle dinamiche oppositive tra i diversi tasselli costitutivi di questa periferia. Si è voluto in qualche modo rappresentare una geografia in movimento, che si compone di nuclei specifici e riconoscibili i cui limiti sono però mutevoli, sono «bordi spessi» che a seconda dello sguardo, del centro che scegliamo, possono espandersi o ritrarsi. In questo senso le cascine che punteggiano il limite del costruito sono simultaneamente risorse spaziali per il quadrilatero popolare e agganci urbani del tassello del parco della Vettabbia. Allo stesso modo il sistema dei servizi di via Mincio rappresenta sia l'espansione a nord della città pubblica del quartiere Mazzini, sia una dotazione qualificante per l'area in trasformazione a sud dello scalo di Porta Romana. I confini, se determinati attraverso uno sguardo progettuale, sono variabili, sovrapponibili, mobili e spessi.
I confini che attraversano un territorio sono però molteplici e alcuni di questi compongono geografie rigide di separazione, sovrapponendosi e definendo solchi spaziali che intersecano le morfologie specifiche dello spazio costruito con la spazializzazione di processi sociali a diverse scale. Questi fenomeni sono rari nelle nostre città in cui le strategie patrimoniali, di istruzione e professionali della classe media urbana hanno favorito un buon grado di *mixité* (Le Galès 2002) limitando gli effetti di polarizzazione urbana tipici di altri contesti. Oggi però è necessario riguardare alle nostre città con quello sguardo critico perché quei processi che a inizio millennio sembravano ancora deboli segnali – dall'emergere di nuove povertà connesse all'immigrazione alla contrazione dei sistemi di welfare – hanno attraversato una forte accelerazione nell'ultima decade intrecciandosi con la crisi economica del 2007 e la finanziarizzazione del comparto immobiliare specie nella città di Milano. Questi processi stanno determinando delle geografie sociali sempre più precise con tracce evidenti di fenomeni di polarizzazione urbana (Sassen 2008), cioè di concentrazione nello spazio della città di cluster di popolazioni tanto omogenee al loro interno quante differenziate tra i cluster (Esteban, Ray 2007). Il territorio urbano diventa quindi lo spazio fisico e sociale nel quale le diseguaglianze si cristallizzano, formando aree in cui si concentrano gruppi, individui e famiglie, in larga parte deprivati socialmente e in condizioni di marginalità economica (Agustoni, Giuntarelli, Veraldi, Tacchi 2007). Non si deve però considerare unicamente il fenomeno nella sua dinamica di concentrazione dei profili fragili, ma anche il suo sviluppo verso l'alto: la polarizzazione di profili alti della domanda abitativa entro precisi confini fortemente marcati nelle nuove trasformazioni urbane.
Come questi fenomeni stanno attraversando lo spazio urbano di Corvetto? Quali confini stanno tracciando? Corvetto rappresenta in questo caso un esempio interessante di come (e se) questi processi stiano attraversando la periferia milanese. In questo senso lo sguardo ravvicinato a una periferia ci permette infatti di indagare il fenomeno nella sua peculiarità micro-locale e di riconoscerne gli intrecci con i confini delle politiche, mettendo in luce quei caratteri spaziali che possono determinare dei recinti identitari. Le rappresentazioni di questo box sono state sviluppate georeferenziando alcune variabili sociali e demografiche elaborate a partire dal censimento Istat 2011 alla scala minima di aggregazione: la particella censuaria. Questa operazione sebbene rappresenti un'operazione semplice, quasi preliminare, mette in luce alcune questioni interessanti che possono orientare una prima riflessione. La prima riguarda i processi di concentrazione a scala micro-locale della popolazione straniera. In questo caso emerge una porzione di città in cui il fenomeno migratorio è caratterizzante non solo del quartiere di ERP Mazzini (fig. II.74). In particolare emerge come gli assi di corso Lodi e di via Mincio rappresentano un territorio in cui diversi abitanti di origine straniera hanno trovato una localizzazione favorevole – con quote anche del 70% di abitanti sul totale della popolazione – per la presenza di patrimonio in locazione e per i valori immobiliari accessibili. Una prima immagine di questa periferia che in parte riarticola alcune letture stigmatizzanti del comparto ERP che, in questa specifica prospettiva, si inserisce in una dinamica più ampia che caratterizza l'intero settore. I confini e i solchi spaziali possono però variare a seconda della variabile attraverso cui vengono osservati. Mettendo al centro della rappresentazione la variabile della popolazione laureata la città cambia e disegna in negativo dei confini precisi. È un'immagine particolarmente significativa perché rende evidente lo stacco tra il quartiere Mazzini, in cui la soglia di laureati è sotto il 10%, e la città circostante (fig. II.75).
Inoltre permette di evidenziare una caratteristica peculiare dell'area subito a sud dello scalo di Porta Romana: la presenza di abitanti altamente qualificati richiamati dalla rinnovata vivacità della zona a nord di via Mincio, influenzata dai nuovi sviluppi urbanistici e dalla presenza di *stakeholder* cittadini come Fondazione Prada. Sviluppi i cui effetti non sono ancora completamente visibili nei dati qui presentati, date le molte trasformazioni che hanno attraversato il territorio nell'ultimo decennio.
Emerge così una prima evidenza degli esiti della traiettoria evolutiva di parte dei quartieri di edilizia pubblica cittadina, in cui all'abbandono edilizio di alcuni stabili si sovrappone la concentrazione di profili multiproblematici. Un territorio quello del quadrilatero di Mazzini che i dati descrivono come abitato da diverse fragilità: dalla popolazione anziana sola, alle famiglie numerose. Un recinto spaziale netto che conferma la presenza di due traiettorie divergenti tra la città in trasformazione a sud dello scalo di Porta Romana e il quartiere di edilizia pubblica. Un fattore che evidenzia il processo di distanziamento dei gruppi sociali all'interno dello spazio urbano (Ranci 2010), in cui si corre il rischio di costruire carriere sociali differenziate a seconda del quartiere abitato, con differenze sostanziali anche tra ambiti spazialmente prossimi. Questo fenomeno è ancora più rilevante se si considera la densità di minori presenti nel quartiere con picchi del 20% all'interno di alcune sezioni di censimento per la fascia 0-9. È infatti sui minori che si gioca oggi una delle sfide più importanti in questi territori, in cui i fattori di polarizzazione urbana stanno fortemente influenzando il funzionamento dei servizi scolastici. Qui le scuole primarie e le secondarie di primo grado stanno infatti vivendo dei fenomeni segregativi sempre più consistenti (Guevara, Karenina 2018), rinforzando i confini immateriali del quartiere di edilizia pubblica rispetto al suo interno e definendo percorsi di vita sempre più pesantemente caratterizzati dal quartiere di appartenenza.

II.74
Popolazione residente di origine straniera sul totale della popolazione residente. Fonte: Istat e Anagrafe comunale.

II.75
Popolazione residente laureata sul totale della popolazione residente. Fonte: Istat e Anagrafe comunale.

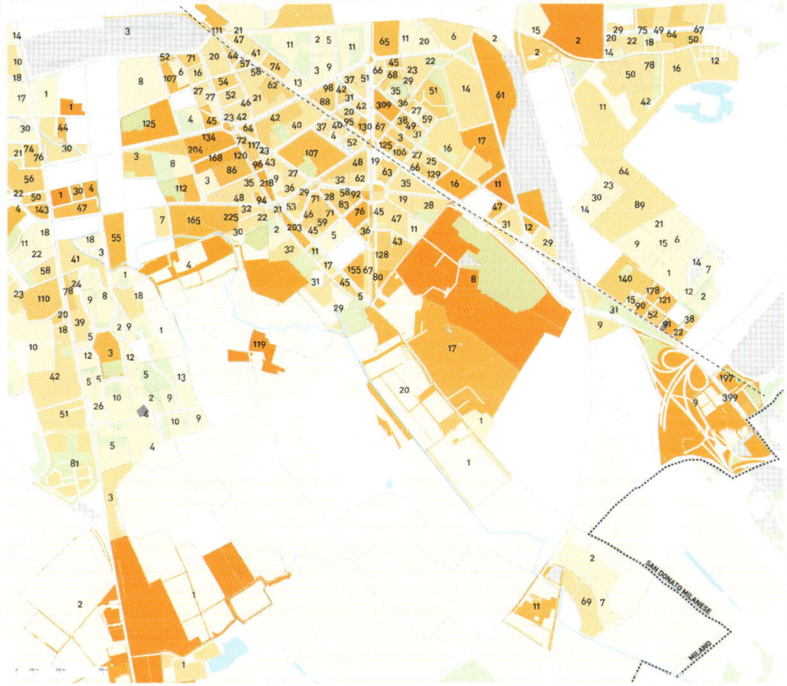

Abitanti di origine straniera (%):
- 70% - 100%
- 45% - 70%
- 30% - 45%
- 18% - 30%
- 8% - 18%
- 0,3% - 8%
- n Numero assoluto

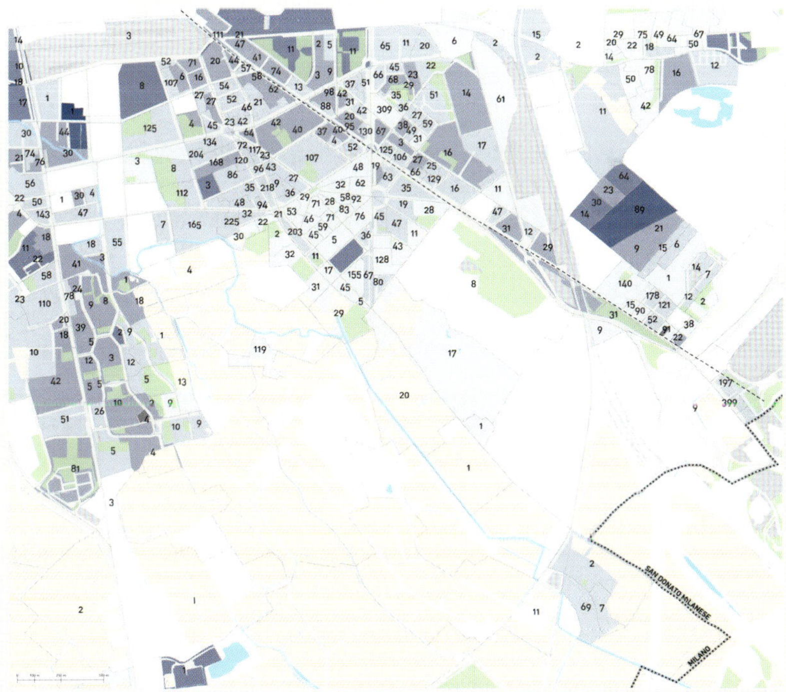

Popolazione laureata (%):
- 65% - 100%
- 40% - 65%
- 30% - 40%
- 20% - 30%
- 10% - 20%
- 0,5% - 10%
- n Numero assoluto

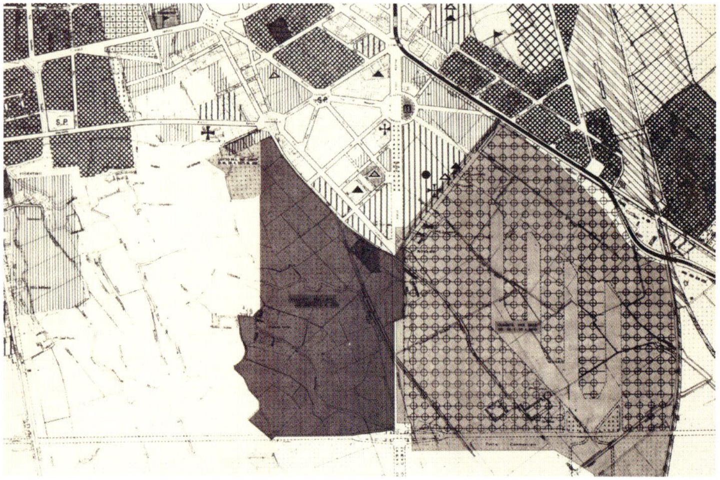

II.76
Estratto dell'area di Corvetto nel PRG del 1953.

II.77
Estratto dell'area di Corvetto nella Variante al PRG del 1953 approvata nel 1980.

un inizio per la storia del quartiere Corvetto, si può rintracciarlo nella testa degli urbanisti di inizio Novecento, quando la città era in espansione e il disegno delle sue vie ne ordiva lo sviluppo. Più precisamente il quartiere compare nelle tavole urbanistiche come risposta a un susseguirsi di ipotesi di localizzazione della nuova darsena commerciale (Oliva 2002) che avrebbe dovuto sorgere, secondo le previsioni del Piano Pavia-Masera (1910-1912), dove oggi si sviluppa il rombo di Corvetto. A disattendere questa previsione è lo stesso Comune che durante gli anni della crisi economica, dalla fine della Grande Guerra ai primi anni di governo fascista, darà priorità alla crescita della città con interventi abitativi su aree comunali realizzate dall'Istituto Case Popolari. Alcuni di questi sono «quartieri testa di ponte» (Boatti 2006), quartieri nati ai limiti della città, spesso in aperta campagna, con la funzione di incentivare lo sviluppo immobiliare nelle aree, ormai divenute urbane, tra i nuovi quartieri pubblici e la città consolidata. Tra questi c'è il quartiere Regina Elena, poi denominato Mazzini, edificato a partire dal 1925. È il maggiore tra i grandi interventi realizzati tra le due guerre (Infussi 2011) e impone un cambiamento al vecchio piano, spostando più a sud l'area prevista per il porto commerciale. La modifica sarà registrata dal Piano Albertini (1933-1934), che collocherà la nuova darsena nell'area ancora oggi denominata Porto di Mare, caratterizzando lo sviluppo (e le attese) del quartiere sino ai giorni nostri. A questo impianto si andrà poi nel primo dopoguerra a inserire il raccordo autostradale con il cavalcavia di piazzale Corvetto, previsto con il Piano Regolatore Generale del 1957 e realizzato nel 1960. Proprio da questo disegno infrastrutturale nasce la natura di margine di Corvetto. Mentre i lotti tra lo scalo di porto Romana e il quartiere Mazzini si andavano a saturare, la ferrovia, l'autostrada, il grande spazio in attesa di Porto di Mare e lo spazio agricolo confermato nei vari strumenti di piano hanno fatto di Corvetto un affaccio sul limite sud di Milano stretto tra le infrastrutture cittadine. È proprio l'area agricola che diventa, tra gli anni Settanta e gli anni Duemila, l'oggetto delle più importanti trasformazioni del territorio e delle politiche urbane pubbliche: l'aggiunta di nuovi edifici ERP, le torri di via San Dionigi, negli anni Ottanta, e la struttura dell'ITSOS A. Steiner negli anni Novanta hanno costituito le principali trasformazioni di fine secolo. Un lungo periodo di consolidamento, ma anche di attesa per la trasformazione di Porto di Mare mai avvenuta. A differenza di altre aree in cui nel susseguirsi dei processi di espansione edilizia sono sostituiti dai primi piani di riconversione dei tessuti industriali, l'area di Corvetto, esclusi gli interventi degli anni Novanta di natura fortemente pubblica, rimane pressoché invariato dalla fine degli anni Sessanta fino ai primi anni Duemila (figg. II.76-77).

La stagione dei programmi d'area in Corvetto: una nuova centralità per la città pubblica. È tra la fine degli anni Novanta e gli inizi degli anni Duemila che la città smette di espandersi e il fulcro dei progetti diventa così l'esistente (e la sua riconversione), entro cui si demarcano precisi campi spaziali di intervento. In Corvetto si apre una stagione di importanti

politiche pubbliche di trasformazione territoriale che durerà un decennio con il Contratto di Quartiere II Mazzini e la realizzazione del parco della Vettabbia. Due progetti che affrontano questioni molto differenti, ma che sono accomunati dalla centralità del soggetto pubblico, da un approccio d'area marcato che indentifica confini precisi dell'intervento, dall'azione trasformativa su tessuti – uno di natura urbana e uno di natura agricola – consolidati attraverso l'introduzione di nuove funzioni urbane e riqualificando quelle esistenti. In entrambi i casi gli interventi spaziali e infrastrutturali rappresentano il cuore progettuale, intorno a cui si sviluppano azioni tese a costruirne il significato sociale e a rafforzarne l'impatto territoriale, superando, seppur fragilmente, il puro approccio spazialista. È la cosiddetta stagione delle politiche integrate *area-based* (Briata, Bricocoli, Tedesco 2009) che all'interno di perimetri definiti integrava nello stesso apparato progettuale azioni di carattere sociale e partecipativo, con una forte attenzione alla definizione di nuove funzioni. È in questo contesto culturale che si riafferma la questione della periferia all'interno del paradigma dei *Quartiers en Crise* (Rossignolo 2020), operando nei fatti una sovrapposizione tra due piani: la questione delle periferie e l'unità del quartiere, inteso sia come ambito problematico, sia strumento di azione per le politiche urbane. La nozione di quartiere è precisamente spazializzata e poco connessa con la città, confinata e sovrapposta con i quartieri di Edilizia Residenziale Pubblica (Cremaschi 2008). Un ripiegamento dell'azione delle politiche urbane (Palermo 2004) probabilmente dovuto a una interpretazione utilitaristica in un periodo di disinvestimento pubblico nell'ERP[11]. Viene in questo senso operato un ulteriore fraintendimento comprimendo il progetto di sviluppo locale per i quartieri fragili sulla necessità di recupero edilizio (Tosi 2008). È su questi presupposti che tra il 2004 e il 2005 si avvia il Contratto di Quartiere II Mazzini, uno dei cinque progetti che caratterizzeranno le politiche per le periferie nei dieci anni a seguire. Un programma ancora in via di completamento[12] che si va a sovrapporre oggi alla nuova stagione di politiche pubbliche che stanno interessando l'area di Corvetto. Nonostante le fragilità del panorama delle politiche urbane *area-based* lombarde, il progetto di Corvetto ha messo in campo azioni di trasformazione territoriale integrandole con le politiche di coesione sociale, aprendo a piani di collaborazione tra settori della Pubblica Amministrazione prima poco esplorati. Il progetto deve la sua natura sperimentale e integrata alle azioni che hanno affiancato il recupero degli edifici: il Laboratorio di Quartiere, il sostegno alle nuove imprese di vicinato e i percorsi di qualificazione professionale. Nonostante un investimento di risorse limitato rispetto al progetto infrastrutturale, il Laboratorio di Quartiere ha rappresentato uno spazio di informazione e attivazione istituzionale degli abitanti, una mite innovazione nel panorama delle politiche urbane in Italia. Pur avendo mancato in parte il compito di costruire un sistema di partecipazione locale a supporto della politica – come è stato sottolineato per altre esperienze di Contratto di Quartiere (Coppola 2010; Savini 2010) –, nel caso del quartiere Mazzini il percorso del Laboratorio di Quartiere ha permesso di dare corpo nel tempo a una rete di quartiere dal carattere fortemente locale capace di fare dialogare organizzazioni di volontariato e terzo settore con gruppi di abitanti attivi. Un percorso, che come si vedrà in seguito, rappresenta una delle premesse per lo sviluppo della stagione di politiche in corso. Sono però gli interventi fisici sul patrimonio che hanno assorbito la maggioranza delle risorse attraverso la riqualificazione edilizia di alcuni edifici residenziali e una nuova edificazione non ancora terminata in piazza Ferrara che, dopo numerose vicende connesse al suo abbandono ancora in fase di cantiere, ospiterà nel breve futuro un pensionato per studenti gestito dal Politecnico di Milano.
I tempi lunghi pesano oggi su una politica pubblica che ha visto nella «straordinarietà» dell'intervento edilizio uno degli elementi di maggior fragilità. Con il Contratto di Quartiere si è però chiusa la stagione delle politiche unitarie e integrate di riqualificazione urbana che hanno avuto al centro l'ERP. Una stagione che ha portato all'interno del panorama delle politiche urbane diversi elementi che oggi permangono come interrogativi aperti: la definizione di quartiere, il rapporto tra politiche abitative e politiche integrate, il tema dell'attivazione territoriale e del ruolo degli abitanti all'interno dello sviluppo delle politiche territoriali.

Una nuova stagione di politiche in definizione. Uno dei lasciti principali della stagione *area-based* è la riacquisita centralità del quadrilatero di Mazzini all'interno del sistema territoriale come baricentrico sia degli investimenti pubblici, sia del processo di territorializzazione delle politiche sociali (Bifulco 2015; Vitale 2007), divenendo nei fatti uno spazio di snodo delle reti progettuali tanto fisico quanto metaforico. La chiusura di questa prima fase di politiche, ha visto l'ingresso di un set più articolato di risorse e progetti, la cui ricostruzione in forma di politica unitaria per la periferia costituisce più un'operazione ex-post che un intento iniziale. Si tratta di progetti fortemente improntati all'attivazione delle reti e alla valorizzazione delle risorse esistenti – ambientali, agricole, culturali e del patrimonio edilizio sottoutilizzato. Progetti che si inseriscono sempre di più in una dimensione minuta volta al recupero piuttosto che alla sostituzione, che definiscono sistemi complessi di azioni diffuse sul territorio, piuttosto che attività concentrate. Un panorama frammentato che più volte si è cercato di ricondurre a posteriori entro cornici di senso unitarie, come è stato per Corvetto il Piano Periferie prima e il Piano

11 Il sistema dell'ERP si reggeva parzialmente anche sul sistema di finanziamento Gestione Case Lavoratori istituito con la legge n. 70/63 che, sostituendo l'INA-Casa, costituiva un fondo per la costruzione di case per i lavoratori con contributi versati da imprese e lavoratori. La quota a carico dei lavoratori viene soppressa nel 1996 mentre quella a carico delle imprese viene abolita nel 1998. Con la chiusura dei fondi Gescal, si chiude la stagione dei finanziamenti ordinari per l'Edilizia Pubblica. I Contratti di Quartiere II, sono finanziati parzialmente ancora con i residui dei fondi, parte dei quali – 970 milioni – risultano ancora non spesi dalle Regioni.
12 Secondo lo stato di attuazione del luglio 2019 solo il 56% degli alloggi e il 78% delle opere previsti è stato ultimato (Regione Lombardia 2019).

Quartieri poi. Piuttosto che soffermarci su questi strumenti ombrello, sembra interessante ricostruire attraverso una prospettiva locale quali famiglie di progettualità in corso stanno emergendo, quali territori stanno interessando, quali attori sono sollecitati e quali tematiche ne emergono per poi provare a trarre alcune considerazioni su questa nuova stagione di politiche.

Il periodo recente vede infatti un'articolazione complessa di progettualità che si condensano nel settore urbano di Corvetto disegnando due principali vocazioni territoriali: la prima riguarda la rideclinazione dello spazio agricolo come spazio periurbano a supporto di funzioni di cerniera tra i diversi tasselli di Corvetto, sviluppando progettualità educative, imprenditoriali e dedicate al tempo libero (Torri 2018); la seconda si sta definendo invece intorno alle tematiche dello sviluppo locale e dell'inclusione sociale a base territoriale, declinando gli interventi, in alcuni casi anche storici, all'interno delle emergenti retoriche della rigenerazione urbana a base culturale. Questa seconda famiglia raccoglie in parte l'eredità della precedente stagione di politiche: ha come fulcro d'azione il quadrilatero popolare e mostra una forte caratterizzazione spaziale, ma differentemente dalla precedente stagione la dimensione spaziale è l'esito della ricomposizione di micro-progettualità che prediligono gli spazi interstiziali, lavorando sulla risignificazione e sul riutilizzo piuttosto che sul grande contenitore, sulla partecipazione intesa come attivazione diretta piuttosto che deliberazione.

In entrambe le famiglie si tratta di progettualità, più che politiche, che fanno emergere una rete territoriale a più livelli mostrando un protagonismo marcato dei soggetti locali del non profit e dei soggetti della cooperazione sociale, capaci di attivare la conoscenza del contesto come risorsa cardine di progetto. Una stagione questa che interroga fortemente il senso delle politiche per le periferie segnando uno scarto sostanziale dalle sperimentazioni *area-based*. Ne emerge in particolare un ruolo anticipatore delle reti locali rispetto alle politiche che sembrano chiamate in causa soprattutto con una funzione di riconoscimento più che con un ruolo di indirizzo strategico. Questa stagione inoltre mette in luce una dinamica di superamento e ricomposizione dei diversi tasselli territoriali poiché i diversi progetti si snodano trasversalmente a questi. In tal senso questa stagione sembra indicare un ruolo ricompositivo per l'azione pubblica, capace di riconoscere le diverse condizioni di perifericità che si giocano variabilmente all'interno dello spazio urbano. Una prospettiva ancora poco tematizzata dall'attore pubblico che indica delle piste di lavoro interessanti per lo sviluppo delle politiche urbane (figg. II.78-80; cfr. *infra*, pp. 110-111).

Politiche urbane emergenti: la centralità dei network e il nodo irrisolto dell'Edilizia Residenziale Pubblica

La storia di politiche di Corvetto mette in luce come il concetto di periferia non si esaurisca nella nozione di quartiere, ma possa costituire una prospettiva che lo interroga e lo sollecita e di cui il quartiere ne è probabilmente una delle dimensioni rilevanti (Annunziata 2008). Questa tensione concettuale sembra essere costitutiva dei nuovi interventi che sollecitano i territori favorendo una dimensione fortemente locale del progetto, ma che al contempo definiscono geografie proprie – tematiche, relazionali, di opportunità – superando i confini spaziali posti originariamente dall'azione delle politiche *area-based*. In questo senso possiamo considerare il Corvetto come un territorio paradigmatico e sperimentale, che può aiutarci a costruire un *framework* di riferimento, tentativo e in definizione, per guardare agli sviluppi delle politiche urbane per le periferie. L'ipotesi è che siamo di fronte a un pulviscolo di azioni, programmi e interventi, ancora in formazione, la cui traiettoria in termini di politiche non è ancora chiara[13]. Si possono però riconoscere dei primi elementi caratteristici di questa stagione, che fanno emergere tracce operative e di riflessione, utili per mettere a fuoco nuove piste di lavoro per le politiche urbane in contesti periferici.

Un primo elemento distintivo riguarda il ruolo delle istituzioni pubbliche e la rinnovata centralità degli spazi non residenziali nella ricostruzione della filiera delle politiche. Questa prospettiva è legata a una contrazione dell'investimento sul tema della casa, rispetto ad esempio a quanto avvenuto con il Contratto di Quartiere II Mazzini, e a una riarticolazione del ruolo degli attori pubblici. L'Amministrazione Pubblica, infatti, non agisce più attraverso un unico programma d'area dalla forte coerenza interna, ma piuttosto promuovendo e sostenendo diverse e plurali azioni, in affiancamento con altri soggetti pubblici e privati. All'interno di questo frastagliato panorama sono sempre di più gli spazi e le funzioni pubbliche, dalla scuola fino al campo agricolo nel caso del Corvetto, a diventare degli agenti di integrazione per le politiche, dei dispositivi, in alcuni casi delle vere e proprie occasioni, per sviluppare dei programmi multidimensionali. I luoghi e i soggetti che li abitano diventano in questo processo dei collettori, dei dispositivi che definiscono «dal basso» relazioni «tra» le diverse azioni di politiche: spazi ibridi (Calvaresi 2018) non solo per le funzioni che propongono, ma per la capacità di fare sintesi delle e per le politiche. Non di rado sono dunque gli attori locali e le reti che ricostruiscono i quadri integrati, a partire da una forte centralità dell'azione pubblica sia in virtù del sistema delle risorse entro cui si muovono i progetti, sia della proprietà (pubblica) dei supporti spaziali. Un processo complesso che sperimenta un approccio che fa leva sulle risorse legate ai molti spazi sottoutilizzati, anche micro, sulla capacità degli attori locali e sull'aggiunta di nuove risorse nel sistema, sia materiali che immateriali.

13 La stagione dell'attuale sindaco Sala ha certamente riacceso il dibattito sul tema delle periferie, ma è ancora in corso di implementazione un quadro strategico di intervento e una filiera organizzativa all'interno della Pubblica Amministrazione per trattare e gestire il tema in forma integrata. Dal punto di vista delle competenze si è scelto di non dedicare un assessorato specifico al tema delle periferie, quanto piuttosto di avere più settori coinvolti, con una compenza diretta sul tema da parte del sindaco.

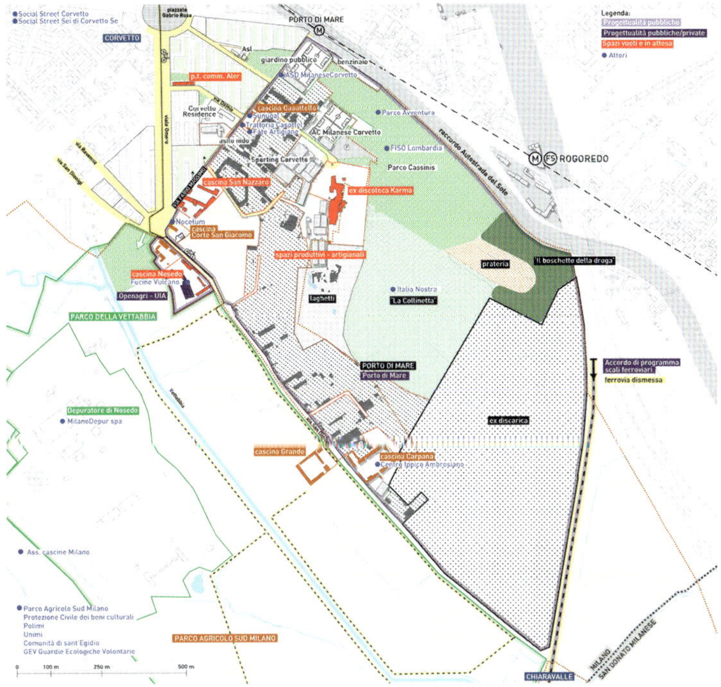

II.78
La ricomposizione degli elementi che caratterizzano Corvetto: spazi, progettualità e attori.

II.79
La ricomposizione degli elementi che caratterizzano l'area di Porto di Mare: spazi, progettualità e attori.

II.80
La ricomposizione degli elementi che caratterizzano Chiaravalle: spazi, progettualità e attori.

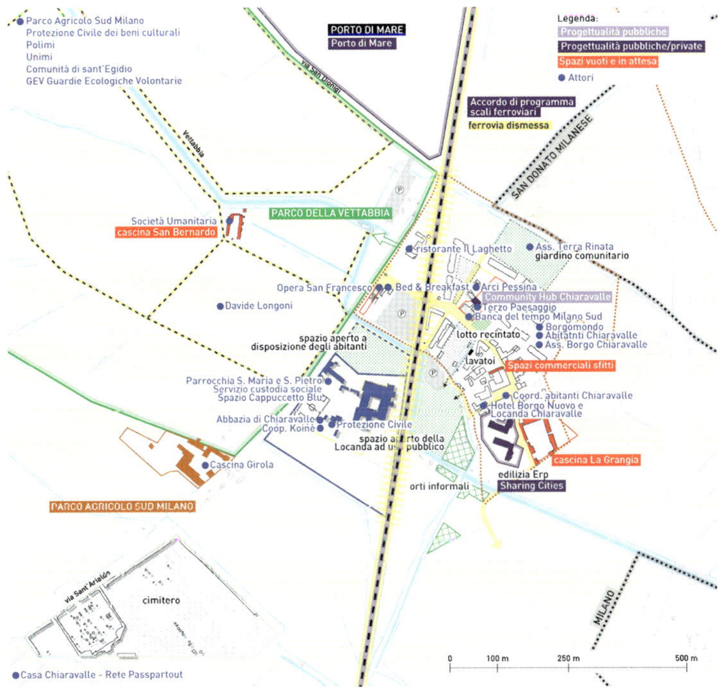

PROGETTI E VOCAZIONI EMERGENTI DI CORVETTO

Una prima famiglia di progettualità e politiche riguarda la centralità dello spazio agricolo nel settore urbano e la sua possibile declinazione periurbana. Tra le progettualità più recenti forse quella che ha rappresentato uno dei primi rilanci di investimento pubblico nel territorio è stato il progetto *Openagri*, finanziato dal programma di iniziativa europea UIA – Urban Innovative Actions con quasi 5 milioni di euro. Obiettivo dell'articolato set di azioni messe in campo è la valorizzazione di una porzione dello stabile di Cascina Nosedo e la sua trasformazione in un centro per l'innovazione aperta nel settore dell'agricoltura periurbana e per lo sviluppo di nuove progettualità della filiera dell'agri-food, in accordo con i principî della Food Policy. L'ambizione è quella di costruire un contenitore e delle azioni capaci di restituire un significato vivo al termine periurbano anche attraverso la possibilità di sperimentare nuove tecniche di produzione agricola. A questo scopo sono stati concessi trenta ettari di terreno agricolo pubblico, adiacente alla cascina, a 18 progetti innovativi individuati tramite *call* pubblica. Un'occasione che ha portato sul territorio nuovi attori, dal panificio Longoni alla Società Agricola Impresa Sociale CasciNet, che unisce all'impegno per un'agricoltura di prossimità diversi percorsi di promozione culturale presso Cascina Sant'Ambrogio in un diverso settore della città di Milano. In questo filone tematico si inserisce anche il progetto con finalità di carattere ambientale e agricolo promosso da Società Umanitaria. Nel 2015, tramite bando, il Comune di Milano ha assegnato allo storico ente milanese di solidarietà l'immobile di Cascina San Bernardo, dove si mira a sviluppare un progetto formativo per avvicinare bambini e ragazzi alla vita agricola.
A fare da tessuto connettivo di questi interventi c'è il tassello del parco della Vettabbia attraversato anche dai numerosi progetti realizzati da soggetti del mondo dell'associazionismo e della cooperazione sociale. Presenti sul territorio da tempi diversi, alcuni rappresentano, con le loro attività, presenze storiche e sedimentate. È il caso dell'associazione Nocetum, casa di accoglienza che organizza percorsi didattico-educativi per scuole e gruppi, attività di volontariato e iniziative per favorire l'integrazione e la coesione sociale del territorio utilizzando come leva anche il patrimonio storico monumentale del Parco Agricolo Sud. Qui è promotrice – insieme ad altri enti tra cui la storica cooperativa sociale del quartiere La Strada – del progetto di valorizzazione territoriale Valle dei Monaci, un percorso ciclo-pedonale che attraversa il territorio agricolo fino a congiungersi con la via Francigena. Ad affiancare gli interventi storici della rete di Corvetto, nell'ultimo decennio si è sviluppato un sistema articolato di interventi performativi e materiali, partecipati e autoriali sviluppati dall'associazione culturale Terzo Paesaggio: un collettivo di professionisti della cultura, architetti e artisti che sta ricostruendo una visione, spesso sognante e onirica, per il borgo di Chiaravalle in rete con le realtà sociali che storicamente hanno animato questo micro-cosmo locale. Diversi sono i luoghi simbolici di questa trasformazione, dai locali della vecchia palestra scolastica trasformati in un accogliente spazio di comunità, a un delicato lavoro di resignificazione del ramo della ferrovia dismessa. Un tratto di rotaia che oggi racchiude forti potenzialità per la futura creazione di nuove connessioni, sia interne al borgo sia con un territorio più esteso. La forza di questi interventi è però quella di aver ricostruito una geografia di appartenenza per il borgo, non solo per chi lo abita, ma in qualche modo per l'intera città, definendo una nuova dimensione di relazione con l'urbano e reinserendo Chiaravalle all'interno di sistemi di scala più ampia in dialogo con le politiche cittadine: dai cammini come la Valle dei Monaci a una nuova attenzione delle politiche culturali e sociali, pubbliche e private. Un polo di cambiamento, dunque, che «tira» i confini della città, dando una nuova centralità ai bordi. Una (ex)periferia geografica che può costruire un nuovo baricentro su scale territoriali differenti in cui il parco della Vettabbia diventa un perno locale e cittadino.
Una seconda famiglia emergente di politiche si sta costituendo intorno alla tematica dello sviluppo locale e dell'inclusione sociale a base territoriale, declinando gli interventi, in alcuni casi anche storici, all'interno delle emergenti retoriche della rigenerazione urbana. Sono questi progetti e programmi che con approcci e premesse anche molti differenti, mirano a innestare dei circuiti virtuosi tra comunità locale (con diverse accezioni), spazi e nuove funzioni. Tra questi uno dei progetti più recenti è il CIQ – Centro Internazionale di Quartiere promosso dall'associazione Sunugal. Consiste nella trasformazione di una storica cascina sottoutilizzata di proprietà del Comune di Milano, in uno spazio culturale al servizio di abitanti e reti territoriali, capace però di attivare reti transazionali. Di fianco a progetti culturali di questa natura Fondazione Cariplo ha sviluppato a partire dal 2016 il programma *Lacittàintorno* che ha promosso le prime azioni in Corvetto a partire dal 2017. Si tratta di un programma complesso che sperimenta un approccio alla rigenerazione urbana che fa leva su micro occasioni spaziali, sulla capacità degli attori locali e sull'aggiunta di nuove risorse nel sistema, sia materiali che immateriali. Punto di arrivo del percorso è stata l'apertura di un «Punto di Comunità» (Bartolozzi 2019) denominato Made in Corvetto, all'interno del Mercato Coperto Comunale di piazzale Ferrara. Proprietà del Comune di Milano, con la crisi dei negozi di vicinato il mercato ha subito nell'ultimo decennio la chiusura di diversi banchi, con la permanenza di pochi operatori all'interno di una struttura sottoutilizzata. Dopo un lungo lavoro di rete e di co-progettazione, uno degli stalli abbandonati è stato rifunzionalizzato dalla cooperativa La Strada con Terzo Paesaggio e Milano Bicycle Coalition, trasformandolo in una cucina di comunità. Attraverso l'apertura di altri spazi all'interno del mercato, ibridando funzioni *low-profit* con attività di carattere gratuito, il Punto di Comunità ha l'obiettivo di costruire un nuovo baricentro nel territorio accessibile agli abitanti del quartiere Mazzini, ma capace di attrarre anche i nuovi abitanti della corona a nord. In continuità con questo percorso si sono sviluppati all'interno del quartiere diversi interventi di micro-trasformazione dello spazio pubblico. Alcuni di questi sono rientrati nei percorsi di urbanistica-tattica previsti dal Comune di Milano, come l'intervento temporaneo di pedonalizzazione di piazza Angilberto, altri più minuti hanno visto l'attivazione dello strumento sperimentale adottato sempre dal Comune di Milano dei patti di collaborazione, come per le aiuole di via Mompiani. Con questo particolare strumento, che ha visto in Corvetto una delle prime sperimentazioni, si intende promuovere un diverso rapporto tra spazio, Amministrazione e cittadini che, attraverso delle azioni trasformative dello spazio pubblico ne assumono anche la gestione condivisa. Promossi nel territorio di Corvetto con l'accompagnamento di Labsus – Laboratorio per la sussidiarietà, queste piccole sperimentazioni sembrano aver stretto nuove reti tra gli attori già presenti nel quartiere Mazzini e gli abitanti del quartiere. A queste diverse azioni si aggiunge infine un'ultima attività denominata *Scuola dei Quartieri*. Si tratta di un programma innovativo di accompagnamento alla formazione di idee imprenditoriali che generino un impatto positivo sulla città e in particolare nelle sue periferie. Queste vengono selezionate e accompagnate a definire la propria sostenibilità, ma anche a strutturarsi intorno alla dimensione locale, plasmando idee di impresa *site-specific*, nell'ipotesi che queste possano contribuire allo sviluppo del territorio e della sua comunità.

II.81
Momento dell'evento gioco urbano *Lumina* organizzato dall'associazione Terzo Paesaggio nel parco della Vettabbia.

II.82
Foto realizzata dagli adolescenti del centro diurno La Strada, partecipanti al laboratorio a cura di «Witness Journal» nell'ambito del progetto *Corvetto Social Club*.

Un secondo elemento riguarda l'approccio emersivo e partecipativo di questo nuovo ciclo, che mette al centro le risorse locali. Siamo infatti difronte a una stagione in cui, anche in forza dell'assenza di agende e programmi strutturati di politiche urbane (Balducci, Calvaresi 2017), la significatività – nel senso di «rilevanza della questione» nel dibattito – del locale rappresenta sia una determinante per le scelte della politica nell'orientare le risorse, sia una leva irrinunciabile per il loro sviluppo. Nel caso di Corvetto è evidente come l'interazione tra le politiche, la forma del territorio e le reti locali abbiano determinato campi di azione ben precisi, che non riguardano unicamente (e in un certo senso sempre meno) i temi «storici» dell'azione delle politiche per la periferia e che hanno messo a fuoco nuovi filoni di intervento fortemente *site-specific*. Dalla tematica del periurbano del progetto *Openagri*, allo sviluppo del nuovo commercio di prossimità di Made in Corvetto, le progettualità in sviluppo si ancorano in maniera specifica e peculiare nel territorio, anche attraverso un riconoscimento strumentale della capacità e della conoscenza dei soggetti territoriali. Un approccio che riconosce nei processi di co-progettazione a tre livelli (Amministrazione – agenzie territoriali – abitanti) una propria caratteristica emergente, un processo innovativo e per certi aspetti non ancora pienamente decodificato. Questo orientamento ha permesso di sviluppare progettualità «a scavalco» tra i diversi tasselli urbani che compongono Corvetto, superando in maniera decisa i vincoli spaziali degli interventi. Sono i network degli attori impegnati nella filiera, le risorse (materiali e non) che mettono in campo che determinano la geografia delle politiche: in questo senso, oltre che politiche *place-based* (Barca 2009), nel caso di Corvetto e, con probabilità di altre periferie urbane similari, sembra possibile parlare di politiche *network-based* (Ranzini 2020).
In definitiva si può ipotizzare di essere di fronte a una stagione di politiche che mette al centro le reti e dunque un locale – una periferia in questo caso – dalle geografie in movimento. Sono dunque i soggetti «intermedi» – tra l'attore pubblico e il singolo cittadino – i vettori di questa politica complessa e allo stesso tempo agenti di una sua riconfigurazione locale. Si può dire che si è difronte a un capovolgimento interessante, ma anche critico, per le politiche in cui l'assemblaggio dei diversi interventi è un esito, quasi imprevisto, permesso dal territorio, un territorio che coincide sempre meno con confini geografici e sempre di più con i confini relazionali di un network di attori. All'interno di questo rinnovato panorama il perimetro dei quartieri di Edilizia Residenziale Pubblica, il Mazzini nel caso di Corvetto, possono essere snodi centrali delle politiche e delle risorse territoriali determinanti per il loro sviluppo per almeno tre ragioni: le dinamiche catalizzatrici legate all'intervento sull'ERP che portano alla concertazione di risorse pubbliche; la presenza di spazi e servizi pubblici – problematici, sottoutilizzati, vuoti – in «attesa» (Cognetti, Padovani 2018); le competenze territoriali sviluppate da diversi soggetti della filiera delle politiche del welfare (Ranzini 2018a) particolarmente presenti in questi territori. Questa rinnovata centralità però pone almeno tre nodi critici che il territorio di Corvetto porta all'attenzione e che sembrano rilevanti per uno sviluppo di politiche per la periferia.
Il primo riguarda la sovrapposizione, problematica, tra le politiche urbane e le politiche abitative, e più nello specifico tra le politiche di rigenerazione urbana e l'ERP. Alla base di questo c'è un fraintendimento profondo, che la nuova nuclearizzazione delle politiche sembra ancora una volta accentuare. In questi territori si sovrappone cioè un'offerta abitativa compromessa e inadeguata alla iperconcentrazione di profili della fragilità (Tosi 2008), esito anche della riduzione degli alloggi disponibili a livello cittadino a seguito delle politiche di alienazione degli alloggi pubblici (Cognetti, Delera 2017). In una fase caratterizzata dal ritirarsi delle risorse dedicate alla casa, si corre il rischio di eludere uno dei problemi più significativi della periferia pubblica relativo al nodo dell'abitare. La casa rischia infatti, dopo la stagione *area-based*, di divenire paradossalmente l'anello più debole delle politiche, anche nei quartieri che vedono la presenza di quote importanti e degradate di edilizia pubblica. Sono infatti proprio le politiche per la casa a uscire da quel processo di integrazione ex-post descritto, ridefinendo una filiera propria, specialistica e di sovente esterna al dibattito locale. Un nodo critico questo che concerne sia la riaffermazione del tema, sia la ricomposizione all'interno del paradigma emergente.
La seconda questione riguarda la necessità di uscire da una fase pionieristica rispetto agli approcci emersivi e partecipativi rivolti agli abitanti. Corvetto è un territorio misto, come molte delle periferie urbane, lo abbiamo descritto come saldato con la città, e il Mazzini è un perno di un meccanismo ampio di scala urbana. All'interno di questo equilibrio tra «dentro e fuori» le politiche di sviluppo locale sembrano correre il rischio di assumere il tema dell'*agency* degli abitanti come un prerequisito e non tanto come un elemento di processo da promuovere e sviluppare (Bifulco 2012). In qualche modo l'enfasi sulle risorse territoriali è chiamata a confrontarsi maggiormente con le barriere di accesso, reali (dalla lingua, alla tecnologia) e simboliche (dal linguaggio, agli immaginari), a questi interventi (Laino 2012). Ne emergono letture e narrazioni che rischiano di sottrarre dalle rappresentazioni gli strati più fragili e marginali della domanda di politiche. Una questione questa che richiama la necessità di sviluppare percorsi e progetti che siano una premessa a questa nuova stagione emergente. Una pista di lavoro che rimette al centro alcuni temi come la certezza dell'abitazione, l'apprendimento della lingua, il rafforzamento dei meccanismi di inclusione delle minoranze e il consolidamento delle capacità e competenze delle nuove generazioni, in forte relazione con le istituzioni scolastiche. Sono temi per certi versi tradizionali, ma che andrebbero rideclinati oggi, e che di fatto sono rimasti sottotraccia rispetto alle politiche urbane per le periferie. Questa prospettiva chiama in causa lo sviluppo da parte degli attori territoriali di nuove competenze di traduzione tra mondi – le politiche urbane, le politiche abitative e le politiche sociali in particolare – ancora poco delineate all'interno delle filiere di intervento, nonostante i tentativi espressi dalla

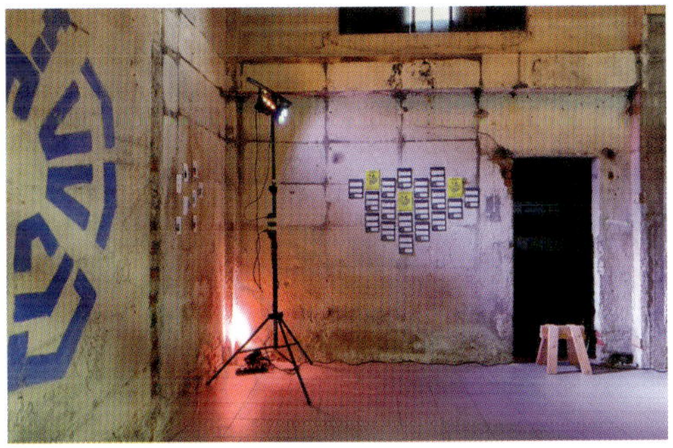

II.83
Cascina Nosedo, oggetto di riqualificazione del progetto UIA *Openagri*, durante la mostra *Nuova Milano Social Club*.

II.84
Lo spazio Made in Corvetto, Punto di Comunità al Mercato Comunale di piazzale Ferrara.

II.85
Un cortile del quartiere ERP Mazzini durante la festa di quartiere *Il Mazzini che non ti aspetti*.

stagione delle politiche integrate. Un equilibrio difficile anche tra sguardi e risorse interni ed esterni al quartiere e tra target differenti, che deve riuscire a tenere conto degli aspetti fragili della domanda sociale.
In conclusione, emerge un ultimo nodo che riguarda la tensione tra la dimensione di rete delle politiche attuali e le retoriche della disintermediazione tra le politiche e i cittadini. Abbiamo visto infatti come il caso di Corvetto mostri una forte presenza delle reti come meccanismo di elaborazione e «messa a terra» di interventi promossi a diverse scale. Questa dinamica chiama in causa una nuova riflessione sulle forme organizzative di cooperazione territoriale in ambito urbano fortemente improntate all'azione. A oggi questa domanda sembra latente, in sotto-traccia, perché si confronta con la mancanza di un assetto di politiche che assegni in modo esplicito ai soggetti territoriali un ruolo di dialogo e confronto anche rispetto agli indirizzi di sviluppo (non solo di servizio dunque). Sembra però una pista interessante e diversi elementi delle sperimentazioni in corso mostrano la necessità di riaprire un ragionamento sulle forme organizzative locali. Processi che in un futuro potranno favorire lo sviluppo anche di nuove organizzazioni, legate al protagonismo profondo degli abitanti del quartiere (ad es. la cooperativa di comunità, l'agenzia di sviluppo locale, fondi rotativi co-gestiti dalle organizzazioni), che potrebbero essere la sfida di domani per questi territori fragili.

Nel territorio si ricompongono le politiche delle reti: prospettive di sviluppo per i tasselli di Corvetto

Questo nuovo scenario di *policy* fa emergere la centralità del territorio come luogo ricompositivo per le politiche e per le reti. Non solo le politiche di sviluppo promosse da diversi attori ritrovano nella loro spazializzazione e localizzazione una potenziale leva di integrazione, ma le stesse reti locali possono guardare sempre più alle specificità territoriali come un'opportunità di sviluppo collettivo. Il potere evocativo dello spazio, le proiezioni che sollecita, le relazioni di appartenenza che promuove diventano un aggregatore significativo per l'azione locale.
Al centro di quest'azione ricompositiva c'è la costruzione sociale di vocazioni e immaginari radicati e operativi che ne possano promuovere la centralità nelle comunità di riferimento. Il territorio così inteso diviene il supporto di ciò che definiamo un sistema di opportunità per la rigenerazione urbana: un combinato di sistemi spaziali, attoriali e sociali, legati alla trasformazione dei luoghi e all'attivazione delle persone che li abitano e li attraversano, in cui il locale può assumere il ruolo di «dare casa» e «dare forma» alle dinamiche in corso.
Quali sono dunque i sistemi di opportunità, per Corvetto? Come visto la periferia di Corvetto è un territorio complesso, che combina spazi dalla natura differente, attraversato da tensioni discordanti, stretto tra città e campagna. In questa complessità che abbiamo punteggiato nel saggio attraverso luoghi, reti e politiche emergono alcuni sistemi di opportunità che possono rappresentare un primo passo verso la costruzione di un'immagine progettuale comune per uno sviluppo inclusivo del territorio.

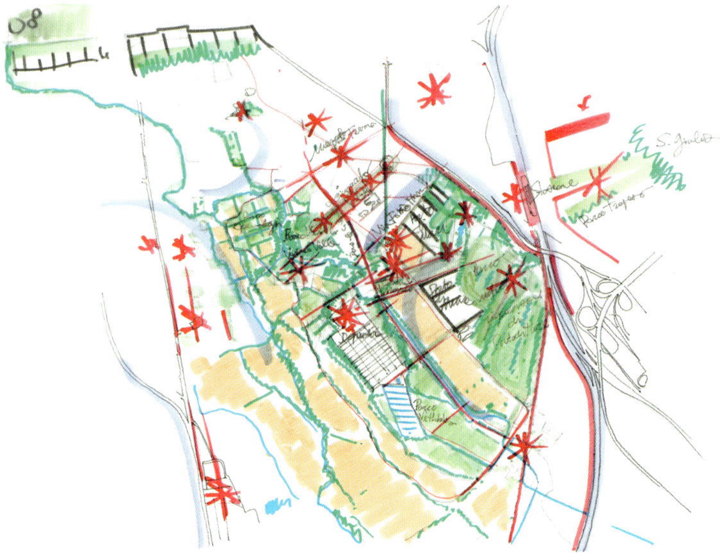

II.86
Il parco della Vettabbia e i centri in cambiamento.

II.87
Il parco della Vettabbia.

Spazi del periurbano come elemento di qualità della vita quotidiana e di attrattività cittadina. Gli spazi del periurbano rappresentano un primo grande sistema di opportunità, che può agire a diverse scale coinvolgendo più territori. Il parco della Vettabbia e Chiaravalle sono dei potenziali parchi pubblici, che possono essere riportati al centro dei circuiti della vita quotidiana degli abitanti di Mazzini e Corvetto immersi in un tessuto molto compatto, spesso degradato, con poche aree aperte e poco fruibuili. Spazi di grande qualità molto prossimi all'abitato, ma scarsamente percepiti e poco attraversati nelle traiettorie di vita quotidiana. Intervenendo su questi spazi aperti, si apre così la possibilità di migliorare la qualità dell'abitare non solo lavorando direttamente sui contesti problematici, ma anche superando la frattura immaginaria che li separa dal resto del quartiere, costruendo ponti strategici verso le risorse che si trovano ai bordi. Il grande patrimonio agricolo, in alcuni casi sottoutilizzato, può giocare così il ruolo di condensatore per la promozione di un tempo libero «di qualità» legato allo spazio aperto, allo sport e all'educazione ambientale.
Questo carattere periurbano si può insinuare nella durezza del costruito facendo emergere un legame nuovo con il «verde liberato», quei micro-spazi riabilitati dalla comunità e legati alla prossimità, alla cura e al senso di appartenenza. In questa prospettiva i progetti esistenti che promuovono coinvolgimento attivo di cittadini e soggetti locali rappresentano una opportunità da potenziare, per la promozione di spazi di convivenza e cura anche in risposta allo stato di abbandono di molta dell'edilizia residenziale del quartiere. La porosità del quartiere Mazzini, con il suo costruito che racchiude ampi cortili, può riconnettersi con la natura agricola del suo bordo e costruire nuove connessioni di senso con il grande spazio aperto della Vettabbia.
Gli spazi del periurbano sono inoltre luoghi che accolgono nuove funzioni ibride in grado di generare sinergie e sviluppo locale. Le aree verdi sono spazi dove possono coesistere forme d'uso legate alla produzione agricola e al *loisir*. Questo aspetto di commistione funzionale – una campagna che diventa un parco e un parco che diventa terreno coltivato – rappresentano un'opportunità sia per vivere diversamente la città, sia per promuovere forme di economia inclusive e circolari. La ri-articolazione delle transizioni tra urbano e naturale può essere intesa come terreno fertile per lo sviluppo locale: il contatto tra margine urbano costruito e spazio aperto è un interessante campo di sperimentazione di nuove attività, per uscire da una condizione di perifericità non solo attraverso l'attrattività verso l'esterno ma anche tramite la possibilità di generare nuovi profili professionali e nuova occupazione. È in questa prospettiva che si possono leggere e collocare le progettualità che già lavorano sull'accoglienza turistica, sulla promozione territoriale e sulla lavorazione dei prodotti agricoli, valorizzando il carattere periurbano di questo territorio. La sfida è impegnativa ma promettente e riguarda, ad esempio, la possibilità di trattare i temi della povertà anche sviluppando della promozione e dell'accoglienza turistica a ridosso della campagna milanese, dei percorsi ciclo-pedonali e delle abbazie, da Chiaravalle al cammino della Valle dei Monaci.

Complementarietà delle competenze per risignificare una costellazione di spazi vuoti e in attesa. Corvetto è punteggiato da spazi vuoti di diverse dimensioni – appartamenti sfitti, locali commerciali, cascine e spazi rurali, capannoni e luoghi della produzione – che rappresentano tracce sullo spazio fisico urbano di dinamiche economiche e sociali in crisi. Il vuoto è uno degli elementi che potenzia le condizioni di perifericità, rappresentando occasioni mancate di presidio dei contesti che possono accentuare una condizione di isolamento per coloro che li abitano: segni di un abbandono diffuso che spesso gli abitanti vivono quotidianamente, luoghi irrisolti e dalla difficile ricollocazione entro circuiti di sviluppo locale. D'altra parte, questi vuoti costituiscono anche degli spazi dal potenziale latente: qui la città offre del «materiale» che può essere ripensato, presenta occasioni per introdurre nuove funzioni, per ospitare idee, per uscire dalle condizioni di perifericità. Si tratta di occasioni sia per dare spazio e visibilità ad aspirazioni, idee e sogni delle comunità locali, sia per attrarre progettualità e nuovi circuiti urbani all'interno dell'area. Le esperienze territoriali stanno mostrando come un approccio orientato a dare centralità alle competenze quotidiane e culturali sviluppate dagli abitanti abbia la capacità sia di radicare i progetti di rigenerazione degli spazi sia di richiamare nuove risorse, innescando cortocircuiti progettuali interessanti. Le diverse velocità del cambiamento che attraversano il Corvetto, se rilette in un quadro strategico, mostrano così ampi livelli di sovrapposizione e complementarietà su temi quali il radicamento e l'attrattività, l'accompagnamento e l'emancipazione, chiamando in gioco anche soggetti dal carattere sovralocale. Alcuni di questi possono esprimere una notevole capacità di costruire coalizioni cittadine che potrebbe rafforzare anche i percorsi di attori che spesso si percepiscono periferici e ai margini dei circuiti cittadini più consolidati.
Questo territorio, più di altri, esprime infatti profonde diversità che possono convergere verso una visione comune di sviluppo locale e rigenerazione urbana. Visione non semplice da conseguire, perché sollecita la convergenza di settori di intervento e competenze in modo inedito, in qualche misura generando appunto dei «cortocircuiti di politiche». Si tratta di innescare e rafforzare quei processi che possono valorizzare le nuove identità attraverso interventi culturali, promuovere progetti di riuso e cura sostenendo le competenze locali, generando occupazione attraverso un mix di *for profit* e *low profit* in grado di accogliere una domanda di fruizione culturale e commerciale consapevole proveniente dalla città: dalla cucina comunitaria di quartiere che somministra pasti ai *city users*, fino al centro culturale di comunità che recupera una cascina in disuso, costruendo il proprio palinsesto a partire dalle vocazioni del territorio.

Corvetto da città pubblica a città comune: gli spazi del welfare per costruire inclusione tra culture e generazioni. Corvetto nasce e si espande innanzitutto come una periferia pubblica. A differenza di altri contesti descritti in questo libro il quartiere non cresce per addizioni e lottizzazioni private, ma principalmente attraverso la spinta delle grandi trasformazioni guidate della pianificazione pubblica: il quartiere Mazzini, la nuova Darsena (poi non realizzata), lo stesso depuratore con il parco della Vettabbia. Un processo, spesso rigido e normativo, che ne ha informato lo sviluppo urbano, lasciando come traccia materiale una fitta rete di spazi del welfare: non solo l'edilizia residenziale pubblica, ma anche i diversi spazi dell'educazione e dell'istruzione, la biblioteca rionale, la piscina comunale, il mercato coperto, lo stesso palazzo del Municipio 4. Corvetto presenta una costellazione di servizi che ne fanno un quartiere con un'offerta potenziale, anche di natura culturale e per il tempo libero, maggiore rispetto a molti altri nella città. Al contempo questi sono spazi e servizi in grande sofferenza nel misurarsi con una domanda sempre più articolata e composita, intorno a cui il pubblico non è stato in grado di rinnovarsi. Ne è un indicatore un fenomeno di *schooling* tra i più rilevanti dell'area metropolitana (Guevara, Karenina 2018) che rischia di precludere le opportunità di integrazione e di sviluppo delle nuove generazioni nate nel quartiere. Sono dunque questi spazi e funzioni che richiedono un profondo rinnovamento a partire dal rafforzamento delle alleanze con la società, con le forme più radicate del terzo settore e dell'associazionismo civico. Sono spazi che necessitano di essere nuovamente inclusi negli immaginari e nelle proiezioni di cambiamento del quartiere, di riaffermazione di una visione distributiva delle opportunità.
Alcune tracce di questo percorso sono visibili nelle numerose organizzazioni, anche volontarie, che cooperano in questi spazi per portare al loro interno nuove attività di carattere solidaristico per gli abitanti. Gli spazi del welfare si mostrano così come luoghi che più di altri hanno la capacità di ricostruire un senso di apparenza territoriale e sociale: nella porosità dello spazio vuoto lasciato dal pubblico si sono sedimentate negli anni diverse sperimentazioni in continua tensione sia con l'istituzione, sia con le forze di sviluppo cittadino. Si tratta di importanti esperienze che necessitano di riconoscere un terreno comune di azione, profondamente radicato nella capacità propositiva di reinvenzione degli spazi del welfare centralizzato verso il «comune»: spazi e luoghi affidati alla regolazione amministrativa democratica e partecipativa (Hardt, Negri 2010). Una prospettiva ancora *in nuce* che può restituire però centralità a una vocazione imprescindibile per una periferia come Corvetto.

II.88
Il cavalcavia su viale Lucania.

II.89
Via Mompiani.

II.90
Cortile del quartiere ERP Mazzini.

II.91
Cortile del quartiere ERP Mazzini.

II.92
La Bakery all'angolo tra via Ravenna e via Barabino.

II.93
Scorcio sulla via San Dionigi.

II.94
La ferrovia dismessa nel borgo di
Chiaravalle.

II.95
Parco della Vettabbia.

Terza parte

Periferie
in prospettiva

Di cosa parliamo quando parliamo di periferie
I gradienti di perifericità

Francesca Cognetti

Il tema delle periferie, parti di città dove si concentrano situazioni di fragilità sociale, qualità urbana inadeguata e servizi scadenti, si è posto nel periodo recente all'attenzione dei ricercatori, del dibattito politico e delle istituzioni, a livello sia nazionale[1], sia locale[2].
Milano, in controtendenza rispetto alle spinte recessive che hanno interessato il paese, ha sperimentato nell'ultimo decennio dinamiche positive di sviluppo, ma al tempo stesso si trova a confrontarsi con il permanere e l'accentuarsi di problemi di declino e degrado di parti importanti dell'area urbana e con l'emergere di forme vecchie e nuove di emarginazione e povertà (Padovani 2019a).
Una città dinamica, capace di attirare investimenti e imprese, che tendono però a interessare in modo selettivo le diverse parti del contesto urbano e i differenti profili sociali, col risultato di distribuire meno che in passato la ricchezza prodotta (Cappelletti, Pasqui 2019) e creare andamenti tali da accentuare – e rendere più palesi – le distanze in termini di diritti di cittadinanza, nonché di accesso alla casa, ai servizi e alle opportunità di crescita.
Il rischio del consolidamento di una città duale, in linea con molte metropoli europee, appare evidente alla lettura di alcuni dati (D'Ovidio, 2009; Torri 2017) che sottolineano i fenomeni di sviluppo dualistico

---

1 Hanno contribuito a questa ricentratura a livello nazionale una serie di ricerche e di programmi che da prospettive differenti hanno articolato il tema sia riportandolo alla attenzione pubblica, sia implementando linee di *policy*. Questi sembrano essere i contributi più rilevanti degli ultimi anni: la strategia per il paese messa a fuoco nel documento *Metodi e obiettivi per un uso efficace dei Fondi comunitari 2014-2020* promosso nel 2012 dal ministro per la Coesione territoriale Fabrizio Barca che all'interno di una visione nazionale fondata su tre pilastri identificava le condizioni di marginalità all'interno delle aree metropolitane come uno degli assi importanti su cui ripensare alle politiche di coesione territoriale; il lavoro del senatore a vita Renzo Piano sulle periferie italiane che ha preso avvio nel 2013, e ha dato vita a differenti attività di ricerca e intervento in diversi contesti urbani, i cui esiti sono raccontati sulla piattaforma renzopianog124.com e all'interno delle pubblicazioni Piano (2016), e Mariotto, Piano (2018); l'attività di indagine promossa dalla Commissione di inchiesta della Camera sulle periferie istituita il 25 novembre del 2016 che si è conclusa, dopo circa un anno di lavoro composto da visite sul territorio nazionale, audit e dialoghi, con la presentazione del documento *Inchiesta sulle condizioni di sicurezza e sullo stato di degrado delle città e delle loro periferie*.

2 Ho avuto modo di partecipare personalmente a questo dibattito attraverso i seguenti interventi pubblici, che sono alla base della scrittura di questo saggio: *Urban Promo – Progetti per il paese – edizione 2018*. Intervento di apertura del seminario *Nuove visioni per le politiche urbane. Milano città del futuro tra sviluppo, inclusione e sostenibilità*, Salone d'Onore, Triennale di Milano, 22 novembre 2018; *Quali periferie a Milano? Nuove condizioni di perifericità e leve per il cambiamento*, conferenza *Disuguaglianze e periferie*, a cura dell'Istituto Cattaneo, Bologna, 5 dicembre 2018; *Milano Arch Week 2019. Anthropocene & Architecture*, intervento al seminario *In periferia fa molto caldo*, Triennale di Milano, 24 maggio 2019.

III.1
Scritta di denuncia in largo Bigatti,
quartiere Adriano.

della fase di transizione post-industriale presenti nell'area milanese. Rispetto a queste letture di scala urbana che ci restituiscono il quadro di una città in cui rischiano di rafforzarsi i divari in termini di qualità della vita e di accesso alle opportunità, la questione delle periferie pone l'accento su ulteriori dimensioni legate alle diseguaglianze in cui entrano in gioco dimensioni territoriali e spaziali, fattori immateriali relativi agli «immaginari» e ragioni legate alle politiche. Possiamo brevemente in apertura richiamare questi aspetti che rimandano alla geografia delle periferie milanesi:

• *La concentrazione di fragilità sociali*, e quindi il fatto che non solo nella città ci sono più abitanti poveri e vulnerabili, ma che questi abitanti si raccolgono in particolari luoghi. Questo addensamento territoriale sottopone le persone a ulteriori sollecitazioni, non solo legate ai profili personali e familiari, ma attribuibili al «vivere insieme» e al condividere gli spazi del condominio, del cortile e della strada. La convivenza in alcuni casi diviene difficile e forzata producendo ulteriore disagio e marginalità. Questa stessa dinamica di concentrazione in alcuni casi dà esito a forme di risposta localizzata e allo sviluppo di particolari sensibilità legate al mutuo-aiuto, alla solidarietà e a un rinnovato senso di vicinanza.

• *L'intersecarsi di più fattori territoriali di perifericità* legati non solo alle condizioni individuali o familiari ma a un insieme complesso di elementi che contribuiscono alla qualità o scarsa qualità dell'abitare. Tra questi un peso consistente lo assumono attributi materiali legati alle condizioni degli alloggi, ma anche dello spazio pubblico, delle strade e degli spazi aperti. Inoltre, rappresentano un potenziale elemento di degrado la distanza dalle centralità, l'esistenza e la qualità di attività commerciali, attrezzature e servizi la cui presenza o assenza conforma vivacità e vitalità degli ambienti del quotidiano.

• *Le condizioni immateriali legate all'immaginario* che rafforzano una nozione di alterità; l'idea della periferia come luogo «altro» rispetto alla città rischia spesso di essere un'immagine più percettiva che reale, o perlomeno si alimenta di una mescolanza di condizioni oggettive e condizioni percepite sia dagli abitanti della città, sia dagli abitanti stessi della periferia. Le periferie sono spesso presenti nell'immaginario collettivo come i luoghi «degenerati» del degrado, dell'insicurezza e della micro-criminalità (Bozzuto 2011). In altri casi, le periferie sono rappresentate come i luoghi «liberati» dentro alla città, in cui sperimentare nuove forme di collaborazione e convivenza legata a una alterità, in questo caso potremmo dire «generativa». Una sorta di «polarizzazione» degli immaginari e delle rappresentazioni, a volte anche «concorrenti» rispetto agli stessi territori, e certamente vicine al vero in alcuni casi, ma che danno spesso vita a stereotipi ricorrenti che rifuggono da ogni forma accurata e circostanziata della realtà.

• *Il trattamento da parte delle politiche*, anche in questo caso con una duplice accezione. Da un lato le periferie sembrerebbero alludere a una distanza dai centri del potere, che le considera un problema da trattare, e rispetto ai quali riesce a esprimere scarsa voce e rappresentanza. Da un altro lato, piani speciali per le periferie, programmi integrati, commissioni di inchiesta, sembrerebbero confermare un'attenzione periodica mediante interventi straordinari di cui le periferie dovrebbero essere oggetto. Spesso assistiamo alla reiterata proposizione di politiche «speciali», attraverso una sorta di accanimento terapeutico, che contribuisce a consolidare la presenza di «territori bersaglio» (Cognetti 2009). L'atteggiamento «terapeutico» è in sostanza un intervento di cura rispetto a un territorio ritenuto «malato»; sottintende un approccio che assume il processo di riqualificazione come il frutto dell'applicazione di politiche esterne (rimedi), e non come un'occasione di valorizzazione delle risorse espresse dal territorio stesso. Inoltre, la concentrazione di progetti e risorse concorre alla costruzione delle periferie come luoghi simbolo della rigenerazione, ma produce, per effetto perverso, il radicamento dello stigma nell'immaginario collettivo.

Periferie al plurale

Da questo quadro si delineano tratti delle periferie molto diversi tra loro: un'idea di «periferia al plurale», con una propria caleidoscopica identità (Secchi 1991), su cui molta letteratura ha posto l'accento (Belli 2006; Fregolent 2008), il cui denominatore comune sembra alludere a un «territorio dell'esclusione» (Fava 2008a) o «universo urbano separato» (Petrillo 2018), che intrattiene relazioni problematiche con gli ambiti esterni in molteplici forme.

Una pluralità che è anche semantica, a indicare varie categorie interpretative con cui descrivere il fenomeno.

Una ricerca di respiro nazionale intitolata *La città abbandonata*[3] le indicava ad esempio come «quartieri fragili e sensibili», per escludere esplicitamente una dimensione geografica e piuttosto alludere a un disequilibrio legato allo scollamento tra dimensione funzionale e dimensione socio-comunitaria (Magatti 2007); la fragilità allude a territori che ridisegnano disuguaglianze e divaricazioni sociali, rafforzando marginalizzazioni e impoverimento di pezzi di società. La ricerca, inoltre, sottolineava come a una fragilità sociale rappresentata da frammentazione e scarsa coesione interna, spesso si

3 *La città abbandonata: dove sono e come cambiano le periferie italiane* è il titolo di un approfondito studio, realizzato tra il 2005 e il 2007 grazie a un intenso lavoro di due anni condotto dal progetto nazionale *Aree metropolitane* di Caritas Italiana, insieme al Dipartimento di Sociologia dell'Università Cattolica di Milano e alle Caritas diocesane di Torino, Genova, Milano, Bologna, Firenze, Roma, Napoli, Bari, Catania e Palermo. Dieci le città coinvolte nel progetto, dieci i quartieri sottoposti a capillare analisi, due anni di confronto, di indagini, di ricerca sul campo: un percorso attento, documentato e «vissuto», pensato per comprendere più a fondo una realtà, quella dei margini metropolitani, di cui spesso si discute, ma (almeno in Italia) in assenza di adeguate basi scientifiche di conoscenza. Dal viaggio nei dieci quartieri (Barriera di Milano, Begato, Forlanini-Ponte Lambro, Navile, Isolotto, Esquilino, Scampia, San Paolo, Librino, Zen) sono emersi dati, volti, storie e analisi relativi a realtà perfieriche italiane in profondo mutamento.

Ill.2
Foto realizzata dagli adolescenti del centro diurno La Strada, partecipanti al laboratorio a cura di «Witness Journal» nell'ambito del progetto *Corvetto Social Club*.

sovrapponga una condizione materiale legata a «zone di transizione» e di frangia, caratterizzate da fattori (fatiscenza dei manufatti, carenza di gestione e di manutenzione, mancanza di servizi commerciali e culturali, precarietà o assenza di infrastrutture per la mobilità, vicinanza a luoghi indesiderati come campi rom, discariche, svincoli autostradali) che portano a emarginazione e isolamento dei residenti e quindi alla loro stigmatizzazione. Nella stessa ricerca Chiara Giaccardi ha descritto questi fattori parlando di «deprivazione spaziale»: la periferia soffre di intransitività (difficile arrivarci e andarsene), invisibilità (difficile vederla), e inguardabilità (difficile apprezzarla con lo sguardo).
L'idea di margine ritorna in altri importanti studi sulla periferia europea e americana. Un margine che si nutre congiuntamente, dice Wacquant (2008), di assetti societari e politiche (ad esempio attraverso differenti regimi di welfare), ambienti sociospaziali all'interno dei quali gli individui crescono e si organizzano, ma anche «l'indegnità territoriale e lo stigma» che potenzia alienazione spaziale e la dissoluzione del senso del luogo[4].
In altre ricerche ha invece prevalso una visione policentrica della città odierna, all'interno della quale la geografia dell'abitare e delle periferie ha subito profondi cambiamenti (Cellamare 2016a; Bernardi, Bettini, Nuvolati 2020). Nelle metropoli contemporanee, se da una parte l'idea di centro si dilata, moltiplicandosi in innumerevoli e diverse centralità, viene anche meno una concezione tradizionale di periferia come limite alla città consolidata e universo culturale e sociale residuale. Queste ricerche pongono l'accento sulla formazione e ricostituzione di sistemi più complessi e multi-funzionali rispetto al passato inseriti in una dimensione metropolitana, rispetto ai quali non è più valida l'equivalenza tra periferia del moderno (in senso geografico, e quindi intesa in termini di luoghi distanti dal centro) e degrado, non solo fisico ma anche sociale e culturale[5].

---

4 L'antropologo Ferdinando Fava, nel 2008, dopo aver condotto uno studio etnografico sullo Zen di Palermo ha scritto un saggio sull'idea di margine urbano dal punto di vista simbolico (Fava 2008b): ghetto a Chicago, *banlieue* a Parigi, poligono a Barcellona, *hrushebi* a Mosca, *hood* a Los Angeles, ogni città dell'Occidente, scrive Fava, ha le sue parole per descrivere i propri quartieri «maledetti e marginali».
5 Alcune ricerche sul territorio post-metropolitano italiano hanno indagato queste dimensioni, i principali esiti sono restituiti nel testo collettaneo a cura di Balducci, Fedeli, Curci 2017. A differenza di altri aspetti (ad esempio, quello delle polarità commerciali), che costituiscono sistemi territoriali di per sé evidenti dell'evoluzione dei territori post-metropolitani, l'abitare è un nodo che è stato indagato nei suoi dispositivi territoriali e nelle sue forme organizzative legati al dove e in che forma, nei territori in movimento, popolazioni e abitanti trovano, pur con accezioni diverse dal passato, le polarità dello stare, della costruzione di legami, della stabilità (Cellamare, Cognetti 2017). Nuove forme di polarizzazione abitativa ci spingono infatti a riconsiderare le tradizionali categorie con cui leggere l'abitare, ad esempio legate alla distinzione tra *urban* e *suburban*, con allusione a una

All'interno di questa complessità dell'urbano le periferie non solo disegnano nuove figure, ma sono in movimento le stesse geografie. Le periferie contemporanee non rappresentano cioè contesti statici e immutabili, ma piuttosto «territori in bilico» (Bovone, Ruggerone 2009), quartieri «tra incertezza e trasformazione» (Zajczyk, Borlini, Memo, Mugnano 2005) legati a diverse traiettorie e forme di recupero urbano, ad esempio associati alla localizzazione di grandi funzioni, oppure a micro interventi di economia culturale. Questa prospettiva non è priva di ambiguità. Se questi fenomeni sono importanti per introdurre principî di cambiamento, in alcuni casi diventano la miccia per dinamiche spinte di trasformazione, ricambio degli abitanti, innalzamento dei valori immobiliari, con una conseguente fuoriuscita delle persone più povere e con minori risorse sociali.
Ma accanto ai processi di *upgrading*, attraversati da periferie che diventano elementi integrati nella città, possono verificarsi processi contrari di *downgrading*, che generano nuove periferie come parti escluse dalla città alla scala di interi quartieri o porzioni più piccole (Pasqui 2020). Sono questi i territori della contrazione, legati a declino e crisi, e a un insieme di dinamiche economiche, demografiche e sociali degenerative che si producono nello spazio. Il decadimento si lega ad esempio allo svuotamento di edifici e strutture, che innesca un ricambio della popolazione «verso il basso», la chiusura «a catena» di spazi commerciali, il consolidamento di un'immagine negativa del quartiere (Cognetti 2016a).
In questa visione processuale si possono quindi verificare sia dinamiche di recupero attraverso la costruzione di un circolo virtuoso di introduzione di elementi di qualità (*virtuous circle*), sia fenomeni di abbandono e contrazione legati a un declino dei contesti locali (*vicious circle*) (Schenkel 2015). Questo ci porta a riflettere sull'utilità di guardare alle periferie anche in forma diacronica, cioè nei processi lunghi del farsi, consolidarsi o disgregarsi delle fragilità.
Un ultimo interessante taglio interpretativo è legato alla questione periferie come «cruciale sfida di *policy*», che orienta i disegni del governo locale. Queste posizioni tendono a trattare tale «oggetto urbano» da differenti punti di vista, il primo dei quali è legato all'osservazione e valutazione delle politiche *area-based* o «a misura di quartiere» implementate in Italia, su modello di ben consolidati programmi europei; una prospettiva che si interroga, con una logica di apprendimento, su limiti e opportunità dell'azione pubblica, sulla rilevanza di interventi locali integrati, sulla possibilità di attivare meccanismi di *empowerment* di abitanti e gruppi locali. È una prospettiva che assume periferie e quartieri in crisi come terreno concreto di sperimentazione e innovazione dell'azione pubblica; che restituisce non l'assenza di una politica urbana per le periferie, ma l'emergere, ciclicamente, in diversi periodi, di una molteplicità e varietà di esperienze, rispetto alle quali manca ancora un discorso organico, col rischio di uno scarto tra retoriche e pratiche (Balducci, De Leonardis, Fedeli 2017)[6].
In forma diversa, anche altri contributi mettono le periferie al centro di uno sguardo progettuale, sostenendo la necessità di allontanarci da un'idea di periferia come luogo dell'errore di architetti e urbanisti[7], ma piuttosto ritenerla occasione per «riconoscere e attivare risorse» ed esplorare nuove frontiere del progetto sulla città esistente. Una periferia, in particolare quella pubblica, da ritenere laboratorio di progettualità (Di Biagi 2006; Laboratorio Città Pubblica 2009), col quale rimettere al centro contesti marginali che diventano occasione di costruire campi di progetto urbano e sociale più ampi (Infussi 2011)[8].

---

netta separazione tra mondi e stili di vita, poiché si assiste alla generazione di nuove interdipendenze, alla formazione di confini interni oppure molto più allargati, a processi di «abbandono» di aree urbane e di crescita di territori della seconda fascia metropolitana. Una sorta di diffusione a geometria variabile e multi-scalare delle dinamiche abitative urbane, tipiche dell'urbanizzazione regionale tracciata da Soja (2011). Nella stessa prospettiva, con un fuoco proprio sul tema delle periferie è il testo a cura di Carlo Cellamare (Cellamare 2016a). Il libro racconta l'abitare e i suoi cambiamenti nel contesto romano attraverso lo studio e la narrazione delle pratiche dell'abitare e dei fenomeni urbani connessi.

6 La stagione della programmazione integrata per le periferie e i cicli di politiche che sono succeduti sono stati un oggetto poco considerato dalla ricerca negli ultimi anni, in particolare in una logica di valutazione degli esiti e di apprendimento, forse anche a fronte di un quadro di politiche molto frammentato difficile da ricostruire. Alcuni testi che hanno dato un contributo in questa direzione sono: Briata, Bricocoli, Tedesco (2009) che ricostruiscono un quadro delle politiche di rigenerazione urbana a livello europeo e nazionale concentrando l'attenzione su radici, punti di forza e criticità di approcci integrati al tema delle periferie; Rossignolo (2020) che ambisce a ricostruire un quadro delle principali linee di politiche per le periferie negli ultimi trent'anni in Italia e Europa. Attraverso invece una prospettiva locale il testo di Bricocoli, Savoldi (2010) si interroga su forme e qualità dell'azione pubblica in recenti interventi milanesi di rigenerazione urbana, con un fuoco sulla relazione tra strumenti di governo del territorio e forme dell'organizzazione sociale e spaziale; il testo di Cognetti (2011) approfondisce invece i programmi che sono intervenuti sulla città pubblica milanese nell'arco di un decennio.

7 Secondo Secchi (1991, pp. 20-22), «la periferia appare oggi come un luogo di un commiato e l'occasione di un nuovo progetto» e ci rinvia a nuove opportunità legate alla riscoperta: «Tematizzata sino a poco fa principalmente come luogo di un'assenza da colmare, di una mancanza di servizi sociali, di verde, di spazi collettivi, di ordine e di qualità, di senso; contrapposta allo spazio fortemente connotato della città storica o al paesaggio rurale», essa richiede «prima ancora che piani e progetti, descrizioni pertinenti e spiegazioni specifiche».

8 Questa prospettiva rende conto degli esiti nazionali e locali della ricerca *La città pubblica come laboratorio di progettualità. La produzione di linee guida per la riqualificazione sostenibile delle periferie*, Programma di Ricerca biennale di Interesse Nazionale finanziato nel 2005 dal Ministero dell'Università e della Ricerca, coordinato da Paola Di Biagi, al quale hanno partecipato sei differenti università e gruppi locali.

La periferia, spesso usata al plurale per alludere a una sua connaturata poliedricità, emerge così come un territorio ricco di risorse, competenze e culture, anche endogene, da valorizzare all'interno di quadri strategici ampi, combinando, a diverse scale e in modo riflessivo, attori, sistemi di opportunità, vocazioni e interessi (Cottino 2009a; Calvaresi 2016).
Le periferie dunque come luoghi densi di possibilità, non corpi da sanare, ma territori da scoprire e valorizzare attraverso piattaforme di progetto complesse.

Un arcipelago di periferie. I gradienti di perifericità
Il concetto di periferia quindi non è univoco, rimanda a una geografia che cambia nel tempo, ed è legato in forma multidimensionale a diversi fattori di natura materiale e immateriale. Inoltre, la distribuzione territoriale non è sempre sui bordi e lontana dal centro storico o legata ad ampi comparti, piuttosto costruisce geografie inedite costituite non solo da periferie consolidate, ma anche da piccoli frammenti o *enclaves* prossime a vecchie e nuove centralità.
Tali condizioni rimandano a un arcipelago di isole. Sono infatti diversi i fattori che si combinano e stratificano rafforzando territori della marginalità, in alcuni casi confermando geografie tradizionali, in altri sovvertendo le tipiche dinamiche, ad esempio di relazione con il centro o con i bordi della città.
La condizione marginale delle periferie milanesi, ma certamente la riflessione si potrebbe estendere al territorio nazionale, è di tipo multidimensionale: attraversa, spesso simultaneamente, caratteri problematici di natura fisico-spaziale, socio-demografica, economica e culturale; questioni presenti nelle periferie con diversi gradi di intensità, compresenti e fra loro interagenti.
Si tratta di riconoscere «gradienti di perifericità» che identificano dei profili variabili delle periferie, grazie alla loro diversa concentrazione e mescolanza.
I gradienti infatti alludono a variazioni graduali di intensità di alcune proprietà all'interno di un corpo, segnando delle prevalenze. In alcuni casi infatti si possono riconoscere segni principali, più intensi degli altri e questo «predominio» orienta i caratteri del luogo.
Quindi i gradienti ci aiutano a riconoscere degli elementi ricorrenti, che alludono a condizioni «sovrastanti» e prevalenti, che segnano in forma più decisa i contorni di alcune periferie.
Queste proprietà, però, con intensità diverse possono essere anche combinate e compresenti. Esistono cioè rapporti di interdipendenza tra i diversi caratteri, legati a particolari fattori sia strutturali che congiunturali. Questo genera combinazioni specifiche che in qualche misura segnano l'unicità e la singolarità delle situazioni periferiche.
I gradienti possono contribuire a orientarsi nel caleidoscopio delle periferie, mettendo in luce origini o motivazioni che generano marginalità, riconoscendo ricorrenze e frequenze, come d'altra parte peculiarità.

III.3
Sottopasso di via Pontano, quartiere di via Padova.

In alcuni casi predominano le *problematiche di natura spaziale*. Da una parte vi sono questioni geografiche legate alla localizzazione dei quartieri che risultano fisicamente isolati, poco raggiungibili e connessi, ancora in uno stato «di sospensione», che ricorda le periferie del moderno, in assenza di buoni supporti per la mobilità.
Inoltre, spesso questi territori risultano attraversati da grandi assi stradali e ferroviari costruiti per favorire lo scorrimento veloce dei flussi in entrata e in uscita dal centro urbano piuttosto che per rispondere alla domanda di spostamento locale. Grandi strade che, peraltro, formano barriere interne ai quartieri periferici e ne limitano le interazioni tra le aree. Queste infrastrutture (strade, stazioni, scali ferroviari…) risultano usurate e di bassa qualità con il risultato che, percepite in modo negativo dagli abitanti, sono spesso sottoutilizzate (Colleoni, Scolari 2020).
Dall'altra parte, l'osservazione di dinamiche spaziali rivela uno stato diffuso di precarietà e degrado che riguarda sia i manufatti edilizi, talora contrassegnati da forte instabilità abitativa (alloggi ammalorati, insalubrità e insicurezza dei condomini, mancanza di standard minimi), sia gli spazi della strada e pubblici (sporchi e di scarsa qualità). Incuria e sottoutilizzo si traducono in un degrado diffuso, di cui evidenti segnali sono l'abbandono dei rifiuti e la scarsa attenzione agli arredi e ai piccoli spazi verdi.
In altri casi, il tema che prevale è quello della *monofunzionalità*, relativo quindi alla scarsità di quel mix di attività e servizi che connota qualità e dinamismo del vivere urbano e che oltre a limitare l'esperienza dell'abitare spesso genera poco scambio con la città. L'articolazione funzionale (in gran parte connessa al quotidiano e quindi legata ad esempio al commercio di prossimità, ai servizi al cittadino, agli spazi culturali e sociali) contribuisce a determinare il sistema di opportunità a disposizione degli abitanti e quell' «effetto città» che rende vitale e ricco il ritmo della vita quotidiana[9]. Non sempre questi brani di città sono nati come aggregati di alloggi privi di servizi e funzioni urbane, ma la loro assenza spesso è l'esito di uno svuotamento di funzioni e di dinamiche di interdipendenza a scala urbana, in cui le logiche localizzative delle funzioni diverse dalla residenza seguono altre traiettorie, di mercato o di sostenibilità economica. Queste perdite raramente sono accompagnate dalla formazione di nuove opportunità collegate a qualche significativa rifunzionalizzazione; segnano quindi, non solo una povertà di usi, ma anche una stagione di abbandono. Lo spazio inutilizzato (ad esempio negozi al piede degli edifici, ma anche grandi contenitori sociali o culturali) diventa così testimone dell'assenza di progettualità e di visioni di futuro.
Un terzo fattore di problematicità è rappresentato dalla *composizione sociale*. Si tratta di contesti in cui si sviluppa una concentrazione di popolazioni povere e fragili. Ad acuire questa condizione, per certi aspetti «connaturata» se riferita ad esempio ai quartieri di edilizia pubblica (che negli ultimi decenni hanno visto assegnare i pochi alloggi che si venivano a liberare alle categorie in prima posizione nelle graduatorie e quindi in condizioni di disagio grave), vi sono diverse e nuove sollecitazioni che possiamo attribuire a una forte diversità, particolarmente pesante in situazioni di deprivazione. Questa diversità, condizione urbana contemporanea, segna infatti fratture, cesure e conflitti sia all'interno delle aree di fragilità, sia verso l'esterno.
All'interno si osservano situazioni di debolezza con origini e percorsi articolati[10] che raccontano di luoghi ipersollecitati dalla convivenza, a tratti difficile e conflittuale, tra diversi (per provenienza, lingua, cultura e generazione). Il tutto acuito da elementi di carattere demografico riferibili alla popolazione anziana, portatrice di ulteriori fragilità.
Verso l'esterno, questi margini sociali pur a stretto contatto con parti ricche della città, sono in una assoluta incomunicabilità, legati a muri virtuali difficilmente attraversabili. La «città dei ricchi e la città dei poveri» (Secchi 2013) si guardano da molto vicino ma senza neanche sfiorarsi, col rischio di una polarizzazione spaziale che acuisce gli effetti di autocontenimento, legati a una sorta di estraneità diffidente.
Queste diverse condizioni di perifericità (ragioni geografiche e spaziali, assenza di un soddisfacente livello di complessità urbana sovente accompagnato da uno stato di abbandono di funzioni di servizio, concentrazione di condizioni eterogenee di fragilità) in alcuni casi coesistono, e in altri prevalgono le une sulle altre. Di fatto caratterizzano situazioni diverse, per articolazione e composizione, che vanno da alcuni dei quartieri di edilizia residenziale pubblica, a zone residenziali in condizioni di degrado o di sotto-dotazione di servizi urbani, a singoli complessi edilizi privati in cui si concentrano situazioni di disagio estremo (gli «edifici mondo»), a insediamenti informali situati in grandi vuoti urbani.
Sono queste le ragioni che ci portano a fare riferimento al concetto di arcipelago, come intreccio articolato di compresenze di situazioni

9 Ha posto in particolare l'accento su questo aspetto la ricerca nazionale promossa da Direzione Generale Arte e Architettura Contemporanee e Periferie Urbane (2017) relativa alla messa a fuoco dei caratteri della «periferia funzionale» metropolitana. L'indagine ha assunto come campo di analisi il territorio urbanizzato delle nove Città Metropolitane (a eccezione di Roma); attraverso un set complesso di indicatori ha esplorato la presenza di mix funzionale sui territori, assunto come elemento di qualità per valutare e orientare le iniziative di sviluppo e di rigenerazione urbana.

10 Si possono citare ad esempio tra i profili più comuni di fragilità quelli degli abitanti storici, che per ovvie ragioni anagrafiche sono molto avanti negli anni e che percepiscono come ulteriore privazione il peggioramento delle condizioni di vita nel loro quartiere, o le popolazioni immigrate a loro volta fragili. Sono popolazioni che necessitano di forme di sostegno e che invece si trovano a dover fare fronte al senso di diffidenza reciproca e alla difficoltà di costruire forme di convivenza che richiedono energie e capacità per superare difficoltà di relazione inter-generazionale e interculturale.

di disagio e di difficoltà, alcune oggettive e legate alle dinamiche economiche e sociali in atto, altre sovraimposte, aventi gradi differenti di problematicità così come di risorse interne ed esterne.

III.4
Rifiuti abbandonati nel parco della Vettabbia.

Periferie e città, la limitazione dell'esperienza

Sullo sfondo di queste considerazioni, di natura che potremmo definire materiale (legata agli spazi dell'alloggio e dei quartieri; al profilo e alla composizione degli abitanti), ci interessa sottolineare come ulteriore elemento di riflessione la rilevanza della dimensione narrativa e di rappresentazione che caratterizza la relazione tra contesti periferici e città. Si tratta di guardare alle dimensioni simboliche che generano immaginari, desideri e aspirazioni, e che alimentano condizioni di emancipazione oppure di stigmatizzazione delle periferie. La periferia si nutre spesso di rappresentazioni e auto-rappresentazioni che generano alterità, anche al di là delle condizioni abitative e di reddito. Sono alterità in alcuni casi generative (di azioni solidaristiche e di mutuo-aiuto, di accoglienza della diversità, di invenzione sociale), ma spesso anche limitanti, perché rimandano all'impossibilità di accedere alle opportunità di crescita offerte da una città in grande evoluzione come Milano. Sono condizioni che alludono alla sensazione, tipica di chi abita nelle periferie, di appartenere a luoghi senza una prospettiva, lontani dai flussi di innovazione e dai centri di decisione.
È questa una condizione non solo personale, ma che possiamo definire «territoriale». I «luoghi che non contano» alludono al fatto che nella città ci sono non solo «persone che non contano», ma che queste persone in alcuni casi si riconoscono e abitano in un luogo, e questo luogo diviene simbolo e cassa di risonanza di una dimensione di disattenzione e di disparità rispetto ad altre parti della città (Rodríguez-Pose 2018). Questo tipo di disagio sembra nascere come un sentimento legato alla «differenza» da parte degli spazi trascurati rispetto ai luoghi più prosperi e dinamici, e porta a forme di rifiuto, angoscia e risentimento[11].

11 Rodriguez-Pose legge come questo risentimento, in gran parte d'Europa, si sia riversato nelle dinamiche di voto, come una sorta di «vendetta» da parte di aree che hanno subito lunghi processi di declino e una sorta di dimenticanza da parte delle politiche. Se, a partire da questa suggestione, osserviamo i dati sulla distribuzione territoriale del voto alle elezioni europee del 2019 nella città di Milano, sembra di potere affermare che proprio i territori che si sentono perdenti appaiono più vicini, al momento del voto, ai nuovi movimenti che identificano nell'apertura delle frontiere e dei mercati, nella globalizzazione e nelle migrazioni le cause dei loro problemi. Nel caso del comune di Milano la distribuzione dei voti alle quattro liste principali mette in evidenza il Partito Democratico come gruppo maggioritario all'interno della circonvallazione interna, con Forza Italia che segue una distribuzione simile, mentre il voto alla Lega e quello al Movimento 5 Stelle sono presenti soprattutto nei quartieri periferici. Attraverso la piattaforma «Il voto strada per strada» nata dalla collaborazione tra «La Stampa» e Fondazione Isi è possibile analizzare nel dettaglio, attraverso rappresentazione cartografica

Questo è un divario che possiamo dire essere legato al riconoscimento, al fatto che «la città rischia di non vedere le sue periferie». Per disuguaglianze di riconoscimento si intendono differenze legate al ruolo, nella misura in cui i valori e le aspirazioni della persona non sono riconosciuti da parte della collettività e della cultura urbana (Barca, Morelli, Morniroli 2018); questo divario allude quindi a una mancanza di «approvazione» rispetto a un ruolo culturale attivo, legato alle abilità di contribuire in varia forma alla vita della comunità a cui si appartiene. L'assenza di riconoscimento ha progressivamente toccato molteplici fasce sociali della nostra società, pesando non solo sui territori ma anche direttamente sugli individui, mortificando la dignità delle persone e creando senso di esclusione (Barca 2018)[12].
Questa disuguaglianza, che possiamo definire una «condizione di perifericità», rimanda a un attributo relativo alla «limitazione dell'esperienza» che preclude l'accesso ad aspetti sostanziali della cittadinanza (Petrillo 2018) e si traduce in uno scarso potere negoziale e ridotta – difficile – considerazione nel disegno delle politiche.
La produzione della periferia è quindi anche esito di fratture interne, di forti differenziazioni sociali legate agli immaginari che diventano fattore di moltiplicazione dei margini e delle forme di marginalità (Pozzi, Rimoldi 2017). Sono dinamiche di difficile definizione, che si innestano principalmente sulle condizioni dell'esistenza della vita quotidiana e rimandano a un senso di «abbandono istituzionale», di cui spesso le stesse situazioni di degrado materiale diventano iconica dimostrazione (Grassi 2018). Queste condizioni rimarcano il rafforzamento di limiti sempre più stringenti nella definizione delle forme di accesso alle risorse, al potere, a una cittadinanza piena. Lo spazio della periferia, con il suo bagaglio di significati anche immateriali, diviene così portatore di istanze di giustizia, e gradiente della relazione materiale e simbolica tra diversi territori segnati da diseguaglianze. I diversi «gradi di urbanità» – fuori dalla relazione centro-periferia – sono determinati anche dalla composizione di legami e relazioni, connessioni e opportunità che i territori mettono in gioco (Levy, Fauchille, Povoas 2018).

Periferie, le risorse che non vediamo. Nuovo protagonismo sociale e laboratori di progettualità

A conclusione di questo saggio, propongo una riflessione su una delle principali risorse delle periferie, per loro stesse e per la città. Questa risorsa è rappresentata dalle persone che abitano in questi quartieri e si attivano per essi. È questo un insieme di persone in diverso modo radicate ai territori che possiamo descrivere attraverso un uso ampio e articolate dell'accezione di abitare.
Fuori dalle retoriche che vedrebbero le periferie o come il luogo più degradato o come il territorio rappacificato e ricomposto grazie all'azione dei suoi abitanti[13], credo che sia interessante vedere in questi luoghi un potenziale espresso in termini di generazione di una nuova cittadinanza e di welfare locale.
Si apre così la possibilità di ri-attribuire strategicamente valore e senso alle periferie, proponendo una inversione di prospettiva alla ricerca di tracce materiali e sociali che ci aiutino a interpretarle come campo di possibilità per rispondere ad alcuni degli elementi di crisi della città (Cognetti, Padovani 2016).
Infatti, la dimensione del quartiere periferico, dove certo non mancano situazioni di difficoltà e conflitto, mostra anche la capacità di porsi come potenziale e importante componente della qualità del vivere urbano di popolazioni fragili: allorché il quartiere diventa luogo di sperimentazione di nuove pratiche di convivenza tra diversi, ad esempio, in termini intergenerazionali e interculturali.
Inoltre, la situazione di emergenzialità sembra stimolare la possibilità di sviluppare minimali forme di trattamento grazie ad azioni «dal basso» legate a pratiche di mutuo aiuto e a reti radicate localmente.
Sono questi, infatti, territori di protagonismo da parte di chi, a vario titolo, abita quei luoghi e, attraverso diverse forme di abitare, si prende

georeferenziata, la geografia del voto delle europee del 2019 per la città di Milano; si veda: www.lastampa.it/politica/2019/06/07/news/milano-scopri-come-hanno-votato-i-tuoi-vicini-le-periferie-si-polarizzano-in-centro-crolla-l-m5s-1.36539249?refresh_ce.

12 Negli ultimi anni ha dato voce a un ampio dibattito sul tema delle diseguaglianze, anche con un accento sulle diseguaglianze di riconoscimento, il Forum Diseguaglianze e Diversità, che si propone come luogo di confronto tra cittadini organizzati e ricerca. Una occasione interessante di confronto tra intelligenze diverse che si propone l'intento di lavorare a livello nazionale per avanzare proposte di politiche pubbliche e azioni collettive che lavorino in termini di accesso equo ai diritti e alla redistribuzione delle possibilità. Molti approfondimenti si trovano sulla piattaforma: forumdisuguaglianzediversita.org.

13 Sottolineando questo aspetto, legato a una tipica dicotomia che caratterizza i contesti periferici nelle narrazioni, si apre un interessante racconto scritto da Zerocalcare per la rivista «Internazionale» (n. 1300, 29 marzo - 4 aprile 2019). La graphic novel si intitola *Cosa succede ad Aguzzano? Una storia (poco) rocambolesca di parchi, impicci e periferie tra la Tiburtina e la Nomentana* e, attraverso illustrazioni e testi ci dice: «Negli ultimi anni, il racconto delle periferie si è basato su due retoriche speculari. O l'inferno di degrado assoluto da cui si può solo fuggire. Oppure il mito del buon selvaggio (è un'esistenza austera e ci vogliamo tutti bene e prima dei titoli di coda ci abbracciamo)». Questo stesso concetto è ripreso da Felwine Sarr nel libro del 2018 dal titolo *Afrotopia* (Edizioni dell'Asino, Roma), citato da Alga e Calversi (2020) che ci invitano a ripulire l'immaginario da luoghi comuni e certezze. Sarr argomenta che serve un racconto per l'Africa che superi, da un lato, il pessimismo che la interpreta come un'occasione perduta e un luogo senza speranza; e dall'altro il facile ottimismo di chi vi legge un nuovo spazio di opportunità e di futuro. Sarr critica queste posizioni, perché entrambi fanno dell'Africa, come delle periferie, un fuori-mondo, un'eccezione, un eterno altro. Zerocalcare conclude l'introduzione scrivendo. «Ecco, a me 'sta roba mi fa rosicare perché le periferie essendo luoghi reali, seguono le leggi della realtà, ergo ci stanno sia cose belle, sia cose brutte».

III.5
Installazione *Adriano a Cielo Aperto* nell'ambito del programma di arte pubblica *Civic Media Art* curata da cheFare.

III.6
L'orto di comunità del Real Giardino presso quartiere Adriano, esito di un Patto di Collaborazione.

III.7
Attività di allestimento dello spazio pubblico dei giardini di via Ravenna nell'ambito dell'azione Luoghicomuni.

cura degli spazi e delle relazioni. Si tratta spesso di realtà piccole e frammentate (abitanti, attivisti locali, comitati di quartiere, associazioni culturali e sociali, attori del terzo settore radicati nei contesti), ma che costituiscono una ricca geografia di attori diversi, con mandati eterogenei, impegnati con costanza e dedizione in azioni specifiche sulla qualità del vivere quotidiano e sull'accesso ai diritti.
Una varietà di persone e soggetti che esprimono molteplici capacità: sono attori locali «esperti» delle questioni che attraversano le periferie e dei modi per trattarle, la cui attivazione, specialmente nei contesti più complessi (come i territori periferici e marginalizzati), diviene fondamentale in qualsiasi processo di promozione di politiche locali (Ranzini 2018a). In qualche misura danno quindi forma a produzione locale di welfare – di natura formale e informale.
Questo lascia tracce anche nella città fisica attraverso pratiche e processi di riappropriazione, nei quali questi soggetti, in forma individuale o collettiva compiono azioni di rigenerazione urbana: recuperano spazi abbandonati degradati o inutilizzati mettendoli nel «ciclo di vita» della città, praticano interventi collaborativi di cura, avviano attività di gestione responsabile e manutenzione. I processi di riappropriazione sono anche processi di ri-significazione dei luoghi, ovvero processi che ridanno un valore simbolico agli spazi e che ricostruiscono una relazione di significato tra lo spazio e il vissuto (Cellamare, Cognetti 2014).
Sono inoltre attori che non solo si confrontano col trattamento di questioni urbane complesse che attraversano le periferie, ma anche costruiscono bagagli conoscitivi e relazionali significativi.
Il territorio si configura infatti come campo comune per imparare nel corso dell'azione, una sorta di palestra di collaborazione e di apprendimento, rispetto alla quale i diversi soggetti sentono di appartenere come «soggetti al tempo stesso competenti e discenti» (Maranghi 2019).
Inoltre, queste azioni permettono di costruire tessuto sociale e valori simbolici. Valori che assumono una particolare rilevanza entro contesti segnati da processi di indebolimento materiale e immateriale degli aspetti relazionali e comunitari.
In questa prospettiva le periferie emergono come territori attivi, come i «luoghi di vitalità della città» (Cellamare 2019), in qualche misura come laboratori di innovazione che costruiscono competenze cercando creativamente e concretamente soluzioni a problemi di difficile trattamento.
È importante riconoscere queste risorse, sostenerle e valorizzarle, anche se sappiamo che possono costituire «solo» un tassello, vitale ed essenziale, di una visione progettuale ampia, in cui assumono un peso anche politiche pubbliche integrate di intervento sulla marginalità e sul degrado degli spazi. Si tratta di riconoscere tutti gli elementi endogeni ed esogeni utili a costruire una prospettiva di cambiamento, assegnando a una pluralità di attori ruoli e responsabilità. Per questa via, un'idea di progetto è dunque anche (e in prima battuta) un dispositivo di esplorazione dei contesti periferici; è un approccio volto alla costruzione di quadri strategici rispetto alle modificazioni in corso e auspicate, utili a fare emergere le potenzialità. Questa sottolineatura ci racconta della necessità di stare nelle periferie, di esercitare un approccio situato ed *embedded*, che è un processo di scambio e co-apprendimento (Lave, Wenger 1991; McFarlane 2011; Cognetti, Padovani 2018), attraverso il quale si può produrre nuova conoscenza sulla situazione, accompagnare processi, favorire la capacitazione locale, promuovere nuove progettualità.

Milano periferie
Mappare i gradienti di perifericità

Francesca Cognetti, Jacopo Lareno Faccini

Il saggio è stato ampiamente condiviso tra i due autori, tuttavia la scrittura delle parti può essere così attribuita: i primi tre paragrafi a Francesca Cognetti; i successivi tre paragrafi a Jacopo Lareno Faccini. Lo sviluppo delle mappature originali su cui è basato il saggio è stato possibile grazie alla collaborazione con il laboratorio Mapping and Urban Data (DAStU, Politecnico di Milano), e in particolare con Fabio Manfredini (responsabile del laboratorio) e Luigi Carboni, che hanno elaborato le rappresentazioni e trattato i dati che le costituiscono.

Il gesto di disegnare delle mappe della città, per quanto non esaustivo – la rappresentazione cartografica è per sua natura limitata e selettiva – ci permette di costruire delle prime ipotesi legate a geografie, a concentrazioni e addensamenti, a interdipendenze e relazioni. Ci consente di «vedere la città dall'alto», in una sua, per quanto parziale, interezza, collocando dinamiche e fenomeni nello spazio. Il capitolo presenta una prima riflessione intorno ad alcune rappresentazioni a scala urbana a supporto di una lettura multidimensionale delle periferie milanesi.

Mappe come potenziale aperto

Questa operazione di mappatura intende esplorare alcuni gradienti di perifericità, osservare come si spazializzano, proponendo un'immagine articolata, «al plurale», delle periferie urbane. Si tratta di una prima ipotesi che intende favorire l'emergere di un discorso capace di riconoscerne le peculiarità e le somiglianze, affiancando alla ricerca in profondità alla scala di quartiere, presentata nella seconda parte del libro, quadri trasversali entro cui confrontarsi. Senza la pretesa di poter restituire la complessità e l'articolazione dei fenomeni legati alle condizioni di perifericità, proponiamo dunque questa lettura come un tassello all'interno di una prospettiva più ampia. Si prospetta cioè di adottare non tanto un punto di vista per indagare le periferie, piuttosto di svilupparne «un altro» tra quelli già messi in campo e raccontati all'interno di questo stesso libro. Si tratta infatti di non privilegiare un modo di pensare «mimetico», come è stato sottolineato all'interno della cartografia critica[1], ma piuttosto di assumere le mappe come «costruzioni sociali e di potere» (Harley 1989) che hanno bisogno di essere «socialmente e spazialmente radicate» per innescare dialoghi che riguardano le relazioni tra la forma dei luoghi, le pratiche sociali e le politiche urbane (Allen, Apsan Frediani, Lambert, Ome 2015). Le mappe sono dunque un «potenziale aperto» (Corner 1999), nel senso che ricostruiscono il territorio più e più volte, con nuove e diverse conseguenze; esse infatti non solo catturano gli elementi della realtà, ma possono proiettarvi una varietà di effetti attraverso la loro interpretazione e il loro uso. Si tratta quindi, con tutte le cautele, di fornire strumenti di *policy* che possano ragionare alla scala urbana, anche a partire dalla distribuzione spaziale, riconoscendo potenzialità e limiti di questa operazione.

1 All'interno della cartografia critica si è sviluppata una posizione che indaga la costruzione delle mappe in una prospettiva «post-rappresentativa» (Dodge, Kitchin, Perkins 2009; Kitchin 2010). Quello che queste posizioni propongono è di non assumere la certezza ontologica della mappa come specchio della realtà, ma al contrario come forme di codificazione della realtà che orientano la nostra comprensione del mondo. John Pickles (2004), ad esempio, concepisce le mappe come inscrizioni, piuttosto che come rappresentazioni, per alludere alla natura performante delle mappe rispetto alla conoscenza. Pickles afferma che la cartografia è parte dell'interazione tra il mondo e noi stessi, pertanto descrive il mondo così come si manifesta al nostro modo di indagarlo.

Mappe di periferie: esperimenti in corso

L'utilizzo di rappresentazioni geografiche dei dati costituisce un approccio sviluppato solo di recente nel contesto italiano, ma consueto in campo internazionale. Il contesto anglosassone, ad esempio, ha una lunga tradizione di analisi socio-spaziale. Sono note le *poverty maps* di Londra messe a punto da Charles Booth alla fine dell'Ottocento, ripubblicate oggi con il contributo dei ricercatori della London School of Economics[2]. Pochi decenni dopo, la cultura del dato territoriale è stata alla base di diverse politiche, anche di natura discriminatoria: negli Stati Uniti la distribuzione spaziale della componente etnica ha rappresentato una costante delle analisi sociali, urbanistiche ed economiche sulla città fin dall'inizio del secolo (Freund 2007). Simbolica in questa prospettiva è l'operazione delle Università di Richmond, Virginia Tech e Università del Maryland, che ha ricostruito nel progetto *Mapping Inequality*[3] le mappe redatte nel 1935 dall'Agenzia federale per il controllo dei mutui per escludere dai prestiti per l'acquisto dell'abitazione la popolazione afroamericana e altre minoranze. Sono tra le prime mappe che identificano le aree periferiche, in questo caso «non adatte agli investimenti immobiliari», a partire dalla concentrazione di alcuni dati sociali – come la presenza di gruppi segregati – e dalle analisi qualitative degli operatori. Un esempio che conferma l'effetto retorico e spesso distorsivo delle mappature, che rischiano di tracciare e rafforzare oltre che descrizioni stigmatizzanti dei territori, orientamenti discriminatori.

In Italia negli ultimi dieci anni diverse ricerche si sono poste l'obiettivo di mappare città e periferie attraverso la messa a punto di indicatori di natura sociale e spaziale, legati alle forme di vulnerabilità, degrado fisico e povertà materiale. Queste ricerche hanno messo in campo diversi approcci e sguardi, da quelli più orientati ai temi della fragilità sociale, al patrimonio edilizio e abitativo, all'offerta di dotazioni urbane. Si tratta di un variegato panorama ancora in formazione che comincia a costituire un corpus di oggetti discorsivi; indagini, in alcuni casi orientate alle *policy* e spesso nate all'interno di contesti di governo, che hanno adottato scale differenti, da quella nazionale a quella metropolitana, fino alla comunale e micro-locale. Tra le principali, la ricerca condotta dalla Commissione Parlamentare di inchiesta sulle condizioni di sicurezza e sullo stato di degrado delle città e delle loro periferie nel 2017 a cui ha fatto seguito un affondo sui comuni capoluogo delle quattordici città metropolitane italiane (Andreoli, Biagetti, Casavola, Venanzi 2017) e il progetto *#mapparoma*[4], in cui oltre al focus su Roma si propongono alcuni affondi comparativi con le città di Milano, Napoli e Torino. In entrambi i casi, le mappature sono basate su una chiara prevalenza di dati di natura sociologica, demografica ed economica, riletti in forma integrata. Questi differiscono per approccio da un'altra operazione di mappatura messa in campo dalla ricerca Demix – Direzione Generale Arte e Architettura Contemporanee e Periferie Urbane (Mibact 2017) che riguarda i caratteri della «periferia funzionale» metropolitana. L'indagine ha assunto come campo di analisi il territorio urbanizzato delle nove città metropolitane (a eccezione di Roma), attraverso un set complesso di indicatori che ha esplorato la presenza di mix funzionale sui territori, assunto come elemento di qualità per valutare e orientare le iniziative di sviluppo e rigenerazione urbana[5].

A cavallo tra queste esperienze, dal punto di vista delle metodologie adottate, si collocano due lavori dal carattere più locale. Il primo riguarda le mappature sviluppate dal Centro Studi PIM per il progetto *Osservatorio Milano* (Assolombarda, Comune di Milano 2019) che ha visto lo sviluppo di nove diverse mappature dell'area metropolitana milanese; queste incrociano in maniera differente dati di natura sociale con la presenza di determinate funzione urbane[6]. Inoltre, risulta particolarmente innovativo il tentativo di giustapporre un indicatore di vulnerabilità sociale con la presenza e la densità di soggetti del terzo settore e dell'associazionismo culturale. Infine, sempre a scala comunale, un'interessante operazione di ricerca è stata condotta dal Comune di Bologna, impegnato da alcuni anni in un progetto di ricerca volto a indagare le differenze esistenti tra le diverse zone del territorio locale attraverso una misurazione innovativa della potenziale vulnerabilità e delle opportunità dei territori. Il progetto può rappresentare un utile contributo per individuare anche a livello nazionale una metodologia di valutazione e misurazione delle situazioni di fragilità demografica, sociale ed economica, in primo luogo con riferimento alle città metropolitane maggiormente caratterizzate da queste situazioni[7].

---

2 Charles Booth e il suo team di ricercatori hanno camminato per tutte le strade di Londra, riempiendo 450 taccuini con le loro note e producendo 60 mappe, colorate a mano per indicare il livello di povertà. La ricerca viene ripubblicata oggi on line con il contributo dei ricercatori della London School of Economics che propongono una operazione di comparazione con la situazione attuale. Le mappe e i taccuini sono oggi liberamente interrogabili grazie al progetto *Charles Booth's London. Poverty Maps and Policy Notebook* (consultabile on line: booth.lse.ac.uk/map/14/-0.1174/51.5064/100/1).

3 Le mappe e le trascrizioni degli agenti del Federal Government's Home Owners' Loan Corporation (Agenzia per i mutui del governo federale) sono oggi visibili e interrogabili al sito: dsl.richmond.edu/panorama/redlining.

4 Gli esiti della ricerca sono intracciabili sul sito www.mapparoma.info e restituiti nella pubblicazione di Lelo, Monni, Tomassi (2019).

5 Il volume è disponibile on line all'indirizzo: www.aap.beniculturali.it/atlante_periferie_funzionali.html. L'indagine relativa alle città metropolitane di Bari, Bologna, Firenze, Genova, Milano, Napoli, Reggio Calabria, Torino, Venezia propone una lettura inedita delle aree periferiche, messa a punto attraverso l'approfondimento del grado di dotazione di attività e servizi a disposizione dei cittadini.

6 Le mappe sono scaricabili e interrogabili on-line all'indirizzo: www.pim.mi.it/osservatoriomilano2019/.

7 La presentazione dei diversi indicatori sviluppati nel lavoro bolognese è visibile on-line all'indirizzo: www.comune.bologna.it/iperbole/piancont/poverta/PRES%20Periferie%20a%20Bologna30maggio.pdf.

Vulnerabilità, dotazioni del welfare materiale e accessibilità: descrivere le condizioni di perifericità

Le diverse ricerche sopra brevemente descritte costituiscono un apparato cartografico importante per costruire una rappresentazione di livello nazionale e orientare le politiche, pur delineando con tutta evidenza un dibattito ancora in corso. Il lavoro qui presentato, attraverso delle mappature che mettono in luce differenti indicatori di perifericità per la città di Milano, da un lato ambisce a interloquire con questa costruzione di rappresentazioni in corso, dall'altro mira a costruire uno sfondo comune all'interno del quale collocare le diverse periferie oggetto privilegiato dell'indagine promossa all'interno del programma *Lacittàintorno* e descritte nella seconda parte del libro. Un'unità di analisi limitata al confine comunale, che certo non ci parla delle importanti interdipendenze di scala metropolitana e di consistenti condizioni di perifericità che travalicano le estremità amministrative della città. Allo stesso tempo, però, un lavoro che mette a punto rappresentazioni pensate per testare una metodologia che potrebbe essere estesa e replicata a questi territori in futuro.

Quali dimensioni indagare dunque per descrivere le condizioni di perifericità? Attraverso un set di dati e indicatori sono state considerate tre diverse dimensioni che segnano delle forti differenze in termini di condizioni materiali e sociali e di accesso alle opportunità.

Si tratta di tre punti di osservazione differenti che rappresentano la possibilità di mettere in luce alcune dimensioni che contraddistinguono il concetto di periferia urbana nella città contemporanea. Il primo permette di osservare come i fattori di vulnerabilità ed esclusione sociale si organizzano nello spazio, facendo emergere la matrice sociale e demografica di questo concetto; il secondo descrive in che modo i sistemi di welfare materiale, le dotazioni di servizi e l'offerta commerciale si localizzano e si concertano nella città, evidenziando la prossimità spaziale alle dotazioni e alle opportunità proposte dalla città; il terzo registra il livello di accessibilità dei territori in relazione al servizio pubblico di mobilità.

Queste tre prospettive descrivono ragioni geografiche e spaziali, presenza di un certo livello di complessità urbana legato ai servizi e alla connessione con altre parti di città, concentrazione di condizioni eterogenee di fragilità. Sono una via per descrivere attraverso rappresentazioni cartografiche i gradienti di perifericità indagati nel capitolo precedente. L'idea dei gradienti è restituita attraverso le intensità con cui gli indicatori si distribuiscono nella città, disegnando territori in cui si addensano, divenendo prevalenti. Al contempo l'ipotesi di lavorare su diversi indicatori permette di capire come questi gradienti si intersecano tra loro, facendo emergere in alcuni casi delle relazioni specifiche tra i vari caratteri, segnando la specificità delle condizioni periferiche.

L'operazione è dunque duplice. Da una parte ci permette di guardare nel dettaglio all'interno di ogni situazione, quindi comprendere differenze tra territori, ma anche varietà interne allo stesso territorio grazie all'utilizzo di unità di analisi puntuali (come le sezioni di censimento e le aree di censimento ACE) che costituiscono una filigrana sottile su cui interrogare la distribuzione dei dati. D'altra parte ci permette di leggere queste mappe comparandole tra loro e in qualche misura sovrapponendole, per comprendere come si combinano i diversi fattori. Da questa doppia lente – differenze interne e differenze tra territori, ma anche sovrapposizione o non corrispondenza tra fenomeni diversi di perifericità – emerge una lettura multidimensionale delle periferie.

Attraverso questa composizione dei dati[8] sono state dunque costruite delle rappresentazioni cartografiche complesse relative a tre campi, che possiamo così riassumere: «gli abitanti e le condizioni dell'abitare» guardando ai livelli di vulnerabilità sociale e materiale, uniti a una riflessione sui fattori di fragilità demografica (restituiti nelle figg. III.8-9); «le dotazioni urbane» relative ai sistemi di welfare urbano e del commercio di prossimità presenti nei territori (figg. III.10-11); la «connettività» relativa ai livelli di presenza del mezzo pubblico (fig. III.12) e quindi alla possibilità di essere facilmente accessibili oppure, al contrario, di poter accedere ad altre parti della città.

Mappare gli abitanti e le condizioni dell'abitare in periferia

Come rappresentare le condizioni sociali dell'abitare in periferia? Per istruire una prima riflessione sono state costruite due rappresentazioni che affrontano il tema da prospettive differenti: la prima costituisce la possibilità di indagare la concentrazione dei fattori di vulnerabilità sociale e materiale degli abitanti all'interno della città, la seconda esplora le fragilità demografiche dei differenti territori e la capacità di ricambio generazionale.

La prima mappatura (fig. III.8) si inserisce in una tradizione ormai consolidata che guarda «alla struttura delle disuguaglianze sociali come diversificata e plurale, complessivamente meno centrata alla posizione occupazionale dei soggetti» (Ranci 2008, p. 161). Una prospettiva che predilige l'analisi di più fattori di vulnerabilità potenziale delle famiglie, che certamente interagiscono con la fragilizzazione dei sistemi di welfare e la precarizzazione del mercato del lavoro: il livello di istruzione, la struttura familiare, le condizioni abitative diventano così degli elementi determinanti per definire la vulnerabilità sociale di chi abita la città. Si tratta in questo senso di una dimensione che rappresenta l'esposizione di alcune fasce di popolazione sottoposte a situazioni di «rischio», inteso come incertezza della propria condizione sociale ed economica e «incapacità nell'assorbimento degli elementi di tensione» (Torri 2007,

8 Le analisi si basano su un *dataset* originale che combina differenti fonti esistenti quando è stato possibile al livello minimo di dettaglio delle sezioni di censimento, mentre quando la natura del dato non lo ha permesso a livello delle ACE. Un elemento di interesse delle mappature riguarda le fonti e la natura dei dati: l'approccio sviluppato si fonda infatti sia sull'utilizzo di dati multi-fonte di provenienza geografica (provenienti dagli *open data* comunali, da Open Street Map, dal Database Territoriale Regionale), sia su dati di natura statistica (censimento Istat e database anagrafico comunale). Per questo ogni mappa vede l'utilizzo di una specifica metodologia di trattamento del dato che tiene conto della sua natura, ma anche della necessaria comparabilità tra le diverse elaborazioni prodotte.

p. 35). In questa prospettiva la mappa rappresenta sia i territori in cui la dimensione della vulnerabilità sociale e materiale assume la forma del disagio sociale più conclamato, sia i territori dove i fattori di rischio sono latenti e quindi potenzialmente in crescita. La mappa è costruita attraverso una rielaborazione originale e semplificata dell'Indicatore di vulnerabilità sociale e materiale già proposto da 8milaCensus[9], con l'utilizzo dei dati a disposizione per il Comune di Milano. In particolare la rappresentazione è il risultato della combinazione di quattro indicatori[10]: incidenza delle famiglie con potenziale disagio economico, incidenza di giovani fuori dal mercato del lavoro e dalla formazione, incidenza di anziani soli e il tasso di sovraffollamento abitativo.

L'osservazione di questa prima rappresentazione rivela una geografia peculiare relativa alla compresenza e alla sovrapposizione di indicatori di disagio concentrata in specifiche parti della città che presentano livelli di criticità particolarmente gravi: nel settore ovest, il quartiere San Siro di cui è ben evidente il quadrilatero ERP, e il quartiere Giambellino-Lorenteggio dalla forma allungata; nel settore nord, i quartieri di piazza Prealpi, villa Pizzone e Quarto Oggiaro saldati insieme; a est il quartiere di via Padova. Altre zone presentano livelli di vulnerabilità molto alti: nel settore sud il quartiere Chiesa Rossa; a sud-est l'area compresa tra corso Lodi, via Mecenate e l'Ortomercato; a nord il quartiere Comasina e Prato Centenaro-Niguarda. Alcuni di questi territori emergono nella rappresentazione in maniera puntuale e circoscritta, con concentrazioni peculiari dissimili dall'intorno che rafforzano l'immagine dell'«enclave», altri si costituiscono in costellazioni più estese, quasi a formare dei «sistemi territoriali di vulnerabilità».

La rappresentazione sembra confermare una forte differenza tra centro storico e aree di confine, ma appare meno accentuata la tradizionale lettura della periferia legata principalmente ai quartieri di edilizia pubblica. Questi stessi quartieri sono stati attraversati da dinamiche di sviluppo e in alcuni casi appartengono solo in parte alle geografie della vulnerabilità sociale e materiale – ad esempio il quartiere Gallaratese, ma anche il quartiere Gratosoglio. Inoltre emerge come alcune delle situazioni più vulnerabili riguardino brani di edilizia privata, sezioni urbane nelle quali la concentrazione di alloggi in locazione dalle basse dotazioni e i fenomeni di localizzazione delle popolazioni immigrate hanno generato condizioni abitative e di fragilità molto complesse.

La seconda mappa (fig. III.9), diversamente rispetto all'indicatore di vulnerabilità sociale e materiale, restituisce la dimensione della fragilità territoriale, una prospettiva fortemente connessa ai cambiamenti demografici che mette in evidenza i processi di invecchiamento e di spopolamento di un determinato territorio. Osservare le periferie attraverso questo indicatore è particolarmente interessante poiché si tratta di una dimensione radicata principalmente dalla tradizione degli studi territoriali e geografici che hanno analizzato la trasformazione delle aree rurali (Macchi Jànica 2019), poi riattualizzata nel contesto italiano all'interno del corpo di riflessioni sulle «aree interne» (Barca 2015). È uno strumento che può aiutare a identificare quei territori a rischio di ripiegamento e dove la componente anziana diventa particolarmente rilevante, come di contro evidenziare la capacità di un luogo di essere accessibile e attrattivo per nuove popolazioni. Nello specifico la mappa spazializza una rielaborazione originale dell'indicatore di potenziale fragilità demografica[11] combinando tre diverse variabili: la variazione percentuale della popolazione residente (2015-2018), il saldo naturale medio annuo (2015-2018) e la percentuale della popolazione residente di età maggiore di 75 anni (2018)[12]. Un ambito territoriale sarà potenzialmente tanto più fragile, sotto il profilo demografico, quanto più la sua consistenza demografica tenderà a calare, e tanto più, di conseguenza, la popolazione insediata tenderà a invecchiare senza ricambi.

Dall'osservazione di questa seconda mappa emerge una geografia territoriale fortemente diversa da quella mostrata nella rappresentazione precedente. È presente una marcata differenza tra le aree centrali della città e quelle di confine e differentemente da quanto mostrato in precedenza le aree definite «fragili» dall'indicatore sono tutte situate nella corona più esterna della città. È inoltre interessante notare come

9 L'indice Istat è costruito attraverso la combinazione di sette indicatori elementari che descrivono le principali dimensioni «materiali» e «sociali» della vulnerabilità. I valori ottenuti, associati alla posizione nella graduatoria nazionale, forniscono dunque elementi utili per l'individuazione di potenziali aree di criticità. La metodologia utilizzata per la costruzione dell'indice di vulnerabilità è basata sull'ipotesi di non «sostituibilità» delle diverse componenti e consente di produrre un indice sintetico non compensativo confrontabile nel tempo in termini «assoluti» (Adjusted Mazziotta-Pareto Index – AMPI$^{+/-}$). Per una nota completa sull'indicatore Istat si veda la nota metodologica fornita dall'istituto: ottomilacensus.istat.it/fileadmin/download/Indice_di_vulnerabilit%C3%A0_sociale_e_materiale.pdf.

10 I primi tre indicatori sono derivati direttamente dal dataset Istat 8milaCensus (2018), il quarto è calcolato a partire dal censimento delle abitazioni (2011) utilizzando un criterio di sovraffollamento che mette in relazione il numero di residenti con il numero di stanze per alloggio (sovraffollamento grave). I singoli indicatori, normalizzati con la tecnica dello z-score – che genera una variabile adimensionale con distribuzione «standard», ossia di media zero e varianza pari a 1 – sono stati sommati a costruire l'indicatore di vulnerabilità sociale e materiale che per facilità di lettura è stato successivamente tradotto in categorie a seconda della distanza assunta rispetto al valore medio.

11 L'indicatore si ispira a quello sviluppato dalla Città Metropolitana di Bologna nel documento *Periferie a Bologna: vulnerabilità e opportunità. Una proposta di misurazione per le città italiane* richiamato nel paragrafo precedente. L'indicatore bolognese è ottenuto come sintesi di tre specifici indicatori costruiti sulle 90 aree statistiche in cui è diviso il comune di Bologna: variazione percentuale della popolazione residente nel periodo 1/1/2013 - 31/12/2017; saldo naturale medio annuo nel quinquennio 2013-2017; percentuale della popolazione residente con 80 anni e oltre al 31/12/2017.

12 Ognuno dei tre indicatori assegna per ciascuna variabile un punteggio da 0 a 100 ai valori nelle diverse aree. Per l'indicatore di potenziale fragilità demografica è stata quindi effettuata la media aritmetica semplice dei tre indicatori.

III.8
La distribuzione geografica dell'indice di vulnerabilità sociale e materiale a Milano.

III.9
La distribuzione geografica dell'indice di fragilità demografica a Milano.

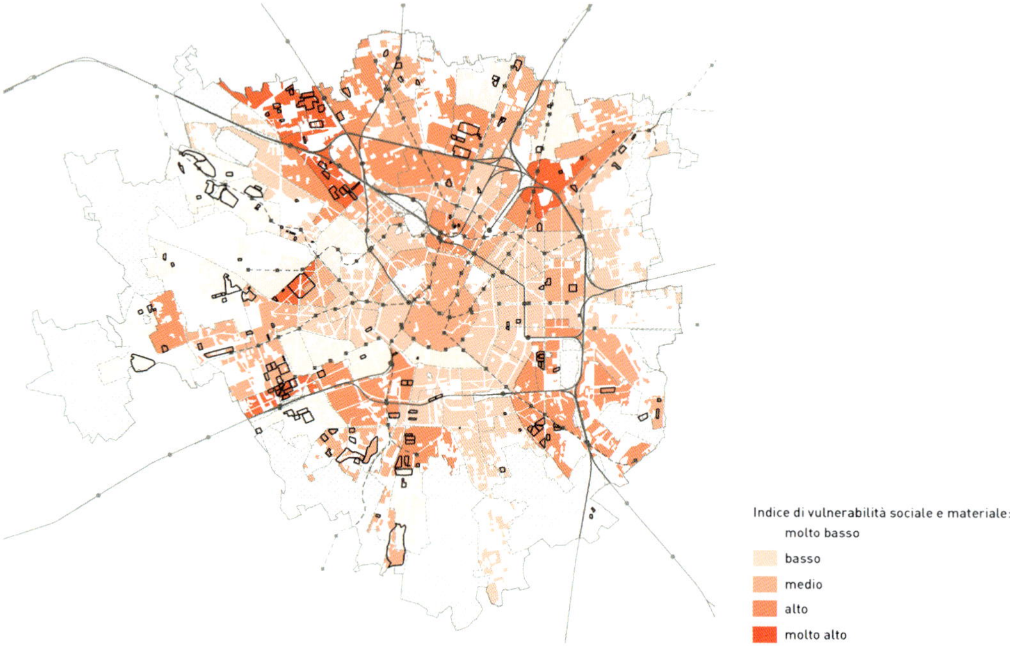

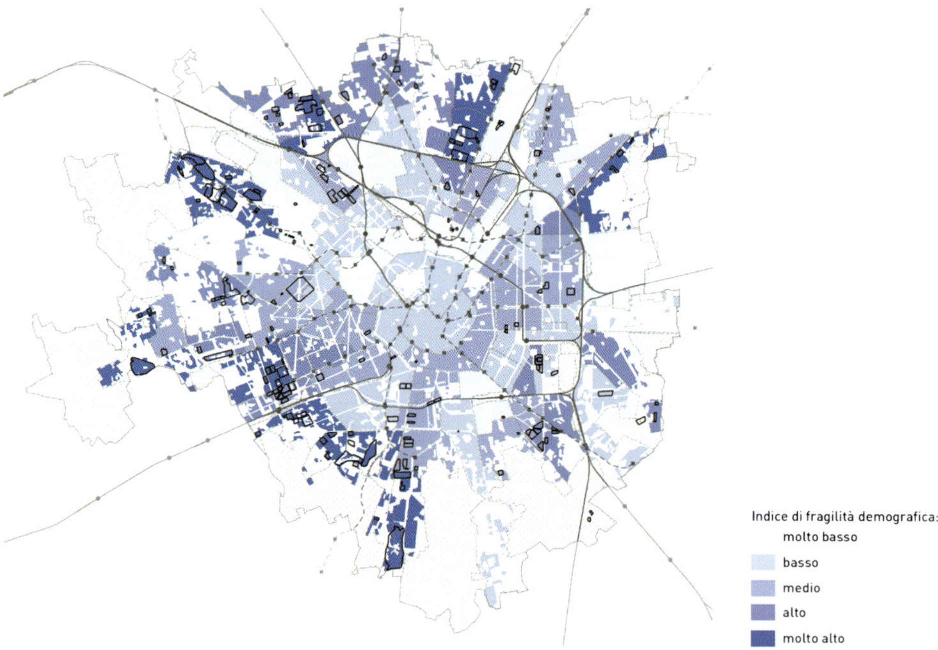

non ci sia quasi corrispondenza tra le due geografie disegnate, anzi alcuni territori che emergono come gravemente compromessi rispetto a questo indicatore non lo sono se osservati nella prospettiva di quello precedente. È il caso a nord-ovest del quartiere Gallaratese che indentifica un importante settore urbano tra i più fragili della città, in virtù della importante presenza di anziani sulla popolazione totale (superiore al 35%) che lo fa essere il quartiere più «vecchio» della città; un territorio che nella rappresentazione precedente compariva tra le aree con un indicatore di vulnerabilità sociale e materiale tra i più bassi. Allo stesso modo anche il quartiere Gratosoglio a sud di Milano e il quartiere Feltre a nord est, mettono in evidenza una dinamica contrapposta tra la capacità di ricambio generazionale e la vulnerabilità sociale e materiale. Uno dei rari casi in cui i due indicatori si sovrappongono è rappresentano dal quartiere dell'estrema periferia nord Quarto Oggiaro. Ancora una volta dunque non sembra confermarsi la sovrapposizione tra edilizia residenziale pubblica e la periferia della fragilità demografica. Diversi territori che stanno invecchiando sono però quelli che erano i grandi quartieri di edilizia pubblica degli anni Sessanta e Settanta, che non hanno ancora visto un ricambio di popolazione (tra questi il quartiere Sant'Ambrogio alla Barona e il quartiere di Inganni), come invece avvenuto per alcuni quartieri ERP costruiti a cavallo della seconda guerra mondiale. A questi si aggiungono i territori in cui vi è stata una forte presenza dell'intervento cooperativo, come Niguarda, nella periferia nord-est, mettendo fortemente in relazione la distribuzione di questo indicatore con lo sviluppo delle politiche abitative nella seconda metà del Novecento. In generale, guardando anche al dato medio-alto dell'indicatore, si viene a delineare chiaramente una corona urbana continua interrotta solo episodicamente che mostra una condizione comune a molti dei territori dell'anello periferico: la presenza di una cospicua popolazione anziana e un'offerta abitativa poco attrattiva e rigida che rischia di inibire il ricambio generazionale.

Mappare le dotazioni urbane della periferia e i livelli di connessione territoriale

Uno dei gradienti per descrivere la perifericità di un territorio è la potenziale accessibilità delle dotazioni urbane. Si tratta di quello che l'atlante Demix, sviluppato dal Ministero dei beni e delle attività culturali e del turismo, ha definito «effetto città» (Mibact 2017) e cioè la presenza nel territorio di un mix di funzioni urbane che favoriscono l'accessibilità a servizi e beni. L'idea che guida queste rappresentazioni è che la perifericità di un territorio non sia connessa unicamente alle dimensioni sociali che caratterizzano i suoi abitanti, ma riguardi anche le opportunità offerte dallo spazio urbano. Le mappe proposte su Milano vanno in questa direzione, provando a disegnare delle geografie specifiche intorno a due differenti tipologie di dotazioni: l'offerta degli spazi del welfare – (la piscina, la biblioteca, il parco urbano) – e funzioni urbane su strada, in particolare quelle commerciali e culturali, intese come elementi di vivacità. Queste mappe appaiono radicalmente diverse dalle precedenti, perché si discostano da un'analisi delle qualità delle popolazioni che abitano i territori e si concentrano sulla definizione di indicatori di densità per alcune funzioni urbane; tale spostamento determina un cambiamento di prospettiva radicale anche rispetto all'approccio del dato, non più di origine sociale ma di natura più puramente geografica e spaziale.

La prima mappa (fig. III.10) riguarda la prossimità di chi abita nelle sezioni di censimento della città a servizi e dotazioni di welfare urbano. La rappresentazione ricostruisce il tempo necessario per raggiungere i diversi servizi considerati e per esclusione, identifica i luoghi in cui le possibilità di accesso sono molto scarse, configurando quindi una condizione di «perifericità» rispetto ai temi del benessere, della cultura e della salute. La mappa visualizza un indicatore composito che associa a ogni sezione di censimento la distanza, in termini di tempo impiegato, per raggiungere: aree verdi[13], servizi per lo sport pubblici e piscine, biblioteche pubbliche, stazioni ferroviarie, stazioni MM esistenti[14]. Tali servizi si configurano quindi sia come recapiti puntuali di attività, sia come elementi di connessione con una serie di opportunità raggiungibili con i mezzi pubblici. Si tratta di un tentativo sperimentale di guardare alla relazione tra perifericità e le opportunità generate dai servizi urbani che mette al centro la maggiore o minore facilità di movimento, espressa in termini di tempo impiegato a raggiungere una serie di servizi a piedi[15]. La geografia che si viene a definire non è scontata e molti dei territori contraddistinti da gradienti di alta perifericità nelle mappature precedenti qui emergono come luoghi dall'alta accessibilità ai servizi a conferma, da una parte della tenuta dei quartieri nati come «autosufficienti», come ad esempio la Comasina e il Gallaratese, dall'altra di un'articolazione multipolare dei bordi cittadini dove importanti attrezzature urbane si

---

13 Per la costruzione dell'indicatore per aree verdi si intendono le aree attrezzate e fruibili, così come da definizione del Comune. Sono quindi esclusi i grandi parchi urbani (parco Sud, parco Forlanini ecc.). Inoltre, per ricostruire l'accessibilità sono inoltre state escluse le aree verdi con superficie inferiore a 10.000 metri quadrati.

14 I dati che stanno alla base della costruzione di questa mappa sono di provenienza geografica e attingono a diverse fonti sia istituzionali sia generate dagli utenti (OpenStreetMap). Per ogni tipologia di servizio sono state ricostruite le isocrone pedonali (5, 10, 15 minuti) su un grafo stradale pedonale aggiornato predisposto a partire dal reticolo stradale, opportunamente modificato, ad esempio eliminando le strade ad alto scorrimento, e dei percorsi pedonali di OpenStreetMap. Successivamente le isocrone pedonali sono state «campionate» per ogni Sezione di censimento – che rappresenta in questo caso l'unità territoriale di riferimento – in modo da ottenere i diversi livelli di accessibilità a ciascun servizio per ciascuna sezione di censimento. La combinazione delle isocrone dei singoli servizi con le tre soglie temporali produce l'indicatore sintetico di accessibilità potenziale al welfare urbano.

15 Per la costruzione della mappa è stata considerata una velocità pedonale di 4 chilometri orari corrispondente a circa 1 metro al secondo; nel caso di categorie scarsamente mobili quali ad esempio anziani, portatori di disabilità o bambini piccoli, tale velocità si può contrarre significativamente riducendo ulteriormente quindi il livello di accessibilità ai servizi.

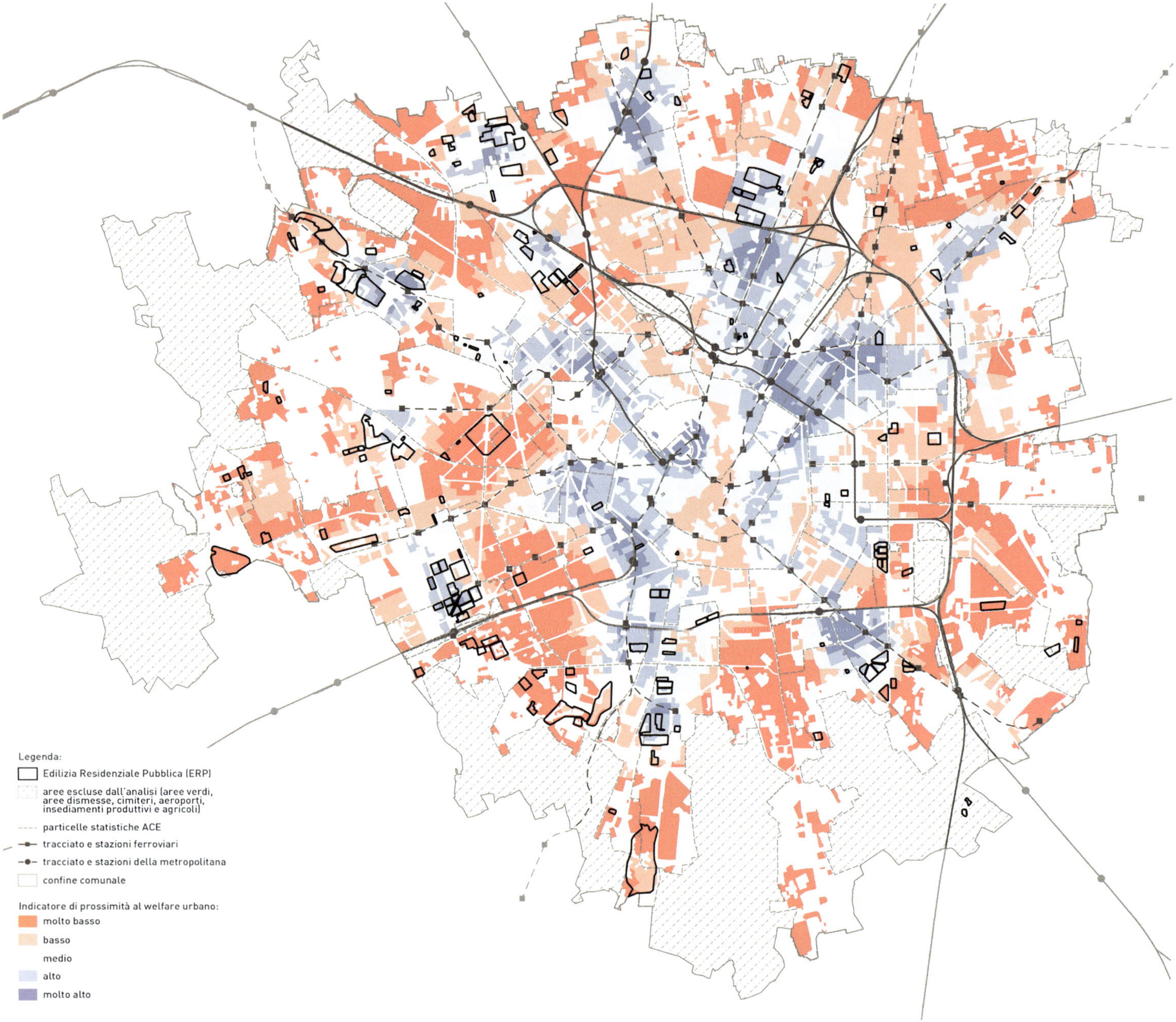

III.10
L'accessibilità delle singole sezioni di censimento alle dotazioni di welfare urbano a Milano.

sono sviluppate «intorno» agli insediamenti periferici, come nel caso del quartiere Lorenteggio e del quartiere Corvetto. Altri territori invece risultano deprivati dal punto di vista della possibilità di accesso a servizi quali biblioteche o piscine, che si collocano a distanze non raggiungibili a piedi: alcune di queste sono periferie «interne» alla città come il quadrilatero di San Siro e il quartiere Ortica, altre sono poste ai bordi della città come Baggio, a ovest, Gratosoglio, a sud, e Ponte Labro, a sud-est. Inoltre emerge il carattere puramente residenziale e commerciale di alcune aree semi-centrali della città, «ex» periferie cittadine come il tratto centrale di via Solari-Savona-Tortona, oggi rinomata a scala internazionale per ospitare gli eventi della settimana della moda e del design e il quartiere Isola, a lungo al centro del fermento contro-culturale cittadino, oggi ridisegnato dai grandi interventi di sviluppo immobiliare e conosciuto per le torri del Bosco Verticale disegnate dallo studio Boeri. A una lettura complessiva l'immagine appare quasi a cerchi concentrici con una prima corona molto servita, un secondo anello di periferie più interne meno servite e un bordo più esterno caratterizzato da una composizione «a macchie». Inoltre, alcune aree anche molto centrali sono equiparabili ad alcune delle periferie «desertificate», una condizione non ancora osservata tra gli indicatori precedentemente mappati. La città dell'accessibilità al welfare urbano appare così una città in parte imprevista, dove alcune periferie ritrovano una centralità nel tessuto urbano. Si tratta dunque di una rappresentazione che se da un lato mostra l'esistenza di periferie funzionali, dall'altro mette in luce il grande patrimonio di dotazioni di molti territori identificati come periferici rispetto ad altre lenti di osservazione. Una precauzione nella lettura è legata al fatto che l'indicatore raffigura l'accessibilità potenziale al welfare urbano di prossimità, senza rilevare il reale utilizzo di questi servizi da parte degli abitanti delle periferie. Il mancato accesso può avvenire infatti per diversi motivi che prescindono dalla vicinanza fisica: accessibilità economica, scarsa familiarità con il servizio, barriere culturali. Questo ci permette di riflettere sulla necessità di strumenti di politiche differenziati per favorirne l'effettivo utilizzo.
La seconda mappa (fig. III.11) legge la vivacità di prossimità a partire dalla mappatura dei servizi su strada e nello specifico dei servizi commerciali e culturali[16]. La rappresentazione costruita sotto forma di mappa di calore – «heatmap»[17] – mostra l'addensarsi di queste funzioni definendo le aree della città dove il piano terra degli edifici è maggiormente utilizzato per servizi diversi dalla residenza. L'interesse di questo indicatore, apparentemente semplice, risiede nella possibilità di confutare o confermare un elemento tipico dell'immaginario della periferia legato all'assenza di funzioni su strada e del piccolo commercio al dettaglio che caratterizzano la vitalità delle aree urbane. È questa un'immagine che fa da contraltare alla mappatura precedente, incentrata sulle dotazioni di infrastrutture pubbliche, spesso di dimensioni consistenti e isolate rispetto alle consistenze dell'abitato. Si tratta in questo caso delle città del commercio e della fruizione culturale privata, fatta di spazi minori e di un pulviscolo di attività di intenso uso quotidiano.
Le geografie che si disegnano mostrano un centro cittadino forte, in cui l'attività commerciale permea l'intera cerchia interna della città, contraddistinta da un commercio al dettaglio trainato anche dai grandi marchi e dal turismo cittadino. Oltre questo primo nucleo centrale, la città della «vivacità di prossimità» si estende soprattutto lungo le radiali oltre la cerchia della circonvallazione: gli assi di viale Monza e via Padova a nord-est, corso Lodi a sud-est fino al quartiere Corvetto, via Meda a sud, via Solari-Giambellino a sud-ovest, via Novara a ovest, l'asse del Sempione a nord-ovest. Si determinano così differenze sostanziali con la rappresentazione precedente: alcuni territori, come il quartiere ERP di San Siro e via Padova emergono come vivaci e saldati alla città, mentre quartieri contraddistinti da un'importante presenza di dotazioni di welfare urbano come il quartiere Lorenteggio, il quartiere Gallaratese e Quarto Oggiaro «scompaiono» dalla mappa. Si intercettano anche alcune «isole», come il quartiere Baggio a ovest, in cui si è conservata la struttura del borgo, garantendo la tenuta del commercio di prossimità e di un tessuto vivace del quotidiano. Al contempo sono visibili alcune grandi periferie funzionali, luoghi a bassissima intensità in entrambe le mappe, come i quartieri ERP di Gratosoglio e Ponte Lambro.
L'ultima mappatura (fig. III.12), infine, aggiunge un ulteriore gradiente di perifericità, raffigurando i livelli di accessibilità pedonale al trasporto pubblico urbano veloce: metropolitana e passante a cui sono state aggiunte le fermate previste per la nuova linea MM4. Sono mappate le isocrone pedonali (5, 10, 15 minuti) per la rete esistente (stazioni metro/passante) identificando il livello di connessione urbana dei diversi territori. Si tratta di una lettura che permette di avere una rappresentazione utile per aprire al tema delle connessioni in ambiente urbano che ripropone e aggiorna una delle tematiche classiche dell'immagine collettiva della periferia geografica, lontana dal centro e poco connessa (Amendola 2003).
La mappatura evidenzia una certa capillarità della rete del trasporto veloce, ancora parzialmente connessa a una visione radiale della città, fatto salvo per l'anello interrotto del passante che collega i territori sud-ovest con i territori a nord-est. L'importante presenza del trasporto urbano fa in modo che alcune delle periferie contraddistinte da fragilità e vulnerabilità sociali e da un basso livello di welfare urbano risultino invece ben connesse, come il quadrilatero ERP di San Siro e l'asse di viale Monza - via Padova, a nord-est. Altri territori si identificano come poco accessibili, da cui la mobilità verso il centro non è scontata: Quarto Oggiaro, a nord, Baggio

16 Le attività considerate sono le grandi strutture di vendita, il pubblico spettacolo, i pubblici esercizi in piano, gli esercizi di vicinato in sede fissa; i dati sono acquisiti da fonte comunale (Open Data Milano, 2013-2019).
17 Le mappe di calore vengono costruite a partire dalla localizzazione puntuale delle singole attività come rappresentazioni in cui la minore o maggiore concentrazione di attività nell'unità di superficie è visualizzata con colori differenti corrispondenti, in questo specifico caso, alla vivacità del tessuto urbano locale.

III.11
La densità dei servizi commerciali e culturali su strada come indice di vivacità di prossimità a Milano.

III.12
Il tempo di percorrenza per raggiungere i nodi del trasporto pubblico veloce come indice di accessibilità territoriali a Milano.

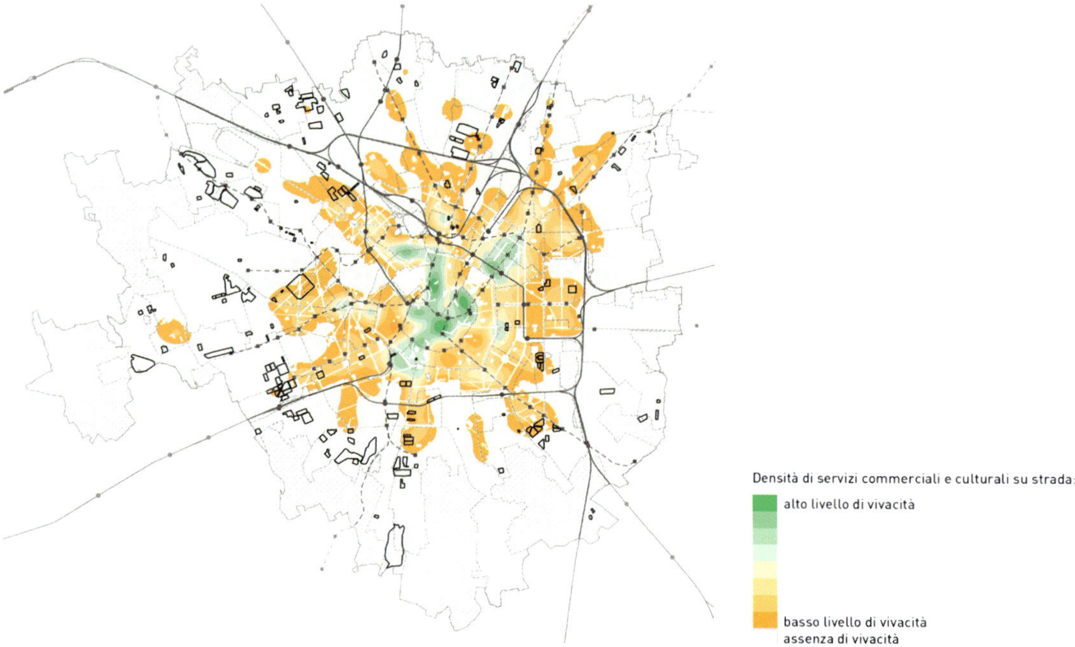

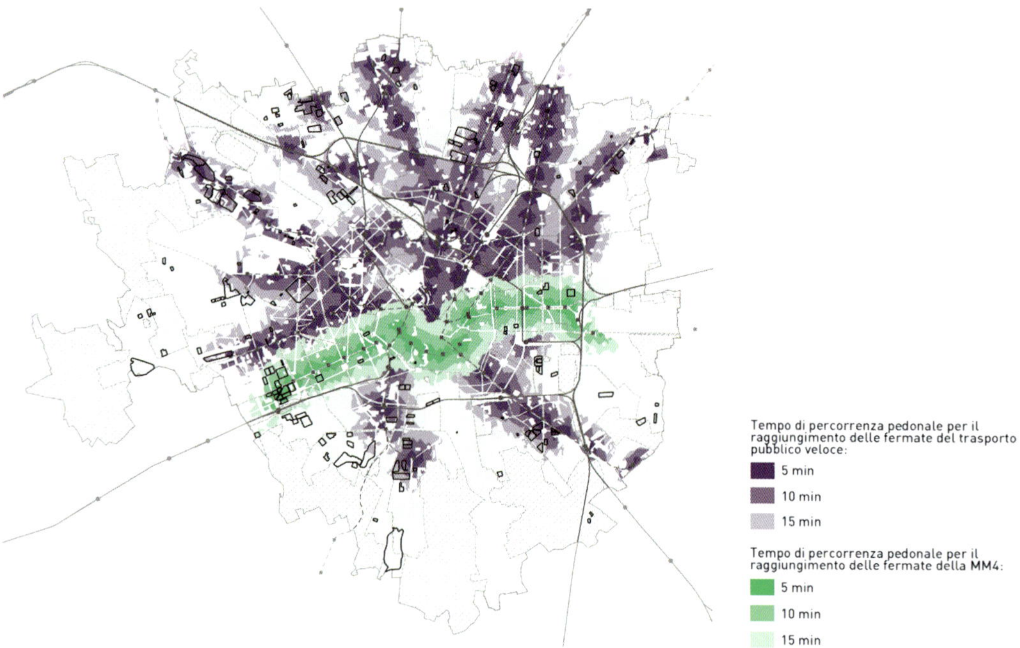

a ovest, Gratosoglio, a sud-ovest, Chiaravalle, a sud-est, e Ponte Lambro a est. Ci sono però anche zone più centrali che risultano escluse dalle connessioni veloci della città: l'area a sud che da via Vigevano si spinge sino ai navigli cittadini nei pressi di via Gola, il quartiere di edilizia privata Barona a sud-ovest e l'asse di viale Certosa a nord-ovest.

Rappresentare per progettare. Costruire un discorso di politiche sulle periferie

Il tema dell'accessibilità aggiunge dunque un'ultima chiave di lettura a questa esplorazione attraverso cinque mappe dei gradienti di perifericità nella città di Milano. La sovrapposizione tra queste diverse rappresentazioni disegna una geografia complessa di territori in cui diversi fattori di perifericità mostrano intensità diverse, combinandosi tra loro con modalità articolate e rivelando una grande variabilità di condizioni. Ci sono territori come il comparto ERP di Gratosoglio o il quartiere di Ponte Lambro, che risultano essere una sommatoria e stratificazione dei diversi indicatori di perifericità, territori posti al margine dello sviluppo urbano, «isole esterne», in cui si stratificano le diverse condizioni di deprivazione analizzate dal capitolo. Altri come il quartiere San Siro e Giambellino che si saldano alla cerchia interna della città attraverso una fitta rete di attività commerciali su strada: periferie interne, deprivate socialmente, ma molto connesse alla città. Ci sono altri territori in cui un particolare fattore identifica, più di altri, la condizione periferica: Corvetto, ad esempio, appare accessibile e con una buona dotazione di servizi, ma allo stesso tempo altamente fragile rispetto agli indicatori di vulnerabilità sociale e materiale degli abitanti. Ancora, emergono chiaramente alcuni grandi quartieri esterni dove a una condizione di perifericità geografica si affiancano, in diversi casi, un tessuto denso di spazi del welfare urbano e condizioni sociali meno estreme, anche se spesso caratterizzate dalla mancanza di ricambio generazionale: questo è il caso, ad esempio, del Gallaratese. Si possono individuare anche alcune periferie geografiche, quasi esclusivamente accessibili con il mezzo privato e prive di un sistema di dotazioni urbane stratificato, nonostante una popolazione caratterizzata da bassi livelli di vulnerabilità sociale e fragilità demografica: sono periferie nuove come Adriano o il quartiere Rabattino, sviluppatesi intorno alle espansioni urbanistiche delle grandi dismissioni industriali tra gli anni Novanta e i primi anni Duemila. Altri territori mostrano una complessa articolazione interna, mettendo in evidenza la loro natura eterogenea, fatta di parti interne differenti come il caso degli insediamenti lungo gli assi di viale Monza e di via Padova.
Questa lettura ricostruisce una geografia discontinua fatta di sistemi periferici e di isole periferiche, in cui la relazione gerarchica centro-periferia è sempre meno facile da riconoscere nella forma di un gradiente continuo, anche se «si ha l'impressione che questa forma si conservi – nel paesaggio urbano come nella nostra mente – più come memoria del passato che come immagine adeguata del presente» (De Matteis 1990, p. 343). Questa variabilità complessa evidenzia anche l'incertezza del termine «periferia» nel descrivere le diverse parti di città, e quindi la necessità di articolare il termine rispetto a differenti «condizioni di perifericità». In queste rappresentazioni si ritrova l'affermazione di Paolo Fareri che definiva la periferia come «lo spazio dove diverse forze – aggregazioni di interessi, domande, bisogni – hanno costruito, in modo solo parzialmente intenzionale, i loro percorsi: diverse forze, diversi percorsi, diverse periferie» (Fareri 1989, p. 113). Per questo, l'approccio proposto privilegia un'indagine che procede per scomposizione e sovrapposizione di diversi fattori, piuttosto che per sintesi in un indicatore univoco. Una visione che prova a restituire la multidimensionalità dei territori guardando al termine periferia come un termine *al plurale*, che può indentificare territori differenti per condizioni sociali, geografiche e spaziali.
Questo sguardo multilivello sulle possibili condizioni di perifericità sembra però utile per immaginare un approccio *place-based* alla questione delle periferie urbane che possa articolare un discorso di politiche non univoco, capace di mettere in campo prospettive e strategie di intervento diverse a seconda della intensità e delle diverse combinazioni dei possibili fattori di rischio. Già da questa mappatura emergono delle tematiche di lavoro significative che riguardano ad esempio: le disuguaglianze territoriali e il contrasto ai processi di polarizzazione urbana, anche attraverso la valorizzazione dei sistemi di welfare urbano; la relazione tra invecchiamento della popolazione e politiche per la mobilità e il ricambio generazionale anche attraverso politiche abitative; la rimessa al centro dei servizi come leva distributiva per i territori marginali, con un importante obiettivo di allargamento della loro accessibilità non solo spazialmente intesa.
In conclusione, questa operazione mette in luce come la rappresentazione spaziale dei fenomeni sociali e urbani e l'accessibilità comunicativa dello strumento geografico possono aiutare a istruire un dibattito intorno alla città e alle sue politiche, sollevando domande e illuminando questioni. Le mappature possono diventare in questo senso uno strumento di processo capace di far emergere posizionamenti plurali e prospettive differenti. Si può restituire così alle cartografie il loro valore di rappresentazioni parziali, volte a istruire processi di cambiamento più che a definire progetti risolutori. È dunque necessario guardare a queste rappresentazioni con interesse, ma allo stesso tempo con un atteggiamento dubitativo e consapevole che «le mappe sono un'ingegnosa argomentazione, proposizioni creative, guide altamente selettive dei mondi che – in parte, possiamo aggiungere noi – esse stesse hanno creato» (Brotton 2013, p. 34).

PROGRAMMA *LACITTÀINTORNO*

Cristina Chiavarino e Chiara Bartolozzi

Nel 2016 Fondazione Cariplo ha lanciato un programma pluriennale per migliorare il benessere e la qualità della vita nelle aree urbane periferiche facendo leva sul protagonismo delle comunità locali, ovvero sulla loro capacità di promuovere processi di rigenerazione sociale e culturale sul proprio territorio. Amartya Sen definisce il benessere come «la libertà di stare bene», ovvero come la possibilità per i membri di una comunità di condurre la vita desiderata, di vivere esperienze o situazioni cui attribuiscono valore positivo, di sentirsi liberi di scegliere. Facendo propria tale accezione la Fondazione aderisce all'idea della *natura sociale della felicità e del benessere diffuso* e individua gli obiettivi generali del programma nell'aumentare e diversificare le opportunità a disposizione degli abitanti, da un lato, e nel favorire la nascita di nuove economie e nuove centralità cittadine, dall'altro.
Per perseguire tali obiettivi si ricorre alla cultura, sia come fattore di sviluppo culturale e sociale, sia come fattore di sviluppo economico. Gli obiettivi specifici del programma si declinano dunque nella partecipazione culturale e civica e nella coesione sociale sul primo fronte, e nell'attrazione di pubblici cittadini e nell'inclusione lavorativa, sul secondo.
A seguito dell'emergenza sanitaria e alla luce della strategia di adattamento del Comune di Milano, tali obiettivi si confermano rilevanti: nella «nuova normalità» infatti ci si impegnerà nella riduzione dei divari sociali (gli abitanti dei contesti fragili risultano i più colpiti dalla crisi economica provocata dalla pandemia) e nella promozione della dimensione di quartiere (consentire alle persone di trovare i servizi di prossimità nel raggio di 15 minuti a piedi dalla propria abitazione).

La città fragile, la città potenziale

Le «periferie» sono aree marginali del paesaggio urbano caratterizzate da elementi ricorrenti quali la carenza di infrastrutture e servizi essenziali, condizioni abitative inadeguate, emarginazione, tensioni sociali, mancanza di sicurezza. Il degrado è diffuso e riguarda i complessi di edilizia residenziale, i beni ambientali, gli spazi sportivi e culturali e, in generale, lo spazio pubblico. L'insufficienza di aree verdi causa il fenomeno delle «isole di calore», che colpiscono in modo particolare i bambini e gli anziani. Sono infine presenti il senso di insicurezza, di stigmatizzazione e di abbandono da parte delle istituzioni che, nel contesto post-emergenziale, rischiano di acuirsi.

Allo stesso tempo, questi territori sono ricchi di un tessuto sociale vivace e resiliente, capace di dare vita a esperienze di rigenerazione sociale e culturale «dal basso» che rafforzano i legami di vicinato attraverso piccole iniziative collaborative di condivisione delle risorse e cura del contesto abitativo. Le soluzioni attuate sono creative, sostenibili e spesso connotate da innovatività. È per questo che Fondazione Cariplo preferisce parlare di «città intorno» piuttosto che di «periferie», prefiggendosi di riconoscere e sostenere tali esperienze come elementi di crescita e come fattore di costruzione e coesione della comunità. In qualità di soggetto sussidiario, la Fondazione mette a disposizione sia risorse finanziarie, sia strumenti e stimoli utili per l'ideazione e la realizzazione dei progetti: esempio emblematico di tale approccio è il programma *QuBì* che sostiene 23 reti sociali, formate da 600 organizzazioni no profit milanesi, impegnate nella lotta alla povertà minorile. A causa della pandemia il numero di bambini e ragazzi in condizione di povertà, destinatari dell'intervento è sensibilmente aumentato (a giugno 2020 risultava salito a 30.000 unità rispetto alle 21.000 censite precedentemente): oltre ad aggravarsi il problema dell'accesso al cibo e ai beni e servizi essenziali, è esploso quello della povertà educativa che, in prospettiva, espone i bambini e i ragazzi al rischio di scivolare nella condizione di Neet (*Neither in Employment nor in Education or Training*).
Una seconda risorsa presente nella «città intorno» è rappresentata dagli spazi: beni immobili dismessi e spazi aperti abbandonati per i quali le comunità locali (compagini multiformi di organizzazioni no profit, gruppi informali, singoli cittadini e talvolta aziende), adeguatamente sostenute, possono immaginare nuovi significati e nuove funzioni e attivare nuovi servizi in risposta ai bisogni del territorio, dischiudendo così il valore non solo economico del patrimonio immobiliare pubblico. Nasce da qui l'idea di articolare il modello d'intervento in una serie di «dispositivi d'ingaggio» flessibili che consentano di coinvolgere i soggetti e le reti locali nella realizzazione della strategia.

Metodologia e attori coinvolti

Il programma *Lacittàintorno* è stato avviato su base intersettoriale, ovvero con il coinvolgimento di tutte le Aree filantropiche di Fondazione Cariplo: le Aree Ambiente, Arte e Cultura, Servizi alla Persona hanno contribuito con la conoscenza maturata grazie al lavoro condotto in chiave disciplinare sui contesti marginali, mentre l'Area Ricerca Scientifica e Tecnologica ha proposto una metodologia ispirata alla Ricerca e Innovazione Responsabile. Si tratta di un paradigma collaborativo teso a uniformare gli esiti delle ricerche ai valori, ai bisogni, alle aspettative della società e dove i diversi attori (decisore pubblico, mondo della ricerca, mondo dell'educazione, società civile e attività produttive) contribuiscono attivamente al processo di produzione della conoscenza condividendo i rischi, i risultati, le aspettative, l'agenda e la responsabilità delle scelte. Tale approccio viene applicato a *Lacittàintorno* nell'intento di coinvolgere gli attori rilevanti lungo tutto il processo di elaborazione e realizzazione del programma, ciascuno con un ruolo preciso.
Il partner istituzionale per eccellenza è naturalmente l'Amministrazione Comunale: una volta prescelta Milano come territorio d'intervento, Fondazione Cariplo ha siglato con il Comune di Milano un protocollo d'intesa, valido per l'intero mandato e riguardante la collaborazione nella riqualificazione di alcune aree prioritarie. Tra queste, per la posizione in prossimità di grandi sistemi del verde (Parco Media Valle del Lambro e Parco Agricolo Sud Milano) sono state individuate le aree pilota di via Padova-Adriano e Corvetto-Chiaravalle. Il lavoro comune tra le due istituzioni ha visto a oggi impegnati la Direzione Generale e numerosi Assessorati, dalle Politiche del lavoro, Attività produttive, Commercio e Risorse umane alla Partecipazione, Cittadinanza attiva e Open data, dalle Politiche sociali e abitative alla Cultura; dall'Urbanistica alla Mobilità.
Una volta definite le aree d'intervento la Fondazione ha invitato il Dipartimento di Architettura e Studi Urbani del Politecnico di Milano (DAStU) a ricostruire i quadri conoscitivi che, secondo il concetto di *usable knowledge*, supportassero localmente l'applicazione del modello d'intervento. Sono inoltre stati elaborati dei quadri strategici di sviluppo territoriale per orientare eventuali investimenti futuri in tali contesti. I principali risultati della ricerca sono rappresentati nella Parte Seconda del volume: qui interessa mettere in luce che la conoscenza prodotta ambisce a costituire un orizzonte progettuale comune ai diversi soggetti attivi all'interno di *Lacittàintorno* e, in generale, impegnati nella rigenerazione delle aree d'intervento. Grazie infatti alla pubblicazione dei *Quaderni de Lacittàintorno. Conoscenza per il cambiamento* (scaricabili dal sito internet www.lacittaintorno.it), la ricerca ha potuto essere condivisa con almeno 150 attori e tuttora

III.13
Installazione luminosa del progetto *Borderlight* nel quartiere Adriano a cura del collettivo Non Riservato.

III.14
Foto realizzata dagli adolescenti del centro diurno La Strada, partecipanti al laboratorio a cura di «Witness Journal» nell'ambito del progetto *Corvetto Social Club*.

III.15
Evento *Rompiamo le righe* in largo Bigatti di lancio del programma *Lacittàintorno* presso il quartiere Adriano.

III.16
Costruzione della mappa di quartiere durante il workshop *Pensieribambini* a cura di Obelo e Spaziopensiero Onlus.

sociale, biblioteca degli oggetti a disposizione del quartiere, mercatini e *temporary shop*, *repair café*, creazione del distretto locale del riuso. Come nel caso di Made in Corvetto, il cibo ha un ruolo importante nel modello di offerta, con un'attenzione particolare all'approvvigionamento etico delle materie prime. Il PuntoCom è concepito come una piattaforma: spazio fisico e virtuale, luogo terzo tra casa e lavoro, che connetterà bisogni e risorse, domanda e offerta intorno a cibo, riuso e cura. Una piattaforma locale di innovazione sociale, di sperimentazione del potenziale dei legami deboli e dell'incontro tra diversità mediante percorsi e attività di formazione e culturali che abilitino e veicolino i contenuti della piattaforma stessa.
Anche il PuntoCom ExConvitto Trotter è baricentrico rispetto a una geografia in trasformazione: via Rovereto e via Martiri Oscuri hanno visto la sperimentazione, promossa «dal basso», della Zona 30 mentre piazza dell'Esedra e piazza del Governo Provvisorio sono state oggetto di interventi di urbanismo tattico. È in corso di realizzazione, inoltre, un sistema locale centrato sull'arte nello spazio pubblico: dopo i numerosi graffiti e murales che già compongono una galleria d'arte urbana a cielo aperto sui «muri liberi» della ferrovia in via Pontano, dei muri di cinta del parco Trotter e del Liceo Caravaggio, nei prossimi mesi verranno realizzati l'opera murale partecipata di Sten Lex, nel giardino di via Mosso, e «Tunnel Boulevard», un'iniziativa che interessa i tunnel ferroviari tra via Padova e viale Monza coniugando mobilità, light design e urban art.
Merita un breve accenno il bando di coprogettazione pubblico-privata (ex legge 328/2000 *Legge quadro per la realizzazione del sistema integrato di interventi e servizi sociali*, decreto attuativo d.P.C.M. 30 marzo 2001 e normativa regionale di riferimento), elaborato in modo congiunto da Fondazione e Comune di Milano per l'affidamento dell'ex Convitto del parco Trotter. Nell'avviso venivano descritti il modello e i criteri di valutazione in base a cui si sarebbe individuato il progetto più meritevole e dunque del partenariato che avrebbe gestito il bene, ovvero: grado di innovazione, sperimentazione, nonché integrazione e miglioramento quali-quantitativo del modello predisposto; modalità operative-gestionali degli interventi e delle attività di coprogettazione proposte; strumenti di governo, presidio della coprogettazione e monitoraggio della cogestione; modalità di rendicontazione delle attività svolte e di condivisione periodica dei risultati raggiunti con il Comune di Milano e Fondazione Cariplo; assetto organizzativo proposto per la regolamentazione dei rapporti tra Comune, Fondazione Cariplo e partner progettuale (che, alla fine del processo, stipuleranno una convenzione) e le connesse attività di controllo dei risultati raggiunti. Una volta individuata la compagine di soggetti che gestirà lo spazio, si è dato avvio al processo di coprogettazione che, benché concluso a fine 2019, ha richiesto una revisione del modello di offerta in adattamento alla pandemia.
In fase post-emergenziale è in corso una riflessione volta a innovare parzialmente il modello d'intervento per quanto riguarda lo sviluppo locale. La minore propensione delle persone a frequentare luoghi pubblici chiusi, la riduzione della capacità ricettiva di bar e ristoranti e di quella attrattiva degli eventi culturali potrebbero ridurre il potenziale rigenerativo del PuntoCom. Mentre dunque le realtà responsabili delle due operazioni già avviate apportano i correttivi opportuni al proprio modello di offerta, la Fondazione riflette sulla possibilità di sperimentare altri tipi di interventi.
Una prima possibilità è certamente offerta da Abbracciami, la *circle line* ciclopedonale cittadina: un percorso di 70 chilometri che tocca 19 quartieri situati tra la città storica e il confine cittadino e consente l'accesso a 20 parchi della cintura periurbana e alle grandi dorsali cicloturistiche: tra queste si ricorda VEN-TO, che collega Torino e Venezia lungo il corso del Po ed è raggiungibile da Corvetto-Chiaravalle tramite la ciclovia della Valle dei Monaci. Abbracciami è un'infrastruttura leggera che un domani, anche grazie alla centralità assunta dalla mobilità sostenibile, potrebbe trasformarsi in una leva di sviluppo locale. In ogni quartiere il percorso si arricchisce di diramazioni tracciate insieme ad «Ambasciatori della bici», giovani reclutati localmente. A oggi è stata posizionata la segnaletica del tratto che collega Corvetto-Chiaravalle e Adriano, sono stati tracciati i percorsi di esplorazione di queste due aree e, tramite app, è possibile consultare l'intero percorso georeferenziato. L'associazione Milano Bicycle Coalition, promotrice di Abbracciami, è attiva all'interno di Made in Corvetto, dove gestisce la ciclofficina di quartiere e promuove numerose attività rivolte alla sempre più vasta comunità dei *bikers* milanesi.
Un secondo dispositivo è rappresentato dal Portale dei Saperi, uno strumento di sviluppo sociale, culturale ed economico che promuove l'integrazione delle imprese nel tessuto locale, moltiplica le relazioni interne alla comunità, sostiene l'attivazione civica e promuove la notorietà e quindi l'attrattività del quartiere a scala cittadina. Si tratta di una piattaforma digitale, ideata e promossa dalla Rete Italiana di Cultura Popolare, dove vengono raccolte delle «autobiografie audiovisive» di saperi e imprese che vengono identificate con parole chiave, combinando le quali possono scaturire incontri e collaborazioni, sia in ambito sociale che professionale. Il portale consente di far emergere il capitale esperienziale e conoscitivo delle comunità di prossimità, di valorizzare e condividere i saperi, le necessità e le aspirazioni degli abitanti, trasformandoli in una leva per la nascita di relazioni nuove e più efficaci tra persone, associazioni, realtà produttive, enti pubblici e privati. La sperimentazione è in corso nel quartiere Corvetto: una volta realizzate e pubblicate le 100 interviste previste, il portale verrà affidato a una compagine di attori locali che continueranno ad alimentarlo e utilizzarlo. Contemporaneamente si immagina di avviare una nuova sperimentazione in un'altra zona cittadina.

La rigenerazione urbana come leva in contesti marginali

Francesca Cognetti

Il saggio che chiude questo libro propone una riflessione che apre ai temi del progetto di rigenerazione urbana in contesti periferici, i cui caratteri di marginalità abbiamo descritto sia nel dettaglio dei territori milanesi di Corvetto, Chiaravalle, via Padova e Adriano, sia riconoscendo elementi che qualificano le condizioni di perifericità alla scala urbana e in qualche modo, in senso paradigmatico, alla scala nazionale.
Si tratta delle «periferie del cambiamento» che, pur nella loro dinamicità, mostrano molti aspetti di fragilità che richiedono una importante considerazione progettuale in termini di rigenerazione, innanzitutto delle condizioni per lo sviluppo locale e per il radicamento di politiche efficaci.
La rigenerazione urbana è un paradigma emergente in Italia, che vede molte e diverse declinazioni a seconda dei contesti e degli oggetti della trasformazione; grazie a questa specifica esperienza di ricerca abbiamo messo al lavoro e ridefinito questo campo attraverso puntuali lenti emerse dai territori indagati e dall'approccio messo al lavoro attraverso il programma *Lacittàintorno*, volto a migliorare la qualità dell'abitare in quartieri periferici attraverso azioni di natura principalmente immateriale, ma fortemente legate ad alcuni spazi della città.

Quale rigenerazione urbana

Il programma promosso da Fondazione Cariplo intende stimolare e potenziare il protagonismo delle comunità (associazioni, cooperative sociali, gruppi informali), migliorando, attraverso questa attivazione, la qualità di luoghi e vita quotidiana e l'attrattività dei quartieri; si tratta quindi di catalizzare e addensare intorno a spazi abbandonati o sottoutilizzati nuove relazioni tra persone, come tra i quartieri e la città.
Si mettono così in campo specifiche sfere della rigenerazione urbana mobilitando elementi materiali e immateriali: la dimensione dei legami sociali e delle modalità con cui una persona diviene risorsa all'interno di una esperienza sociale inclusiva e proattiva, riacquistando posizionamento e ruolo e rafforzando una micro-comunità; la dimensione dello spazio che diviene un «addensatore» di diverse mansioni, funzioni e significati, alimentando nuove forme di vita ed economia comune (Venturi, Zandonai 2019).
Questa idea di rigenerazione mette quindi in tensione due poli: da una parte come le persone si collocano in una nuova dimensione comunitaria e, dall'altra, come i luoghi accolgono e danno forma a queste rinnovate aggregazioni sociali attraverso punti e reti di progetto.
Questo richiede di mettere al centro gli abitanti e le comunità, come d'altra parte i luoghi, che non sono solo spazi architettonici, ma interi territori, ad esempio i quartieri periferici che vengono chiamati essi stessi a mettersi in gioco.
Al centro della dimensione trasformativa c'è quindi una sfida che è sociale e culturale, legata alla costruzione delle relazioni e alla costruzione dei luoghi. Questa sfida mette al centro il nesso tra meccanismi di attivazione delle persone e rafforzamento delle comunità locali, e come questo possa a sua volta «risuonare» all'interno della relazione tra spazi e territori.

III.17
Il campo da basket nel quartiere Adriano al centro del progetto *Playground* a cura del collettivo Non Riservato.

Sullo sfondo, questa idea di rigenerazione guarda alla città come a un corpo saturo, in termini di crescita e di possibilità di cambiamento, in cui le *chance* di trasformazione sono molte, ma spesso legate a interstizi e residui, che richiamano approcci legati al riuso e al riadattamento.
Nelle periferie troviamo molte di queste potenziali occasioni: «spazi ex» legati a un passato che chiede di essere rinnovato (Cognetti 2016a); «spazi in bilico» connessi a un sottoutilizzo relativo alla crisi delle attività quotidiane e di prossimità; «spazi eccezionali» come grandi contenitori in disuso o scheletri di cantiere il cui processo di dismissione si assurge a simbolo di un degrado più diffuso; «spazi di scarto» rappresentati da spazi pubblici in abbandono e aree aperte. Lo svuotamento caratterizza anche i micro spazi di servizio al condominio e al cortile, con conseguenti squilibri sulle dinamiche della convivenza di vicinato.
Nella città consolidata e già costruita la rigenerazione lavora allora a partire da quello che c'è.
Questo è da intendersi non solo in termini di spazi da riutilizzare, ma anche mettendosi in grado di intercettare e sostenere con intelligenza quanto già il territorio esprime nella quotidianità e dentro l'esperienza dei luoghi, spesso a partire da progettualità esistenti e da processi in corso, quindi anche da vocazioni e da immaginari sul futuro.
Questo orientamento rimanda a una sorta di «esercizio di prossimità» ai territori (Lazzarino 2017b): disegnare e condurre progetti di rigenerazione urbana implica un lavoro di quartiere, che richiede radicamento e una attività svolta fianco a fianco con i gruppi e i singoli che intendono mobilitarsi.
Quindi un approccio «radicalmente *place-based*» (Laino 2019), basato cioè sulla considerazione delle specifiche condizioni locali, che tenga conto delle energie sociali presenti sui territori assumendo modalità abilitanti nei confronti dei potenziali protagonisti della rigenerazione urbana.
Un approccio «situato» (Cognetti 2018b) fondato sulla continuità nel tempo di azioni che mettono in campo una importante dimensione relazionale, alla base della costruzione della fiducia e, in qualche misura, di atti di riconoscimento delle energie sociali locali, spesso solo latenti.
Si tratta quindi di mettere sapientemente in campo un delicato equilibrio tra presente e futuro, nel senso che da una parte questa idea di rigenerazione è fortemente orientata al cambiamento e dunque a una proiezione in avanti rispetto alle possibilità, dall'altra aggrega risorse locali nel «qui e ora» ed è quindi ancorata alle condizioni attuali, a volta «subendone» anche i limiti, ad esempio in termini di capacità di mobilitazione e di tempestività di reazione rispetto alle opportunità.
Alludiamo qui alla possibilità di mettere in campo progettualità capaci di allacciare i fili con le storie di un luogo, mirando a una sorta di «continuità innovativa» nutrendosi simultaneamente sia di radicamenti che di nuove strade e connessioni (Cancellieri 2019).
Infatti è importante lavorare non solo con la lente del locale; anzi, potremmo dire che per attivare il locale è utile mobilitare la città: il progetto di rigenerazione deve essere in grado di richiamare le più diverse energie, ad esempio mettendo in rete attori a diverse scale, attraendo popolazioni extra-locali, costruendo nuove narrative e immaginari cittadini.
Questa tensione mette al centro del progetto di rigenerazione il tema del tempo e del processo di costruzione del progetto con modalità collaborative e sociali, che è di fatto una filiera complessa di azioni costituite da accelerazioni e arresti, da fasi di paziente costruzione delle condizioni ma anche di anticipazioni e imprevisti accadimenti. Questa idea di rigenerazione non distingue ideazione e realizzazione ma le integra nel processo progettuale, ossia nell'implementazione di azioni che nascono e si sviluppano nelle coordinate spazio-temporali di un territorio (pensato su più scale), il quale, a sua volta, non è un'entità astratta, ma è costituito da più comunità e pratiche sociali. Il progetto di rigenerazione dunque, inteso come processo, non è più un'intenzione preventiva, ma un'idea che si sostanzia attuandosi, configurandosi come forma aperta e in divenire.
I punti di attenzione per l'avvio di una prospettiva di questo tipo potrebbero essere molti. Grazie alle esplorazioni presentate nel libro ne abbiamo individuati alcuni che suggeriamo di seguito, con lo scopo di proporre una strategia in grado di trattare contemporaneamente più questioni rilevanti e di sottolineare diverse lenti di ingresso ai temi del cambiamento nelle periferie.

Agganciare il nodo dello spazio al nodo delle capacità

Come in parte già accennato sopra, questa idea di rigenerazione urbana si nutre e a propria volta nutre quanto già il territorio sta esprimendo in termini di cambiamento e sviluppo locale. Questa dimensione della rigenerazione urbana è fondata su un forte protagonismo sociale e afferisce alla sfera della capacità delle persone di riflettere, immaginare, aspirare e attivarsi per la trasformazione del proprio contesto di vita, divenendo veri e propri agenti di cambiamento.
Nelle periferie questa prospettiva in cui la comunità non è intesa come beneficiario, ma come co-produttore degli interventi, implica un passaggio complesso, che può essere cosi nominato: «dalla risposta ai bisogni, alla ricerca di chiavi di ingaggio delle persone». È utile infatti chiedersi se e a quali condizioni può avvenire questa attivazione, in particolare in contesti poveri e deprivati. La fragilità di queste persone, come abbiamo già visto nel libro, è infatti anche una debolezza legata al riconoscimento, al fatto di non esistere se non, in alcuni casi, come portatrici di un bisogno. E questo è un fattore particolarmente limitante. Allo stesso tempo è necessario definire percorsi che accolgano i bisogni e facilitino l'emersione delle proiezioni e delle aspirazioni individuali e collettive, favorendo il riconoscimento degli impedimenti e delle barriere all'attivazione.
In questa prospettiva spazio e territori possono diventare fattori di inclusione, nel momento in cui anche essi sono in grado di mobilitare reti complesse di soggetti, vocazioni e linee di sviluppo, costituendosi in una sorta di «territorio abilitante piattaforma della rigenerazione urbana» che riscatta gli abitanti dei contesti periferici innanzitutto

III.18
Installazione luminosa del progetto *Borderlight* al Polo Ferrara a Corvetto a cura del collettivo Non Riservato.

riconoscendoli come portatori di desideri, capacità e volontà e quindi in definitiva come parte di una rappresentazione sociale.
Queste traiettorie trasformative hanno la caratteristica di essere quotidiane, culturali e plurali.
Sono quotidiane, perché direttamente connesse alle pratiche dell'abitare: giorno dopo giorno possono accrescersi e maturare all'interno dell'esperienza diretta di uno spazio, di un servizio, di un percorso urbano o di un set di relazioni. Da questo punto di vista, recepire le aspirazioni di chi risiede in un luogo significa co-pianificare micro-interventi, diffusi e con target anche piccoli, che migliorerebbero sensibilmente la qualità della vita di tutti i giorni. Costruire occasioni di ascolto e approfondimento del sistema di bisogni e desideri potrebbe avviare propositi più strutturati che incidono sulla quotidianità, ad esempio, per la riattivazione del piccolo commercio di prossimità, la fruizione quotidiana delle grandi aree verdi, l'insediamento di nuovi servizi ricreativi (come un cinema) e per le famiglie (come i doposcuola) o il riciclo dei rifiuti ingombranti abbandonati lungo le vie dei quartieri.
Tali traiettorie sono culturali, nel senso che hanno anche a che fare con l'immaginario che le persone coltivano rispetto alle possibilità proprie di modificare il contesto e del contesto a lasciarsi modificare. In questo senso, la rigenerazione urbana può lavorare anzitutto sul tema della capacitazione dei soggetti e dello sviluppo di comunità, ossia sul riconoscimento delle proprie e altrui aspirazioni e sulla loro organizzazione (o consolidamento) in istanze di azione per sé e per la comunità.
Il termine capacitazione contiene e lega i concetti di «capacità» e di «azione», richiamando una visione della capacità in relazione al tipo di azione per la quale viene impiegata, per cui «non si è mai capaci in assoluto, ma sempre con riferimento a un determinato campo di azione» (Cottino 2009b, p. 27). La capacitazione è un processo che lavora su una sorta di «ragione pratica» (Nussbaum 2012) intesa come capacità combinata risultante da una continua ricomposizione tra capacità dell'individuo e condizioni esterne.
Si tratta quindi di individuare le leve per il rafforzamento dei legami infra-comunitari e di cittadinanza attiva, in alcuni casi già in essere, come ad esempio il tema dell'integrazione dei migranti (es. insegnamento e formazione), della cura dei piccoli elementi urbani, della valorizzazione di alcuni «sistemi di via» (le *social street*) o del racconto storico-culturale del territorio.
Infine, queste traiettorie di trasformazione connesse alle aspirazioni delle persone sono plurali e diversificate, perché segno dell'appartenenza a gruppi sociali differenti e afferenti a progettualità di vita e lavoro fra loro anche molto diverse. La formazione e il rafforzamento delle competenze diventano allora due ambiti di lavoro direttamente connessi al miglioramento della vita quotidiana del territorio, in quanto investire sui percorsi educativi e professionali cui le persone aspirano incide direttamente sulla loro capacità di generare reddito, intraprendere esperienze lavorative e costruire occasioni di riscatto socio-economico. Oltre alla valorizzazione della diversità di

saperi e competenze tramite la formazione, un'altra pista di lavoro in questo senso è rappresentata, in modo inverso e complementare, dall'accompagnamento delle persone e dei gruppi a convergere verso la presa in carico di risorse territoriali tramite processi più complessi, capaci di custodire e riattivare piccole o medie porzioni di spazio come «beni del quartiere».
In questo processo, lo spazio ci sembra un elemento centrale, in quanto chiave di volta per fare convergere traiettorie quotidiane, proiezioni culturali e valoriali e complessità sociale della periferia; è da intendersi quindi non solo come l'oggetto della rigenerazione urbana, ma dispositivo di lavoro, in grado di essere un «condensatore» di forze e intenzioni, capace di fare incontrare risorse latenti e diversificate dei territori.
Lo spazio può divenire anche dispositivo per praticare la dimensione dell'autorappresentazione sociale, spesso mortificata e appiattita all'interno delle periferie.
Edifici in disuso, spazi pubblici in abbandono, cortili retro, aree verdi degradate, contenitori sottoutilizzati diventano in questa visione i dispositivi per aggregare e abilitare persone e comunità. Si tratta di mettere in campo una molteplicità di usi, attività e pratiche, verso il rafforzamento di «spazi ibridi» perché plurali e accoglienti, in grado di parlare diversi linguaggi a una molteplicità di pubblici e di protagonisti (Calvaresi, Lazzarino 2018).
I luoghi della rigenerazione dovrebbero quindi essere intesi come nuove infrastrutture sociali del quotidiano, in cui le persone sono messe nelle condizioni di attivarsi, spinte da un desiderio di riconoscimento e di equità, certo senza dimenticarsi che in condizioni di estrema fragilità sarebbe anche auspicabile il ritorno a politiche di natura strutturale a integrazione di queste misure (ad esempio su casa, scuola e lavoro). In alcuni casi infatti questa giustizia va perseguita con un surplus di socialità (Tosi 2017), orientando l'impegno verso la formulazione del carattere sociale delle politiche, cioè sintonizzandolo sulla domanda più povera per la quale anche i più innovativi progetti da soli non sono sufficienti.

Riallineare le velocità, fare entrare la città nelle periferie e le periferie nella città

Come visto nel libro la città e le stesse periferie presentano territori con velocità differenti; le periferie sono una mappa composita in cui quartieri posti al margine dello sviluppo urbano si confrontano con luoghi attraversati da forti spinte dinamiche. Il progetto di rigenerazione è un progetto che deve essere in grado di «ricombinare» le energie della città, se non sempre riallineando, almeno costruendo spazi di penetrazione e scambio tra ambiti prossimi ma spesso separati; può essere inteso, in questo senso, come un progetto che ragiona su «forme di ridistribuzione a scala locale» (Padovani 2019b). Si tratta di promuovere nuove alleanze tra soggetti che hanno una scarsa attitudine a frequentare linguaggi distanti dai propri ambiti di intervento e ritenuti afferenti ad altri settori.
Con questa prospettiva, si propone di progettare cerniere e ponti fra politiche e territori creando situazioni non previste di relazione tra logiche differenti di trasformazione del territorio; provare quindi a disporre diversamente le velocità del cambiamento e allineare accelerazioni e inerzie per connettere le dinamiche della periferia alle logiche di trasformazione della città in forma sinergica.
Gli ambiti di lavoro potrebbero essere molteplici, sia nella logica di promuovere l'integrazione e lo scambio tra politiche che potrebbero raggiungersi e rafforzarsi dentro e fuori le periferie, sia rispetto a quella di generare una sorta di «cortocircuito» tra politiche, abbinando iniziative di eccellenza a situazioni di povertà.
Se è vero che alcune popolazioni e porzioni di territorio, spesso i più marginali, rischiano di rimanere esclusi dal cambiamento, si propone di lavorare alla possibilità che proprio i progetti più innovativi siano un'occasione di sviluppo diffuso, ad esempio includendo come obiettivi prioritari la valorizzazione delle competenze locali, la generazione di occupazione per gli abitanti, l'apertura di spazi accessibili anche alle persone più svantaggiate.
Orientare il potenziale delle nuove attività insediate a favore delle popolazioni fragili (attraverso ad esempio una mensa aperta o attività di volontariato di quartiere), coinvolgere la popolazione locale all'interno dei progetti di nuova imprenditorialità (favorendo la formazione di imprese di comunità, sostenute da formazione e didattica), promuovere nuovi luoghi di ritrovo e realizzazione per un pubblico misto (ad es. spazi professionali attrezzati, oppure una cucina di comunità) e potenziare il sistema dei servizi per le nuove popolazioni insediate (come servizi culturali dedicati, spazi di vivibilità di quartiere) sono tutte linee di intervento attivabili in questa prospettiva.
Inoltre, sarebbe utile avviare azioni che insistano sul rapporto tra contesti marginali e città. Ci riferiamo a progetti che lavorano sulla «linea di confine» – materiale e immateriale – tra mondi divergenti e che raramente entrano in relazione; non frequentemente si hanno occasioni per «andare a Corvetto o in via Padova», pur essendo facilmente raggiungibili. Delle periferie sembra prevalere un immaginario diffuso che, anche in assenza di conoscenze dirette, costruisce l'esperienza territoriale e tendenzialmente rafforza una distanza con il resto della città. D'altra parte, per alcuni è difficile uscire dal territorio conosciuto della periferia, anche solo per cogliere opportunità vicine, accessibili e pubbliche che la città potrebbe offrire. Questa dinamica consolida una condizione di isolamento, generando trappole di separazione, che sono spesso tra i fattori della segregazione spaziale e sociale. Lavorare su questa demarcazione significa rafforzare un'area di interessante tensione e incontro tra interno ed esterno, tra chiusura della periferia e sua porosità.
Da un lato, questo si esprime potenziando i bordi delle periferie «abitando la soglia», ossia individuando luoghi che possono fungere da cerniera tra un dentro e un fuori.
Dall'altro lato, si tratta di superare e valicare i confini, valorizzando alcune opportunità di attrazione alla scala urbana interne al quartiere.
In questa direzione sono state costruite in anni recenti svariate occasioni di cultura e conoscenza all'interno delle periferie (festival,

eventi culturali e di arte pubblica, percorsi di attraversamento del quartiere e camminate locali). Sarebbe opportuno dare maggiore continuità a queste iniziative, stabilizzandole tramite la costruzione di «punti attrattivi», che hanno funzione di antenne di gravitazione di pubblici diversi e di scambio tra esterno e interno. Un percorso che richiede anche un'attenzione maggiore delle politiche verso gli esiti inattesi di questi processi, che in alcuni casi hanno generato meccanismi di espulsione verso le popolazioni più fragili e vulnerabili, in particolare all'interno del tessuto abitativo privato.
Superare i confini può anche significare individuare dei recapiti per gli abitanti esterni ai quartieri, ma importanti per la qualità della vita quotidiana, ad esempio, in alcuni casi rispetto agli spazi aperti e al periurbano, spesso prossimi ai contesti periferici. Questo tema potrà essere trattato ad esempio promuovendo l'accesso agli spazi aperti attraverso la continuità dei percorsi già esistenti e sperimentando nuove funzioni e presidi (ad es. segnaletica creativa, eventi sportivi, ciclabili protette, percorsi vita, punto parco). La cura del verde potrà essere incentivata tramite attività di adozione e presa in carico di spazi aperti verdi degradati, fragili e sottoutilizzati (come giardini condivisi, orti di quartiere, orti urbani). Infine, interventi connessi al potenziamento del sistema agricolo e delle attività legate alla promozione del prodotto locale potranno supportare il tema della produttività degli spazi verdi inutilizzati e sottoutilizzati.

Valorizzare nuove forme di conoscenza del territorio come strumento per orientare l'azione

Spesso sulle periferie si stratificano e consolidano narrazioni territoriali che costituiscono rappresentazioni parziali, superficiali e generalizzanti, ma che di fatto divengono delle lenti di interpretazione, indebolendo così la capacità e l'efficacia delle politiche e influenzando l'azione degli attori. Interpretazioni che rischiano di essere assunte come guida per l'azione sociale e pubblica, depotenziando il ruolo specifico dei territori – degli abitanti, delle comunità, delle organizzazioni locali – nella definizione delle questioni rilevanti per il cambiamento e di leve per la rigenerazione urbana.
In questo senso, in linea con l'approccio presentato in questo libro, ci sembra utile sottolineare la rilevanza di aprire uno spazio di ragionamento intorno al processo di produzione della conoscenza sulle periferie e alla creazione di nuove forme di coinvolgimento della comunità per la definizione di letture condivise. Un processo questo che chiama in causa congiuntamente tutti i diversi livelli nei quali si produce e si elabora la conoscenza territoriale, che sono tra loro interrelati: le politiche, le reti locali e le comunità, la città.
Reti e soggetti locali nelle periferie costituiscono spesso un patrimonio di esperienze e di saperi in continua evoluzione. In questo senso sembra necessario aprire processi di riconoscimento e interrogazione della conoscenza territoriale, che mirino all'efficacia dell'azione pubblica, ma anche al rafforzamento delle relazioni di rete, superando così

III.19
Momento di Abbracciami, un'azione de *Lacittàintorno* per promuovere la *circle line* ciclabile attorno alla città di Milano, attraverso parchi e giardini.

III.20
La colazione condivisa in piazza Morbegno, libera iniziativa organizzata il sabato mattina dagli abitanti del quartiere. La foto è parte del progetto *Nuova Milano Social Club*.

interpretazioni consolidate e pratiche routinizzate. Un percorso di questo tipo richiede di sviluppare nuove forme di rappresentazione dell'esperienza territoriale e di attivarla come dispositivo di ingaggio per gli attori locali. La costruzione di conoscenza condivisa può rappresentare in questo senso un'occasione di abilitazione di questo patrimonio, trasferendo competenze e sostenendo reti, enti e abitanti nel farsi produttori (e destinatari) di questi nuovi quadri.
Ad esempio, si può lavorare all'emersione degli immaginari di popolazioni particolarmente presenti sul territorio, ma tenute ai margini delle politiche e delle più diffuse tecniche di raccolta delle idee degli abitanti, come ad esempio donne di origine straniera, bambini e anziani. Al contempo, le identità e il senso di appartenenza possono essere stimolate a partire dalla costruzione partecipata di mappe degli attori e mappe delle comunità. Strumenti che permettono di valorizzare e abilitare il sistema di competenze locali, in un processo virtuoso che faciliti la sistematizzazione della conoscenza delle reti e la creazione di strumenti condivisi per la sua diffusione.
D'altra parte, diverse sono le politiche pubbliche che si sedimentano e si sviluppano intorno a territori fragili e periferici. Un sistema fortemente articolato, ma anche frammentato, in cui gli interventi faticano a dialogare tra loro. Questo produce il rischio che conoscenza e informazioni difficilmente travalichino le politiche che li hanno prodotti. Sistematizzare esperienze e apprendimenti esistenti, organizzarli e costruire percorsi di aggiornamento può rappresentare un'occasione per valorizzare i saperi che nascono dal governo del territorio (anche di natura tecnica) e farli lavorare sinergicamente con le dinamiche di trasformazione in corso. Un processo che può avvalersi di strumenti diversi: momenti di condivisione e discussione dei quadri conoscitivi con gli *stakeholder* istituzionali; workshop tematici, che attivano selettivamente parti di patrimonio conoscitivo rafforzandolo e arricchendolo interattivamente; costruzione di quadri strategici condivisi, che favoriscano l'emersione di nuovi strumenti di sistematizzazione dell'azione istituzionale.
Si tratta quindi di capire meglio la complessità e l'articolazione del tema dei quartieri cosiddetti difficili, delle aree di concentrazione di degrado urbano e disagio sociale, a partire da una indagine collaborativa territoriale, quindi, come già illustrato nel libro, «da dentro» e in una logica di co-apprendimento.

Formare laboratori di innovazione delle politiche per le periferie

Come raccontato in altre parti di questo testo, siamo in una fase di grande fermento progettuale in cui, da prospettive diverse, si stanno depositando sulle periferie molti e diversi interventi. Essi riguardano l'area del disagio socio-economico al quale si fa fronte con diversi progetti legati alla coesione sociale e alla povertà urbana, vari ambiti che attengono ai temi della sostenibilità e della cura degli spazi, azioni che afferiscono alle questioni dell'accoglienza abitativa di turisti e popolazioni temporanee, progettualità che insistono sullo sviluppo del paesaggio agricolo e di nuove produzioni rurali. Si parla di interventi diversi non solo per i temi trattati, ma anche per scala di azione, strumenti adottati, attori coinvolti, risorse mobilitate.
A fronte di un grande vitalità sociale e di ampi interessi che provengono da una pluralità di attori, non solo pubblici, la periferia rischia però di essere un territorio in cui si depositano azioni in forma frammentata, senza la possibilità di convergere all'interno di una strategia di rigenerazione urbana; sembra infatti mancare uno spazio in cui mettere a confronto le progettualità e, quando possibile, sintonizzare obiettivi e azioni.
Dall'alto e attraverso misure fondate sulla riqualificazione degli spazi o la messa a disposizione di servizi non si riesce a raggiungere davvero la molteplicità e la specificità dei problemi locali. Dal basso l'azione di cura dei soggetti locali non riesce a far uscire i quartieri dalla situazione di crisi. È da una più stabile relazione tra iniziative dall'alto e azioni degli attori locali che si possono rafforzare le reti, mettere in connessione azioni pubbliche e private, ed eventualmente trasformare azioni puntuali in una strategia di rigenerazione (Balducci 2019).
Sarebbe utile dunque promuovere una piattaforma di lavoro che rafforzi il confronto tra diversi attori e logiche, nella prospettiva di una auspicabile contaminazione, ma anche di un onesto scambio di esperienze e di una diversa consapevolezza diffusa delle trasformazioni in corso.
Pensiamo alla rigenerazione urbana come a «un complesso processo sociale e di *policy* che mette in gioco la relazione tra spazio e società» (Ostanel 2017) e a questo percorso come a un campo di apprendimento collettivo, in cui sono molti i soggetti e le energie in gioco (gruppi di abitanti e associazioni, soggetti del terzo settore, istituzioni, fondazioni e imprese) riuniti attraverso nuove coalizioni urbane.
Questa prospettiva risponde a una idea di rigenerazione urbana che traccia una traiettoria di riorganizzazione del campo di gioco dello sviluppo urbano, indirizzata a offrire a uno spettro ampio e diversificato di attori (vecchi e nuovi) la possibilità di misurarsi con approcci e modelli diversi dal passato. Un campo d'azione che è utile definire *city making* proprio per sottolineare un *modus operandi* simile alla pratica dell'assemblaggio di risorse e soluzioni eterogenee tipica dell'agire artigiano (Cottino, Domante 2017).
In contesti periferici è delicato il rapporto tra innovazione, cambiamento e appartenenza: popolazioni vulnerabili e fragili potrebbero non sentirsi accolte all'interno di questo pur virtuoso disegno, per questa ragione l'inclusività merita una particolare attenzione in termini redistributivi e di accesso alle opportunità.
Si tratta quindi di favorire la formazione di «spazi abilitanti»: arene in cui sperimentare e formare la capacità politica «di tutti», sfidando così il funzionamento stesso della democrazia locale, come d'altra parte le abitudini e i luoghi della cittadinanza, quanto le routine e le norme istituzionali. Si tratta del formarsi non facile, e sempre precario, di «palestre di collaborazione» tra narrative, doti, logiche organizzative e culture diverse (Cognetti 2018a). Lo stato di degrado e di dinamicità delle periferie sembrerebbero richiedere e al tempo stesso offrire le condizioni per lo sviluppo di tale complessità.

Bibliografia

Aernouts N., Maranghi E., Ryckewaert M.
2020 (eds.), *Towards a Definition of Socially-Oriented LivingLabs*, Soholab, Brussels.

Agustoni A., Giuntarelli P., Veraldi R., Tacchi E.
2007 *Sociologia dello spazio, dell'ambiente e del territorio*, FrancoAngeli, Milano.

Alga C., Calvaresi C.
2020 *Periferie senza paura e azione sociale diretta*, in Urban@it, *Quinto Rapporto sulle città. Politiche urbane per le periferie*, il Mulino, Bologna.

Alietti A.
2012 *Stigmatizzazione territoriale, stato di eccezione e quartieri multietnici: una riflessione critica a partire dal caso Milano*, in G. Scandurra, A. Cancellieri (a cura di), *Tracce urbane. Alla ricerca della città*, FrancoAngeli, Milano.

Allen A., Apsan Frediani A., Lambert. R., Ome T.
2015 *Can Participatory Mapping Activate Spatial and Political Practices? Mapping Popular Resistance and Dwelling Practices in Bogotá Eastern Hills*, «Area», 47, 3 (consultabile online: www.doi.org/10.1111/area.12187).

Allen A., Lambert R., Yap C.
2018 *Co-earning the City: Towards a Pedagogy of Poly-Learning and Planning Praxis*, in G. Bhan, S. Srinivas, V. Watson (eds.), *The Routledge Companion to Planning in the Global South*, Routledge, Abingdon-New York, pp. 355-367.

Amendola G.
2003 *La città postmoderna*, Laterza, Roma-Bari.

Andreoli A., Biagetti M., Casavola P., Venanzi D.
2017 *Poverty Maps. Analisi territoriale del disagio socio-economico nelle aree urbane. Un esercizio per le 14 Città metropolitane italiane* (consultabile on line: www.forumdisuguaglianzediversita.org/wp-content/uploads/2018/05/Report_Poverty-MAPS_2017-07-20_CASAVOLA-et-AL.pdf).

Andriola V., Novak C.
2008 *Milano, lungo via Padova: periferie in sequenza*, in M. Cremaschi (a cura di), *Tracce di quartieri. Il legame sociale nella città che cambia*, FrancoAngeli, Milano.

Annunziata S.
2008 *Urbanità e desiderio*, in M. Cremaschi (a cura di), *Tracce di quartieri. Il legame sociale nella città che cambia*, FrancoAngeli, Milano.

Appadurai A.
2001 *Modernità in polvere*, Meltemi, Roma.
2014 *Il futuro come fatto culturale*, Raffaello Cortina Editore, Milano.

Arrigoni P.
2010 *Via Padova. Tra cosmopolis e ordine pubblico*, in M. Bricocoli, P. Savoldi (a cura di), *Milano Downtown. Azione pubblica e luoghi dell'abitare*, Et al. Edizioni, MIlano.

Arrigoni P., Bifulco L., Bricocoli M.
2018 *Rappresentazioni e pratiche della diversità urbana. Uno studio su tre quartieri a Milano*, «Archivio di studi urbani e regionali», 121, pp. 47-72.

Assolombarda, Comune di Milano
2019 *Osservatorio Milano* (consultabile online: www.assolombarda.it/centro-studi/osservatorio-milano/osservatorio-milano-2019).

Bagnasco A.
2008 (a cura di), *Ceto medio. Perché e come occuparsene*, il Mulino, Bologna.

Balducci A.
2019 *Quali prospettive di ricerca sulle periferie?*, in F. Cognetti, E. Lazzarino (a cura di), Quartiere *Corvetto. Conoscenza per il cambiamento*, Quaderni di Fondazione Cariplo, DAStU Politecnico di Milano, Galli Thierry Stampa, Milano.

Balducci A., Bertolini L.
2007 *Reflecting on Practice or Reflecting with Practice*, «Planning Theory & Practice», 8, 4, pp. 532-555.

Balducci A., Calvaresi C.
2017 *Materiali per una nuova stagione di politiche urbane*, in Urban@it, *Terzo Rapporto sulle città. Mind the gap. Il distacco tra politiche e città*, Urban@it, Bologna.

Balducci A., De Leonardis O., Fedeli V.
2017 *Premessa*, in Urban@it, *Terzo Rapporto sulle città. Mind the gap. Il distacco tra politiche e città*, Urban@it, Bologna.

Balducci A., Fedeli V., Curci F.
2017 (a cura di), *Oltre la metropoli. L'urbanizzazione regionale in Italia*, Guerini e Associati, Milano.

Bang H.P., Sørensen E.
1999 *The Everyday Maker: A New Challenge to Democratic Governance*, «Administrative Theory & Praxis», 21, 3, pp. 325-341.

Barca F.
2009 *An Agenda for a Reformed Cohesion Policy. A Place-Based Approach to Meeting European Union Challenges and Expectations*, Independent Report prepared at the request of Danuta Hübner Commissioner for Regional Policy, Commissione Europea, Bruxelles.
2015 *Aree interne: politiche, politica e intellettuali*, in L. D'Antone, M. Petrusewicz (a cura di), *La storia, le trasformazioni*, Donzelli, Roma, pp. 43-52.
2018 *Cambiare rotta. Più giustizia sociale per il rilancio dell'Italia*, Laterza, Roma-Bari.

Barca F., Morelli S., Morniroli A.
2018 *Il cosa, come e dove delle disuguaglianze*, in ActionAid International Italia onlus (a cura di), *La sfida della democrazia. Uguaglianza, partecipazione, lotta alla povertà. Rapporto Action Aid 2018. L'Italia e la lotta alla povertà*, Donzelli, Roma.

Bartolozzi C.
2019 *Le ragioni dei quaderni di Lacittàintorno*, in F. Cognetti, E. Lazzarino (a cura di), *Corvetto Chiaravalle. Conoscenza per il cambiamento*, Quaderni di Fondazione Cariplo-DAStU Politecnico di Milano-Galli Thierry Stampa, Milano.

Battisti C.
2003 *Intervento di riqualificazione di piazza Costantino a Crescenzago*, in F. Bucci (a cura di), *Periferie e nuove urbanità*, Electa, Milano.

Bauman Z.
2007 *Modus vivendi. Inferno e utopia del mondo liquido*, Laterza, Roma-Bari.

Belli A.
2006 (a cura di), *Oltre la città. Pensare la periferia*, Cronopio, Napoli.

Berger J.
2014 *Il taccuino di Bento*, Neri Pozza, Vicenza.

Bernardi M., Bottini L., Nuvolati G.
2020 *Urbana 2019. Università e periferie*, Fondazione Giangiacomo Feltrinelli, Milano.

Bianchi F., Giacomel A., Giudici D., Munno C., Moscareli R., Pileri P.
2018 (a cura di), *Ciclabili e cammini per narrare territori. Arte design e bellezza dilatano il progetto di infrastrutture leggere*, Ediciclo Editore, Portogruaro (VE).

Bifulco L.
2012 *Melinda e Melinda. Note su partecipazione, agency e capacità di aspirare*, in O. De Leonardis, M. Deriu (a cura di), *Il futuro nel quotidiano*, Egea, Milano.
2015 *Il welfare locale. Processi e prospettive*, Carocci, Roma.

Bifulco L., Fedeli V., Perrone C., Vicari, Haddock S.
2020 *Alla ricerca delle periferie*, in Urban@it, *Quinto Rapporto sulle città. Politiche urbane per le periferie*, il Mulino, Bologna.

Boatti A.
2006 *Lo storico quartiere di edilizia pubblica del Lorenteggio: quale futuro?*, «Territorio», 36, pp. 19-28.

Bolocan Goldstein M., Bonfantini B.
2007 (a cura di), *Milano incompiuta. Interpretazioni urbanistiche del mutamento*, FrancoAngeli, Milano (disponibile online: issuu.com/armentano/docs/milano-incompiuta).

Bourdieu P.
1972 *Esquisse d'une théorie de la pratique*, Genève, Droz; trad. it. *Il senso pratico*, Armando, Roma 2005.

Bovone L., Ruggerone L.
2009 (a cura di), *Quartieri in bilico. Periferie milanesi a confronto*, Bruno Mondadori, Milano.

Bozzuto P.
2011 *La costruzione dello stigma. L'emblematico caso di Quarto Oggiaro: dieci anni di rassegna stampa*, in F. Infussi (a cura di), *Dal recinto al territorio. Milano, esplorazioni nella città pubblica*, Bruno Mondadori, Milano.

Bressan M., Tosi Cambini S.
2011 (a cura di), *Zone di transizione. Etnografia urbana nei quartieri e nello spazio pubblico*, il Mulino, Bologna.

Briata P., Bricocoli M., Tedesco C.
2009 *Città in periferia. Politiche urbane e progetti locali in Francia, Gran Bretagna e Italia*, Carocci, Roma.

Bricchetti E.
1994 *Terre di confine…: i borghi milanesi di Turro, Gorla, Precotto, Greco, Crescenzago*, Associazione Gorla domani-Directa, Milano.

Bricocoli M., Savoldi P.
2010 *Milano downtown Azione pubblica e luoghi dell'abitare*, Et. al. edizioni, Milano.

Brotton J.
2013 *La storia del mondo in dodici mappe*, Feltrinelli, Milano.

Buckles D. J., Chevalier M.
2013 *Participatory Action Research. Theory and Methods for Engaged Inquiry*, Routledge, New York.

Calvaresi C.
2016 *L'analisi logica delle periferie*, «cheFare», 18 febbraio (disponibile online: www.che-fare.com/lanalisi-logica-delle-periferie/).
2018 *Agenda urbana e community hub*, «Territorio», 84, pp. 105-110.

Calvaresi C., Lazzarino E.
2018 *Caratteri, attori e politiche del community hub. Un dialogo con i protagonisti*, «Territorio», 84.

Cancellieri A.
2019 *Attrezzi per una rigenerazione urbana radicale*, in M. Balbo, A. Cancellieri, E. Ostanel, L. Rubini (a cura di), *Spazi in cerca di attori. Attori in cerca di spazi. La rigenerazione urbana alla prova dell'innovazione sociale*, master U-Rise-cheFare-Tipolitografia Pavan, Vicenza.

Cancellieri A., Peterle G.
2019 (a cura di), *Quartieri. Viaggio al centro delle periferie italiane*, BeccoGiallo, Padova.

Cappelletti V., Pasqui G.
2019 *Economie urbane, spazio e struttura produttiva: il caso milanese*, in C. Bianchetti (a cura di), *Territorio e produzione*, Quodlibet, Macerata.

Careri F.
2006 *Walkscape. Camminare come pratica estetica*, Einaudi, Torino.

Cellamare C.
2016a (a cura di), *Fuori raccordo. Abitare l'altra Roma*, Donzelli, Roma.
2016b *Leggere l'abitare attraverso l'interdisciplinarietà e la ricerca-azione*, «Territorio», 78, pp. 28-39.
2019 *Periferie. Gli ultimi posti e i luoghi della vitalità delle città*, in B. Castiglioni, S. Zaggia (a cura di), *Monastero e territorio: periferie dello spirito e dello spazio*, Padova University Press, Padova.

Cellamare C., Cognetti F.
2014 *Practices of Reappropriation in the Contemporary City. Processes, Places and Imaginary*, in C. Cellamare, F. Cognetti (a cura di), *Practices of Appropriation*, Planum Publisher, Roma-Milano.
2017 *Politiche dell'abitare e riappropriazione della città*, in A. Balducci, V. Fedeli, F. Curci (a cura di), *Oltre la metropoli. L'urbanizzazione regionale in Italia*, Guerini e Associati, Milano.

Cenciarini R.A., Licini S.
1996 *Magneti Marelli. La storia e la business transformation*, Giuffrè, Milano.

Clifford S., Maggi M., Murtas D.
2006 *Genius Loci. Perché, quando e come realizzare una mappa di comunità*, Strumenti IRES, Torino.

Cognetti F.
2007 *Il quartiere Isola. Azione collettiva e prospettive di cambiamento*, «Archivio di studi urbani e regionali», 90, pp. 151-161.
2009 *Accanimento terapeutico*, in Laboratorio Città Pubblica, *Città Pubbliche. Linee guida per progetti e processi di rigenerazione urbana*, Bruno Mondadori, Milano.
2011 *Ripartire dalla città pubblica per sperimentare? Dieci anni di progetti e politiche*, in F. Infussi (a cura di), *Dal recinto al territorio. Milano, esplorazioni nella città pubblica*, Bruno Mondadori, Milano.
2014 *Dal progetto disegnato al progetto abitato. Abitare al "San Siro"*, «Territorio», 71.
2016a *Partecipazione, quartieri in contrazione e riuso dei vuoti nell'edilizia pubblica*, in S. Commisso, S. Raineri, *Shrinking San Siro. I vuoti come risorsa per un futuro possibile*, Maggioli Editore, Santarcangelo di Romagna.
2016b *Ricerca-azione, diritti e ruolo dell'università. Una prospettiva inclusiva e relazionale alla produzione di conoscenza*, «Territorio», 78, pp. 40-46.
2018a *Enabling spaces. Quali ponti tra istituzioni e cittadini per pratiche di governo collaborative?*, «Tracce Urbane», 3, giugno.
2018b *Apprendere la città. Le prospettive di una ricerca inclusiva e relazionale*, in F. Cognetti, L. Padovani, *Perché (ancora) i quartieri pubblici. Un laboratorio di politiche per la casa*, FrancoAngeli, Milano.

Cognetti F., Delera A.
2017 (a cura di), *For rent. Politiche e progetti per la casa accessibile a Milano*, Mimesis, Milano-Udine.

Cognetti F., Fava F.
2019 *La città interdisciplinare. Per itinerari non tracciati tra saperi urbani*, «Tracce Urbane», 3, 6.

Cognetti F., Lazzarino E.
2019a (a cura di), *Quartiere Adriano. Conoscenza per il cambiamento*, Quaderni di Fondazione Cariplo, Dastu Politecnico di Milano, Galli Thierry Stampa, Milano.
2019b *Via Padova. Conoscenza per il cambiamento* Padova, Quaderni di Fondazione Cariplo, Dastu Politecnico di Milano, Galli Thierry Stampa, Milano.

Cognetti F., Maranghi E.
2019 *Adapting the Urban Living Lab Approach to Marginal Contexts and Urban Regeneration: the Case of Mapping San Siro Lab*, in European Network of Living Labs, *Proceedings of the Open Living Lab Days Conference 2019. Co-creating Innovation: Scaling-up from Local to Global*, ENoLL Office, Bruxelles, pp. 200-206.

Cognetti F., Padovani L.
2016 *Ri-attribuire valore e senso ai quartieri di edilizia residenziale pubblica e alla politica della casa nella città contemporanea. Percorsi attraverso il quartiere San Siro a Milano*, «Archivio di studi urbani e regionali», XLVII, 117.
2017 *New Meanings for Public Housing Through the Co-Production of Knowledge. Policies for Everyday Life in Marginal Neighbourhoods* in E. Bargelli, T. Heitkamp (eds.), *New Developments in Southern European Housing*, Pisa University Press, Pisa.
2018 *Perché (ancora) i quartieri pubblici. Un laboratorio di politiche per la casa*, FrancoAngeli, Milano.

Colleoni M., Scolari G.
2020 *Il ruolo della mobilità nei contesti periferici. Il caso di Bicocca, Bovisa e Barona a Milano*, in M. Bernardi, L. Bottini, G. Nuvolati (a cura di), *Urbana 2019. Università e periferie*, Fondazione Giangiacomo Feltrinelli, Milano.

Cologna D.
2006 *Abitare a ridosso di una storica via d'accesso a Milano*, in AIM - Associazione Interessi Metropolitani (a cura di), *Esperienze e paesaggi dell'abitare. Itinerari nella regione urbana milanese*, Editrice Abitare Segesta, Milano.

Colombo E.
2012 *Farsi spazio. Come giovani figli di immigrati costruiscono differenza e confini a Milano*, in G. Scandurra, A. Cancellieri (a cura di), *Tracce urbane. Alla ricerca della città*, FrancoAngeli, Milano.

Colombo M., Colucci F.P., Montali L.
2008 (a cura di), *La ricerca-intervento. Prospettive, ambiti e applicazioni*, il Mulino, Bologna.

Commissione Parlamentare di inchiesta sulle condizioni di sicurezza e sullo stato di degrado delle città e delle loro periferie
2017 *Relazione sull'attività svolta dalla Commissione*, approvata nella seduta del 14 dicembre 2017 (consultabile online: www.documenti.camera.it/_dati/leg17/lavori/documentiparlamentari/IndiceETesti/022bis/019/INTERO.pdf).

Coppola A.
2010 *Gratosoglio. Esercizi di trasformazione della città pubblica*, in M. Bricocoli, P. Savoldi, *Milano Downtown. Azione pubblica e luoghi dell'abitare*, Et al. Edizioni, Milano, pp. 105-131.

Corner J.
1999 *The Agency of Mapping: Speculation, Critique and Invention*, in D. Cosgrove (ed.), *Mappings*, Reaktion Books, London.

Cottino P.
2009a (a cura di), *Attivare risorse nelle periferie. Guida alla promozione di interventi nei quartieri difficili di alcune città italiane*, Istituto per la Ricerca Sociale, FrancoAngeli, Milano.
2009b *Competenze possibili*, Jaca Book, Milano.

Cottino P., Domante D.
2017 *Innescare la rigenerazione. Spazi alle comunità come driver di sviluppo di aree dismesse*, Pacini Editore, Pisa.

Cremaschi M.
2008 (a cura di), *Tracce di quartieri. Il legame sociale nella città che cambia*, FrancoAngeli, Milano.

Crosta P.L.
1998a *L'interazione tra università e città come pratica di apprendimento*, «Archivio di studi urbani e regionali», 60-61.
1998b *Politiche. Quale conoscenza per l'azione territoriale*, FrancoAngeli, Milano.
2013 *Note sulla competenza*, in A. Balducci, C. Bianchetti, *Competenza e rappresentanza*, Donzelli, Roma.

De Certeau M.
2001 *L'invenzione del quotidiano*, Edizioni lavoro, Roma.

De Grandi C.
2019 *Quartiere Adriano verso la firma dei primi patti di collaborazione*, «labsus», 29 aprile (consultabile online: www.labsus.org/2019/04/quartiere-adriano-verso-firma-primi-patti-collaborazione/).

De Matteis G.
1990 *Dai cerchi concentrici al labirinto*, in A. Clementi, F. Perego (a cura di), *Eupolis. La riqualificazione delle città in Europa*, 2 voll., Laterza, Roma-Bari 1990: vol. I, *Periferie oggi*, 1990, pp. 341-355.

Diappi L., Bolchi P., Gaeta L.
2009 *Gentrification senza esclusione? Il caso del quartiere Isola a Milano*, in L. Diappi (a cura di), *Rigenerazione urbana e ricambio sociale. Gentrification in atto nei quartieri storici italiani*, FrancoAngeli, Milano.

Di Biagi P.
2006 *La periferia pubblica: da problema a risorsa per la città contemporanea*, in A. Belli (a cura di), *Oltre la città. Pensare la periferia*, Cronopio, Napoli.

Direzione Generale Arte e Architettura Contemporanee e Periferie Urbane
2017 *Demix. Atlante delle periferie funzionali metropolitane*, Ministero dei beni e delle attività culturali e del turismo, Pacini editore, Pisa.

Dodge M., Kitchin R., Perkins C.
2009 *Thinking about Maps*, in M. Dodge, R. Kitchin, C. Perkins (eds.), *Rethinking Maps*, Routledge, London.

D'Ovidio M.
2009 *Milano, città duale?*, in C. Ranci (a cura di), *Milano e le città d'Europa tra competitività e disuguaglianze*, Maggioli Editore, Santarcangelo di Romagna.

Esteban J., Ray D.
2007 *A Comparison of Polarization Measures*, «UFAE and IAE Working Papers», Unitat de Fonaments de l'Anàlisi Econòmica (UAB) and Institut d'Anàlisi Econòmica (CSIC), 700, 07.

Fareri P.
1989 *Milano: i percorsi del mutamento*, «Meridiana», 5, pp. 113-115.
2009 *Rallentare il disegno delle politiche*, FrancoAngeli, Milano.

Fava F.
2008a *Lo Zen di Palermo. Antropologia dell'esclusione*, FrancoAngeli, Milano.
2008b *Tra iperghetti e banlieues, la nuova marginalità urbana*, «Vita e Pensiero», 2.
2017 *In campo aperto. L'antropologo nei legami del mondo*, Meltemi, Milano.

Feld S., Basso K.
1996 (eds.), *Senses of Place*, School of American Research Press, Santa Fe.

Ferraro G.
1998 *Rieducazione alla speranza. Patrick Geddes planner in India*, Jaca Book, Milano.

Forman R.T.T.
2008 *Urban Regions: Ecology and Planning Beyond the City*, Cambridge University Press, Cambridge-New York.

Fregolent L.
2008 (a cura di), *Periferia e periferie*, Aracne, Roma.

Freund D.M.P.
2007 *Colored Property. State Policy and White Racial Politics in Suburban America*, University of Chicago Press, Chicago.

Gabellini P.
2019 *Quali prospettive di una ricerca sulle periferie?*, Prefazione, in F. Cognetti, E. Lazzarino (a cura di), *Quartiere Adriano. Conoscenza per il cambiamento*, Quaderni di Fondazione Cariplo-Dastu Politecnico di Milano-Galli Thierry Stampa, Milano.

Gatt C., Ingold T.
2013 *From Description to Correspondence. Anthropology in Real Time*, in W. Gunn, T. Otto, R.C. Smith (eds.), *Design Anthropology. Theory and Practice*, Bloomsbury Academic, London-New York.

Geertz C.
1996 *Afterword*, in S. Feld, K.H. Basso (eds.), *Senses of Place*, School of American Research Press, Santa Fe.

Giudici L.
2004 *Milano: via Arquà e i corpi santi. Lettera a un Agente di Pubbilca Sicurezza*, Colibrì edizioni, Milano.

Granata E.
2019 *Biodivercity. Città aperte, creative e sostenibili che cambiano il mondo*, Giunti-Slow Food Editore, Milano-Bra.

Grassi P.
2018 *L'angosciosa resistenza. Decostruire la categoria dell'«abbandono istituzionale» nel quartiere di edilizia popolare di San Siro*, «Archivio Antropologico Mediterraneo», 20, 2.

Guevara A., Karenina N.
2018 *Forme di segregazione locale e risposta delle scuole in due quartieri milanesi: Corvetto e Sempione*, in C. Pacchi, C. Ranci (a cura di), *White flight a Milano. La segregazione sociale ed etnica nelle scuole dell'obbligo*, FrancoAngeli, Milano.

Halder S., Michel B.
2018 *Editorial - This is Not an Atlas*, in Kollektiv orangotango+ (ed.), *This is not an Atlas*, Transcript Verlag, Bielefeld.

Hardt M., Negri A.
2010 *Comune. Oltre il privato e il pubblico*, Rizzoli, Milano.

Harley, J.B.
1989 *Deconstructing the Map*, «Cartographica», 26, 2, pp. 1-20.

Herzfeld M.
2010 *Engagement, Gentrification, and the Neoliberal Hijacking of History*, «Current Anthropology», 51, 2, pp. 259-267.

Hovland C.I., Rosenberg M.J.
1960 *Cognitive, Affective and Behavioral Components or Attitudes*, in R.P. Abelson, J.W. Brehm, C.I. Hovland, W.J. McGuire, M.J. Rosenberg (eds.), *Attitudes Organization and Change: An Analysis of Consistency among Attitude Component*, Yale University Press, New Heaven, pp. 1-14.

Hult M., Sven-Ake L.
1980 *Towards a Definition of Action Research: a Note and Bibliography*, «Journal of Management Studies», 17, 2, pp. 241-250.

Infussi F.
2011 *Dal recinto al territorio. Milano, esplorazioni nella città pubblica*, Bruno Mondadori, Milano.

Ingold T.
2000 *The Perception of the Environment: Essays on Livelihood, Dwelling and Skill*, Routledge, London.
2001a *Ecologia della cultura*, Meltemi, Roma.
2011b *Una città tutta periferia*, in F. Infussi (a cura di), *Dal recinto al territorio. Milano, esplorazioni nella città pubblica*, Bruno Mondadori, Milano.
2013 *Making. Anthropology, Archaeology, Art, and Architecture*, Routledge, New York.
2020 *Antropologia. Ripensare il mondo*, Meltemi, Roma.

Kitchin, R.
2010 *Post-Representational Cartography / Cartografia post-rappresentativa*, «Lo Squaderno», 15 (*Maps: Beyond the Artifact / Mappe: oltre l'artefatto*).

Laboratorio Città Pubblica
2009 *Città Pubbliche. Linee guida per progetti e processi di rigenerazione urbana*, Bruno Mondadori, Milano.

La Cecla F.
1993 *Mente locale per un'antropologia dell'abitare*, Elèuthera, Milano.

Laino G.
2012 *Il fuoco nel cuore e il diavolo in corpo*, FrancoAngeli, Milano.
2019 *Un programma di interventi economico-sociali per le periferie*, in Urban@it, *Quinto Rapporto sulle città. Politiche urbane per le periferie*, il Mulino, Bologna.

Lave J., Wenger E.
1991 *Situated Learning. Legitimate Peripheral Participation*, Cambridge University Press, Cambridge.

Lazzarino E.
2014 *Ricerca-azione fra etnografia e auto-etnografia: pratiche dell'abitare in una periferia milanese*, in C. Cellamare, F. Cognetti (a cura di), *Practices of Reappropriation*, Planum Publisher, Roma-Milano.
2017a *Antropologia alla prova dell'abitare. La località come strumento di analisi culturale*, «Tracce Urbane», 1, pp. 69-82.
2017b *Mercato Lorenteggio. Un approccio culturale alla rigenerazione urbana*, in C. Andorlini, L. Bizzarri, L. Lorusso (a cura di), *Leggere la rigenerazione urbana. Storie da «dentro» le esperienze*, Pacini Editore, Pisa.

Le Galès P.
2002 *Le città europee. Società urbane, globalizzazione, governo locale*, Oxford University Press, Oxford.

Lelo K., Monni S., Tomassi F.
2019 *Le mappe della disuguaglianza. Una geografia sociale metropolitana*, Donzelli, Roma.

Levy J., Fauchille J., Povoas A.
2018 *Théorie de la justice spatiale. Géographies du juste et de l'injuste*, Odile Jacob, Paris.

Liso O.
2018 *Periferie, il quartiere Adriano in piazza contro il Milleproroghe: «Non bloccate i fondi per le periferie»*, «la Repubblica», 8 settembre 2018 (consultabile online: milano.repubblica.it/cronaca/2018/09/08/news/milano_quartiere_adriano_bando_periferie_milleproroghe_sala_sardone-205920069/).

Lodigiani R.
2018 (a cura di), *Milano 2018 Agenda 2040*, Fondazione Ambrosianeum-FrancoAngeli, Milano.

Longo A.
2019 *Lacittàintorno: l'urbanistica, il progetto e l'elogio dell'infanzia*, Postfazione, in F. Cognetti, E. Lazzarino (a cura di), *Quartiere Adriano. Conoscenza per il cambiamento*, Quaderni di Fondazione Cariplo-Dastu Politecnico di Milano-Galli Thierry Stampa, Milano.

Longo A., Masotti D., Giacomel A.
2016 (a cura di), *RELAMBRO. Il fiume nuova infrastruttura ecologica della metropoli milanese*, Civica stamperia del Comune di Milano, Milano.

Low S.M., Lawrence-Zúñiga D.
2003 *Locating Culture*, in D. Lawrence-Zúñiga, S.M. Low (eds.), *Anthropology of Space and Place. Locating Culture*, Blackwell Publishing, Hoboken.

Lucas U.
2017 (a cura di), *Via Padova e dintorni. Identità e storia di una periferia milanese*, Althea Grafiche, Milano.

Lynch K.
1960 *The Image of the City*, The MIT Press, Cambridge Mass.; trad. it. di P. Ceccarelli, *L'immagine della città*, Marsilio, Venezia 1969.

Macchi Jànica M.
2019 *Cartografia dell'abbandono: la rappresentazione della desertificazione demografica delle "aree interne fragili" della Toscana meridionale*, «Bollettino dell'Associazione Italiana di Cartografia», 166, pp. 77-88.

Magatti M.
2007 (a cura di), *La città abbandonata. Dove sono e come cambiano le periferie italiane*, il Mulino, Bologna.

Malnati O.
2005 *Tra centro e periferia: geografia e storia sociale del quartiere Isola*, in L. Bovone, A. Mazzette, G. Rovati (a cura di), *Effervescenze urbane. Quartieri creativi a Milano, Genova e Sassari*, FrancoAngeli, Milano.

Marabelli L., Ornaghi F., Scala F., Schiannini D.
2017 (a cura di), *Crescenzago e via Padova: la storia e le immagini*, Graphot, Torino.

Maranghi E.
2019 *Il ruolo della conoscenza locale nell'attivazione di comunità di pratiche e di progetto. Il caso della rete Sansheroes (Milano)*, «Tracce Urbane. Rivista Transdisciplinare di Studi Urbani», 6.

Mariotto A., Piano C.
2018 (a cura di), *Renzo Piano. Diario dalle periferie / 2, Marghera*, Skira, Milano.

Massey D.B.
2005 *For Space*, Sage, London.
2010 *World City*, Polity Press, Cambridge.

McFarlane C.
2011 *Learning the City. Knowledge and Translocal Assemblage*, Wiley-Blackwell, Oxford.

Meschiari M.
2018 *Disabitare. Antropologie dello spazio domestico*, Meltemi, Roma.

Meschiari M., Montes S.
2015 (eds.), *Spaction. New Paradigms in Space-Action Multidisciplinary Research*, Aracne, Roma.

Mibact – Ministero dei beni e delle attività culturali e del turismo
2017 *Demix - Atlante delle periferie funzionali metropolitane*, Direzione Generale Arte e Architettura Contemporanee e Periferie Urbane, Pacini editore, Pisa.

Micoli A.
2008 *Milano, Isola: narrazione e comunità*, in M. Cremaschi (a cura di), *Tracce di quartieri. Il legame sociale nella città che cambia*, FrancoAngeli, Milano.
2011 *Farsi spazio a Milano: etnografia della partecipazione collettiva*, in M. Bressan, S. Tosi Cambini (a cura di), *Zone di transizione. Etnografia urbana nei quartieri e nello spazio pubblico*, il Mulino, Bologna.

Monici C.
2014 *Quartiere Adriano, la promessa tradita*, «Avvenire», 3 marzo 2014 (consultabile online: www.avvenire.it/attualita/pagine/quartiere-adriano-promessa-tradita-reportage-monici).

Nussbaum M.C.
2012 *Creare capacità. Liberarsi dalla dittatura del Pil*, il Mulino, Bologna.

Oberti M., Preteceille E.
2017 *La segregazione urbana*, Aracne, Roma.

Officina Welfare Space
2012 *Spazi del Welfare*, Quodlibet, Macerata.

Oliva F.
2002 *L'urbanistica di Milano. Quel che resta dei piani urbanistici nella crescita e nella trasformazione della città*, Hoepli, Milano.

Ortner S.B.
2006 *Anthropology and Social Theory. Culture, Power and the Acting Subject*, Duke University Press, Durham-London.

Ostanel E.
2017 *Spazi fuori dal comune. Rigenerare, includere, innovare*, FrancoAngeli, Milano.

Paba G.
1998 *Luoghi comuni. La città come laboratorio di progetti collettivi*, FrancoAngeli, Milano.

Pacchi C.
2019 *Voci dal basso e trasformazione urbana*, in F. Cognetti, E. Lazzarino (a cura di), *Via Padova. Conoscenza per il cambiamento*, Quaderni di Fondazione Cariplo-DAStU Politecnico di Milano-Galli Thierry Stampa, Milano.

Padovani L.
2016 *Partecipazione come forma di apprendimento*, «Sentieri Urbani», VIII, 21.
2019a *Attrazioni*, in G. Chiaretti (a cura di), *Essere Milano. La scommessa di giovani vite*, Enciclopedia delle donne editore, Milano.
2019b *Quali strumenti di redistribuzione per lo sviluppo locale?*, in F. Cognetti, E. Lazzarino (a cura di), *Quartiere Corvetto. Conoscenza per il cambiamento*, Quaderni di

Fondazione Cariplo-DAStU Politecnico di Milano, Galli Thierry Stampa, Milano.

Palermo P.C.
2004 *Trasformazione e governo del territorio. Introduzione critica*, FrancoAngeli, Milano.

Parker B.
2006 *Constructing Community Through Maps? Power and Praxis in Community Mapping*, «The Professional Geographer», 58, 4, pp. 470-484.

Pasqui G.
2008 *Città, popolazioni, politiche*, Jaka Book, Milano.
2018 *Raccontare Milano. Politiche, progetti, immagini*, FrancoAngeli, Milano.
2020 *Le periferie diseguali*, in Urban@it, *Quinto Rapporto sulle città. Politiche urbane per le periferie*, il Mulino, Bologna.

Petrillo A.
2013 *Peripherein: pensare diversamente la periferia*, FrancoAngeli, Milano.
2018 *La periferia nuova. Disuguaglianza, spazi, città*, FrancoAngeli, Milano.

Piano C.
2016 (a cura di), *Renzo Piano. Diario dalle periferie 1, Giambellino Milano 2015, Skira*, Milano.

Pickles, J.
2004 *A History of Spaces. Cartographic Reason, Mapping and the Geo-Coded World*, Routledge, London.

Pignatti L.
2011 (a cura di), *Mind the map. Mappe, diagrammi e dispositivi cartografici*, Postmedia, Milano.

Polizzi E., Vitale T.
2017 *Governo collaborativo e catene relazionali di innovazione. Spunti a partire dal caso di Milano*, «Quaderni di Rassegna Sindacale», 18, 2, pp. 129-147.

Pozzi G., Rimoldi L.
2017 *Abitare la crisi nella periferia contemporanea: attese, occupazioni e idee di futuro ai margini della città di Milano*, «Palaver», 6, 2.

Purcell M.
2006 *Urban Democracy and the Local Trap*, «Urban Studies», 43, 11, pp. 1921-1941.

Raganato F.G.
2019 *Quartiere Adriano, mai finito*, «Perimetro» (consultabile online: perimetro.eu/gennaio/quartiere-adriano-mai-finito/).

Ranci C.
2008 *Vulnerabilità sociale e nuove disuguaglianze sociali*, «Sociologia del lavoro», 110, pp. 161-171.
2010 *Sviluppo economico e coesione sociale: la sfida della globalizzazione per le città europee*, in C. Ranci (a cura di), *Città nella rete globale. Competitività e disuguaglianze in sei città europee*, Bruno Mondadori, Milano, pp. 19-39.

Ranzini A.
2018a *Troppo competenti? Riflessioni sull'abilitazione delle competenze degli attori locali nei processi di rigenerazione urbana di contesti marginali*, «Tracce Urbane», 3, pp. 115-133.
2018b *La rappresentazione condivisa come attivatore di processi: cosa, come e per chi rappresentare*, in F. Cognetti, L. Padovani, *Perché (ancora) i quartieri pubblici. Un laboratorio di politiche per la casa*, FrancoAngeli, Milano.
2020 *Quartieri come reti. Le reti territoriali come dispositivi di inclusione dei territori marginali tra competenza e rappresentanza*, tesi di dottorato, dottorato in Pianificazione territoriale e Politiche pubbliche per il territorio, XXXII ciclo, Iuav, Venezia.

Reardon K.M.
2006 *Promoting Reciprocity within Community / University Development Partnerships. Lessons from the Field*, «Planning Practice and Research», 21, pp. 95-107.

Regione Lombardia
2019 *Contratti di Quartiere – Stato di Attuazione Luglio 2019*, Milano.

Rein M., Shon D.
1994 *Frame Reflection: Toward the Resolution of Intractable Policy Controversies*, Besic Books, New York.

Rodríguez-Pose A.,
2018 *The Revenge of the Places That Don't Matter (and What to Do About It)*, «Cambridge Journal of Regions, Economy and Society», 11, 1.

Ronzon F.
2008 *Il senso dei luoghi. Indagini etnografiche*, Meltemi, Roma.

Rossignolo C.
2020 *Italia ed Europa: le politiche per le periferie negli ultimi trent'anni*, in Urban@it, *Quinto Rapporto sulle città. Politiche urbane per le periferie*, il Mulino, Bologna.

Saija L.
2016 *La ricerca-azione in pianificazione territoriale e urbanistica*, FrancoAngeli, Milano.

Sassen S.
2008 *Una sociologia della globalizzazione*, Einaudi, Torino.

Savini F.
2010 *The Endowment of Community Participation: Institutional Settings in Two Urban Regeneration Projects*, «International journal of Urban and Regional Research», 35, 5, pp. 949-968.

Schenkel W.
2015 *Regeneration Strategies in Shrinking Urban Neighbourhoods. Dimensions of Interventions in Theory and Practice*, «European Planning Studies», 23, 1, pp. 69-86.

Scott A.J.
2011 *Città e regioni nel nuovo capitalismo. L'economia sociale delle metropoli*, il Mulino, Bologna.

Scott J.C.
2019 *Lo sguardo dello Stato*, Elèuthera, Milano.

Secchi B.
1991 *La periferia*, «Casabella», 583.
2013 *La città dei ricchi e la città dei poveri*, Laterza, Roma-Bari.

Semi G.
2012 *Differenze, intersezionalità e sintesi mancate: classi, individui e città*, in A. Cancellieri, G. Scandurra (a cura di), *Tracce urbane. Alla ricerca della città*, FrancoAngeli, Milano.
2015 *Gentrification. Tutte le città come Disneyland?*, il Mulino, Bologna.

Sennet R.
2018 *Building and Dwelling. Ethic for the City*, Allen Lane, London; trad. it. *Costruire e abitare. Etica per la città*, Feltrinelli, Milano 2018.

Signorelli A.
2000 *L'antropologia urbana*, in A. Signorelli, Caniglia C. Rispoli (a cura di), *L'interdisciplinarietà tra antropologia urbana e urbanistica. Un percorso di ricerca, un percorso di formazione*, Guerini, Milano, pp. 19-30.

Soja E.
2011 *Regional Urbanization and the End of the Metropolis Era*, in G. Bridge, S. Watson (eds.), *The New Blackwell Companion to the City*, Wiley-Blackwell, Oxford-Chichester.

Torri R.
2007 *Milano tra eccellenze e nuove polarizzazioni*, in C. Ranci, R. Torri (a cura di), *Milano tra coesione sociale e sviluppo*, Bruno Mondadori, Milano, pp. 35-55.
2017 *Milan, Challeging the Private Interest Governement in Times of Austerity*, in R. Cucca, C. Ranci, *Unequal Cities. Economic Development and Social Cohesion in European Cities*, Routledge, London.
2018 *Agricoltura periurbana: da territori marginali a laboratori per l'innovazione agricola economica e sociale*, in R. Lodigiani (a cura di), *Rapporto Fondazione Ambrosianeum sulla città - Agenda 2040*, FrancoAngeli, Milano.

Tosi A.
2008 *Le case dei poveri: ricominciare ad annodare i fili*, in A. Bonomi (a cura di), *La vita nuda*, Electa, Milano, pp. 151-162.
2017 *Le case dei poveri. È ancora possibile pensare un welfare abitativo?*, Mimesis, Milano-Udine.

Venturi P., Zandonai F.
2019 *Dove. La dimensione di luogo che ricompone impresa e società*, Egea edizioni, Milano.

Vercesi M.
1999 (a cura di), *Milano. Il quartiere Adriano. Gli abitanti «progettano» la città*, FrancoAngeli, Milano.

Verga P.L.
2016 *Rethoric in the Representation of a Multi-Ethnic Neighbourohood: The Case of Via Padova*, «Antipode», 48, 4, pp. 101-108.

Vitale T.
2007 *Integrazione e territorializzazione del welfare. Alcune implicazioni per i servizi sociali*, «Voci di strada», XIX, 3, pp. 91-113.

Wacquant L.
2008 *Urban Outcasts. A Comparative Sociology of Advanced Marginality*, Polity Press, Cambridge; trad. it. *I reietti della città. Ghetto, periferia, stato*, a cura di S. Paone e A. Petrillo, ETS, Pisa.

Wood D.
1993 *The Power of Maps*, The Guilford Press, New York.

Zajczyk F., Borlini B., Memo F., Mugnano S.
2005 *Milano. Quartieri periferici tra incertezza e trasformazione*, Bruno Mondadori, Milano.

Zukin S.
1995 *The Cultures of Cities*, Blackwell, Oxford.

Crediti

Curatela dell'apparato fotografico: Lucia Ludovici.

Reportage fotografici realizzati da Alberto Dedè e Bruno Pulici.

Foto di copertina di Direzione Ostinata durante l'inaugurazione di *Playground Adriano* nel 2018, design di Cecilia Di Gaddo *stardelight, a cura di Non Riservato per *Lacittàintorno*.

Dove non indicato le foto provengono dall'Archivio di *Lacittàintorno*, scattate tra il 2017 e il 2019.

Supporto agli autori per l'editing e la redazione del volume: Lucia Ludovici.

Premessa

Foto a pagina 9 di Blanka Studio, *#wideopenyourself* di Arianna Vanini a cura di ArtCityLab durante *Rompiamo le righe*, festa di inaugurazione del programma *Lacittàintorno* al quartiere Adriano nel 2017, a cura di Non Riservato per *Lacittàintorno*.

Introduzione

Foto a pagina 12 di Blanka Studio, durante *Rompiamo le righe*, festa di inaugurazione del programma *Lacittàintorno* al quartiere Adriano nel 2017, a cura di Non Riservato per *Lacittàintorno*.

Prima parte

Foto I.6 a pagina 24 di Blanka Studio, durante *Rompiamo le righe*, festa di inaugurazione del programma *Lacittàintorno* al quartiere Adriano nel 2017, a cura di Non Riservato per *Lacittàintorno*.

Rappresentazioni territoriali I.18 a pagina 37, I.19 a pagina 38 realizzate da Giada Mascherin con il contributo del team di lavoro DAStU del Politecnico di Milano composto da Francesca Cognetti, Jacopo Lareno, Giada Mascherin, Paolo Grassi, Elena Maranghi, Rossella Ferro nell'ambito del ciclo formativo *Periferie in cambiamento - formazione attiva e mutuo apprendimento sulla rigenerazione urbana* svoltosi tra il 2018 e il 2019.

Figure I.1 a pagina 18, I.3 a pagina 21, I.7 a pagina 27 realizzate da Lucia Ludovici con il supporto di Daniela Gambino.

Foto a pagina 14, I.8 a pagina 28 di Marco Menghi, durante la costruzione della mappa di quartiere realizzata dai bambini della Scuola Primaria Fabio Filzi e della Scuola Primaria Oglio nell'ambito del laboratorio a cura di Obelo a conclusione del percorso *Pensieribambini* 2018-2019 con Spaziopensiero Onlus per *Lacittàintorno*.

Foto I.2 a pagina 19 di Fabrizio Annibali, durante la mostra *Nuova Milano Social Club - documentazione visuale dei luoghi di aggregazione spontanea a Milano* realizzata da Fabrizio Annibali a cura di Raffaele Vertaldi nel 2018, a Cascina Nosedo per *Lacittàintorno*.

Foto I.4-5 a pagina 22 sono parte della pubblicazione autoprodotta di Rossana Baroni durante il progetto *Insider Milano, raccontala tu* a cura di Filippo Romano nell'ambito del Festival delle Periferie a Milano nel 2018 per *Lacittàintorno*.

Seconda parte

Tutte le rappresentazioni territoriali sono state realizzate da Daniela Gambino.

Rappresentazione territoriale II.86 a pagina 114 realizzata da Antonio Longo.

Foto a pagina 40, II.2-3 a pagina 46, II.4-7 a pagina 47, II.11-13 a pagina 52, II.17-19 a pagina 56, II.35 a pagina 74, II.36-39 a pagina 75, II.47 a pagina 80, II.53-54 a pagina 87, II.87 a pagina 114 di Alberto Dedè e Bruno Pulici per *Lacittàintorno*.

Foto II.20 a pagina 58 di Maurizio Anderlini durante il festival *La Città che Sale* a cura di Musicamorfosi, concerto del Duo Bottasso nel 2019 a Cargo Milano.

Foto II.21 a pagina 58 di Alisa Nesterova durante un evento di *Balerhaus* al Circolo Cerizza a Adriano nel 2018, a cura di Teatro della Contraddizione per *Lacittàintorno*.

Foto II.52 a pagina 85 di Francesca Marconi, per *Internazionale Corazon – Via Padova State of Mind*, un progetto a cura di Creativity for Urban and Rural Empowerment nel 2019 per *Lacittàintorno*.

Foto II.55 a pagina 87 di via Padova 36 di Fabrizio Annibali, esposta nella mostra *Nuova Milano Social Club - documentazione visuale dei luoghi di aggregazione spontanea a Milano* realizzata da Fabrizio Annibali a cura di Raffaele Vertaldi nel 2018, a Cascina Nosedo per *Lacittàintorno*.

Foto II.65-66 a pagina 98, II.67-70 a pagina 99 di Marianna Frangipane, scattate nel 2018.

Foto II.72-73 a pagina 103 foto storiche appartenenti all'Archivio Aler.

Figura II.76 a pagina 106 estratto dell'immagine del PRG del 1953, tratta dal Geoportale del Comune di Milano, Comune di Milano – Archivio.

Figura II.77 a pagina 106 estratto dell'immagine della variante del 1980 al PRG di Milano del 1953, tratta dal Geoportale del Comune di Milano, Comune di Milano - Archivio.

Foto II.81 a pagina 111 di Camilla Cerea durante *Lumina – spersi nella landa*, gioco urbano nel parco della Vettabbia a Chiaravalle, un progetto di Terzo Paesaggio, Urban Games Factory, Federgat, Non Riservato nel 2018 per *Lacittàintorno*.

Foto II.82 a pagina 111 realizzata a Corvetto dagli adolescenti ospiti del centro diurno La Strada, progetto a cura di «Witness Journal» e in collaborazione con Alchemilla Cooperativa Sociale Onlus nell'ambito del progetto *Corvetto Social Club* nel 2018 per *Lacittàintorno*.

Foto II.83 a pagina 113 di Fabrizio Annibali, durante la mostra *Nuova Milano Social Club - documentazione visuale dei luoghi di aggregazione spontanea a Milano* realizzata da Fabrizio Annibali a cura di Raffaele Vertaldi nel 2018, a Cascina Nosedo per *Lacittàintorno*.

Foto II.84 a pagina 113 dell'archivio *Lacittàintorno*, lo stallo di Made in Corvetto dedicato alla cucina di quartiere prima dell'intervento di recupero architettonico.

Foto II.85 a pagina 113 di «Witness Journal» durante la mostra fotografica nei cortili ERP Mazzini a cura di «Witness Journal» nell'ambito de *Il Mazzini che non ti aspetti*, la festa di quartiere promossa dalla Rete Corvetto, col supporto del Laboratorio di Quartiere Mazzini e dei Custodi Sociali del Comune di Milano nel 2018.

Terza parte

Tutte le rappresentazioni territoriali del capitolo *Milano periferie. Mappare i gradienti di perifericità* sono state realizzate da Luigi Carboni, Laboratorio Maud - Mapping and Urban Data, DAStU Politecnico di Milano.

Foto a pagina 124, III.4 a pagina 133 di Marianna Frangipane, scattate nel 2018.

Foto III.2 a pagina 129, III.14 a pagina 149 realizzate a Corvetto dagli adolescenti ospiti del centro diurno La Strada, progetto a cura di «Witness Journal» e in collaborazione con Alchemilla Cooperativa Sociale Onlus nell'ambito del progetto *Corvetto Social Club* nel 2018 per *Lacittàintorno*.

Foto III.3 a pagina 131 di Alberto Dedè e Bruno Pulici per *Lacittàintorno*.

Foto III.5 a pagina 135 di Kevin Van Braak durante l'allestimento di *Adriano a Cielo Aperto – Civic Media Art*, opera d'arte collettiva realizzata da Kevin Van Braak nel 2018, a cura di cheFare per *Lacittàintorno*.

Foto III.6 a pagina 136 dell'archivio *Lacittàintorno* durante un laboratorio al Real Giardino presso il quartiere Adriano nell'ambito dell'azione Luoghicomuni nel 2019 a cura di Labsus per *Lacittàintorno*.

Foto III.7 a pagina 136 di Labsus durante un laboratorio al giardino di via Ravenna nell'ambito delle azioni Luoghicomuni e Pensieribambini con Labsus e Spaziopensiero, insieme ad alunni, genitori e insegnanti della Scuola Primaria Filzi nel 2019 per *Lacittàintorno*.

Foto III.13 a pagina 149 di Blanka Studio, durante l'installazione luminosa *Borderlight* al quartiere Adriano, progetto a cura di Non Riservato nel 2019 per *Lacittàintorno*.

Foto III.15 a pagina 152 di Blanka Studio, durante *Rompiamo le righe*, festa di inaugurazione del programma *Lacittàintorno* nel 2017 al quartiere Adriano, a cura di Non Riservato per *Lacittàintorno*.

Foto III.16 a pagina 152 di Marco Menghi, durante la costruzione della mappa di quartiere realizzata dai bambini della Scuola Primaria Fabio Filzi e della Scuola Primaria Oglio nell'ambito del laboratorio a cura di Obelo a conclusione del percorso *Pensieribambini* 2018-2019 con Spaziopensiero Onlus per *Lacittàintorno*.

Foto III.17 a pagina 155 di Blanka Studio durante l'evento *Playground* al quartiere Adriano nel 2018, a cura di Non Riservato per *Lacittàintorno*.

Foto III.18 a pagina 157 di Blanka Studio, durante *Borderlight. Phaos #1 – Dell'arte di amare il cielo notturno*, installazione luminosa permanente al Polo Ferrara a Corvetto nel 2019, progetto a cura di Non Riservato per *Lacittàintorno*.

Foto III.19 a pagina 159 di Francesco Carra durante un percorso di Abbracciami nel 2019, la *circle line* ciclabile di *Lacittàintorno*.

Foto III.20 a pagina 160 colazione condivisa di Fabrizio Annibali, esposta nella mostra *Nuova Milano Social Club - documentazione visuale dei luoghi di aggregazione spontanea a Milano* realizzata da Fabrizio Annibali a cura di Raffaele Vertaldi nel 2018, a Cascina Nosedo per *Lacittàintorno*.

Quodlibet Studio
Città e paesaggio. Album

Giorgio Piccinato (a cura di)
Fermoimmagine. Studio sulla felicità urbana

Giorgio Piccinato (a cura di)
Città del mondo. Quaderni del Dipartimento di Studi Urbani 1

Paola Pellegrini (a cura di)
La periferia interiore. Visioni e racconti del territorio nord della città di Mantova

Pino Brugellis (a cura di)
L'invisibile linea rossa. Osservatorio sull'Architettura

Anna Laura Palazzo, Lucio Giecillo (a cura di)
Territori dell'urbano. Storie e linguaggi dello spazio comune

Nicola Flora, Gennaro Postiglione (a cura di)
Norwegian talks. Architetture di Knut Hjeltnes, Carl-Viggo Holmebakk e Jensen&Skodvin

Alberto Bologna, Michele Bonino, Marco Bruno (a cura di)
Seoul Steel Life. Case a catalogo e stanze a noleggio

Paolo Mazzoleni (a cura di)
Abitare la densità. La città delle cooperative di abitanti

Luigi Coccia, Marco D'Annuntiis
Oltre la spiaggia. Nuovi spazi per il turismo adriatico

Pino De Angelis, Giampiero Duronio, Mauro Mattia, Salvatore Piermarini
L'Aquila. Magnitudo zero

Andrea Bulleri
Tirana. Contemporaneità sospesa

Andrea Bocco
Qui è ora. Lo spazio e il tempo pubblici come leve della qualità della vita e della cittadinanza attiva

Matteo Agnoletto, Marco Guerzoni (a cura di)
La campagna necessaria. Un'agenda di intervento dopo l'esplosione urbana

Marco Pogacnik
Adolf Loos e Vienna

Laura Montedoro
Una scelta per Milano. Scali ferroviari e trasformazione della città / A Vision for Milan. Rail Yards and City's

Alberto Bertagna, Francesco Gastaldi, Sara Marini (a cura di)
L'architettura degli spazi del lavoro. Nuovi compiti e nuovi luoghi del progetto

Antonello Alici, Gianluigi Mondaini, Fausto Pugnaloni (a cura di)
Storie Progetti Paesaggi. Racconti e incontri di architettura

Alessandro Massarente (a cura di)
Ricomposizioni di uno spazio per la musica. Studi per il restauro del complesso dell'Auditorium nell'Arcispedale Sant'Anna a Ferrara

Sabina Lenoci
Il desiderio di urbanità della città contemporanea. Il caso La Défense

Arturo Lanzani, Alessandro Alì, Daniela Gambino, Antonio Longo, Anna Moro, Christian Novak, Federico Zanfi
Quando l'autostrada non basta. Infrastrutture, paesaggio e urbanistica nel territorio pedemontano lombardo

Valeria Minucciani, Edoardo Piccoli, Maria Maddalena Margaria, Andrea Ronzino (a cura di)
The Architectural Space of Choral Music

Roberto Di Giulio, con Andrea Boeri, Maria Cristina Forlani, Alessandro Gaiani, Vittorio Manfron, Roberto Pagani
Paesaggi periferici. Strategie di rigenerazione urbana

Silvia Bodei
Le Corbusier e Olivetti. La Usine Verte per il Centro di calcolo elettronico

Francesco Alberti, Pino Brugellis, Federico Parolotto (a cura di)
Città pensanti. Creatività, mobilità, qualità urbana

Domitilla Dardi, Emilia Giori (a cura di)
Lazzarini Pickering Architects

Cristina Bianchetti (a cura di)
Territori della condivisione. Una nuova città

Mauro Compagnucci
L'esatta notizia. Ovvero sulla formazione del Catalogo dei beni architettonici delle Marche 153 anni dopo Lorenzo Valerio. Il caso della provincia di Macerata

Alessandra Capuano (a cura di)
Paesaggi di rovine paesaggi rovinati / Landscapes of Ruins Ruined Landscapes

Francesco Gulinello (a cura di)
Figure urbane. Progetti per l'ex caserma Sani a Bologna

Anna Marson (a cura di)
Riprogettare i territori dell'urbanizzazione diffusa

Simona Salvo
Restaurare il Novecento. Storia, esperienze e prospettive in architettura

Alberto Clementi, Carlo Pozzi (a cura di)
Progettare per il futuro della città. Un laboratorio per Chieti

Claudio Bertorelli (a cura di)
Tempi e riflessi. Tre architetture del gruppo De Luca - Foltran - Meneghello tra Conegliano e Vittorio Veneto

Rossiprodi Associati (a cura di)
Social Housing. *Milano, via Cenni*

Pasquale Miano, Ferruccio Izzo, Lilia Pagano (a cura di)
I Campi Flegrei. L'architettura per i paesaggi archeologici

Mariavaleria Mininni
MateraLucania2017. Laboratorio città paesaggio

Sabrina Puddu, Martino Tattara, Francesco Zuddas
Territori della conoscenza. Un progetto per Cagliari e la sua università

Francesco Leoni
Danilo Guerri. Maestro di spazio

Alessandra Capuano, Fabrizio Toppetti
Roma e l'Appia. Rovine Utopia Progetto

Gianluigi Mondaini
Silvano Rossini: composizioni irrequiete. Dall'officina delle idee all'architettura della città (1995-2015)

Paolo Genta, Andrea Zamboni
Coscienza, visione, progetto. La Cooperativa Architetti e Ingegneri di Reggio Emilia

Daniela Poli
Le comunità progettuali della bioregione urbana. Un parco agricolo multifunzionale in riva sinistra d'Arno

Cristina Bianchetti (a cura di)
Territorio e produzione

Lucina Caravaggi (a cura di)
Progetto SISMI-DTC Lazio. Conoscenze e innovazioni per la ricostruzione e il miglioramento sismico dei centri storici del Lazio

Mario Cucchi, Daniela Gambino, Antonio Longo
La città degli orti. Coltivare e costruire socialità nei piccoli spazi verdi della Grande Milano

Francesca Cognetti, Daniela Gambino, Jacopo Lareno Faccini
Periferie del cambiamento. Traiettorie di rigenerazione tra marginalità e innovazione a Milano